ARTE & COMUNICAÇÃO
Arte e Comunicação representam dois conceitos inseparáveis. Deste modo, reúnem-se na mesma colecção obras que abordam a Estética em geral, as diferentes artes em particular, os aspectos sociológicos e políticos da Arte, assim como a Comunicação Social e os meios que ela utiliza.

HISTÓRIA
DA LINGUAGEM

Título original:
Le langage cet inconnu

© S.G.P.P., 1969 – © S.P.A.D.E.M. e A.D.A.G.P., 1969

Tradução: Margarida Barahona

Capa: FBA
Foto de contracapa: © John Foley/Opale

Depósito Legal n.º 264508/07

Biblioteca Nacional de Portugal – Catalogação na Publicação

KRISTEVA, Julia, 1941-

História da linguagem. – Reimp. – (Arte & comunicação ; 91)
ISBN 978-972-44-1417-1

CDU 81

Impressão e acabamento:
DPS – DIGITAL PRINTING SERVICES, LDA

para
EDIÇÕES 70
Outubro de 2020 (1975)

ISBN: 978-972-44-1417-1
ISBN da 1ª edição: 972-44-0352-1

Direitos reservados para Portugal
por Edições 70

EDIÇÕES 70, Lda.
LEAP CENTER – Espaço Amoreiras
Rua D. João V, n.º 24, 1.03 - 1250-091 Lisboa - Portugal
Telefs.: 213190240 – Fax: 213190249 e-mail: geral@edicoes70.pt

www.edicoes70.pt

Esta obra está protegida pela lei. Não pode ser reproduzida,
no todo ou em parte, qualquer que seja o modo utilizado,
incluindo fotocópia e xerocópia, sem prévia autorização do Editor.
Qualquer transgressão à lei dos Direitos de Autor será passível
de procedimento judicial.

JULIA KRISTEVA
HISTÓRIA
DA LINGUAGEM

PRÓLOGO

O nosso século é tanto o do átomo e o do cosmos como o da linguagem. Rádio, televisão, cinema, jornais diários com tiragens de milhões de exemplares, livros de bolso e de biblioteca, relatórios económicos, políticos e sociais, documentos internacionais, conferências – os verbos falar, ler e escrever são conjugados em todas as pessoas e em todos os tempos, de manhã à noite e em todos os países do mundo, a um ritmo que nunca se tinha conhecido e que não se podia imaginar há uns cinquenta anos. E a estas linguagens sobrepõem-se todas as outras, não menos ricas, do gesto e da imagem, pois não é necessário ter estudado semiologia para compreender que uma banda desenhada, um quadro abstracto, um sinal com um sentido proibido, um filme mudo ou uma dança são práticas «de linguagem» (*) – segundo o eloquente neologismo dos linguistas contemporâneos – tal como as lengalengas do nosso vizinho ou os editoriais do nosso jornal. O homem moderno está mergulhado na linguagem, vive na fala, é assaltado por milhares de signos, a ponto de já quase só ter uma existência de emissor e de receptor.

É isto que explica a importância crescente das ciências como a informática e a linguística, cujos elementos fundamentais apresentamos hoje aos nossos leitores. A presente obra mostra-lhes os critérios e os instrumentos de que se servem os linguis-

---

(*) Em francês: «langagières». Na impossibilidade de encontrarmos uma palavra equivalente em português, traduzimos sempre a forma «langagières» pela expressão «de linguagem» (*N. T.*)

tas, os problemas que têm de resolver, as diversas concepções da linguagem elaboradas pelos homens no decorrer da evolução histórica e as descobertas modernas que permitiram que a linguística se constituísse como ciência.

Podem ver sobretudo até que ponto é que esse sistema de signos convencionais a que chamamos língua, fala ou discurso, e que constitui a mais específica particularidade da espécie humana, é complexo nas suas origens e na sua função; podem dar-se conta da dificuldade que há em tomarmos face à linguagem a distância necessária para a considerarmos, realmente, como um objecto separado de nós próprios, condição indispensável para o seu estudo; podem avaliar a importância do problema de saber se existe um pensamento independente da linguagem ou se a linguagem é ela própria pensamento. Pois hoje em dia, nada, ou quase nada, se faz sem fala, e é necessário saber apesar de tudo se essa coisa que fala quando eu falo e que me implica totalmente em cada som que enuncio, em cada palavra que escrevo, em cada signo que faço, se essa coisa é realmente eu, ou um outro que existe em mim, ou ainda um não sei quê de exterior a mim mesmo que se exprime através da minha boca em virtude de qualquer processo ainda inexplicado.

Não se vai responder aqui a esta questão. Mas a abordagem escolhida pela autora permite-nos limitar um pouco melhor, desmontando-o nível por nível, o estranho mecanismo do sistema que forjou definitivamente o nosso destino e cimentou as nossas sociedades.

PRIMEIRA PARTE

INTRODUÇÃO À LINGUÍSTICA

Fazer da linguagem um objecto privilegiado de reflexão, de ciência e de filosofia, eis um gesto cujo alcance ainda não foi completamente avaliado. Com efeito, embora a linguagem se tenha tornado um objecto de reflexão específico há já muitos séculos, a ciência linguística, essa, é muito recente. Quanto à concepção da linguagem como «chave» do homem e da história social, como via de acesso às leis do funcionamento da sociedade, essa talvez constitua uma das mais importantes características da nossa época. Pois trata-se realmente de um fenómeno novo: a linguagem, cuja prática o homem sempre dominou – que constitui um todo com o homem e com a sociedade, aos quais está intimamente ligada –, essa linguagem, agora mais do que em qualquer outro momento da história, é isolada e como que colocada à distância para ser captada enquanto *objecto de conhecimento* particular, susceptível de nos dar acesso não apenas às leis do seu próprio funcionamento, mas também a tudo o que resulta da ordem do social.

A partir de agora, podemos admitir que a relação do sujeito falante com a linguagem conheceu duas etapas, das quais a segunda define a nossa época:

Primeiro, pretendeu-se *conhecer* aquilo que já se sabia praticar (a linguagem), e assim se criaram os mitos, as crenças, a filosofia, as ciências da linguagem.

Em seguida, projectou-se o conhecimento científico da linguagem sobre o conjunto da prática social e tornou-se possível estudar como *linguagens* as diversas manifestações significantes, estabelecendo-se assim as bases de uma abordagem científica no vasto domínio dito humano.

O primeiro movimento – isto é, o acto de considerar a linguagem como objecto específico de conhecimento – implica que ela deixe de ser um exercício que se ignora a si próprio para se pôr a «falar as suas próprias leis»: digamos que «uma fala se põe a falar o falado». Este retorno paradoxal descola o sujeito falante (o homem) daquilo que o constitui (a linguagem), e obriga-o a *dizer* o *modo como diz*. Momento com várias consequências, a primeira das quais é permitir ao homem não se considerar já como uma entidade soberana e indecomponível, mas analisar-se como um sistema falante – uma *linguagem*. Talvez possamos dizer que, se o Renascimento substitui o culto do Deus medieval pelo do Homem com maiúscula, a nossa época, apagando qualquer culto, traz uma revolução não menos importante, visto que substitui o último, o do Homem, por um *sistema* acessível à análise científica: a linguagem. O homem como linguagem, a linguagem no lugar do homem, será o gesto desmistificador por excelência, que introduz a ciência na zona complexa e imprecisa do humano, no ponto onde se instalam (habitualmente) as ideologias e as religiões. É *a linguística* que parece ser a alavanca dessa desmistificação; é ela que supõe a linguagem como objecto de ciência, e que nos ensina as leis do seu funcionamento.

Nascida no século passado – a palavra *linguística* é atestada pela primeira vez em 1833, mas o termo *linguista* já se encontra em 1816 em Raynouard, em *Choix des poésies des troubadours,* tomo I, p.1 –, a ciência da linguagem avança a um ritmo acelerado, e ilumina sob ângulos sempre novos essa prática que sabemos exercer sem a conhecermos.

Mas quem diz linguagem diz *demarcação, significação* e *comunicação*. Neste sentido, todas as práticas humanas são tipos de linguagem visto que têm a função de *demarcar,* de *significar,* de *comunicar*. Trocar as mercadorias e as mulheres na rede social, produzir objectos de arte ou discursos explicativos como as religiões ou os mitos, é formar uma espécie de *sistema linguístico secundário* em relação à linguagem, e instaurar na base desse sistema um circuito de comunicação com sujeitos, um sentido e uma significação. Conhecer esses sistemas (esses sujeitos, esses sentidos, essas significações), estudar as suas particularidades enquanto tipos de linguagem, é este o segundo movimento que marca a reflexão moderna que toma o homem por objecto apoiando-se na linguística.

O que é a linguagem?

Responder a esta pergunta introduz-se no próprio cerne da problemática que sempre foi a do estudo da linguagem. Cada época ou cada civilização, em conformidade com o conjunto do seu saber, das suas crenças, da sua ideologia, responde de modo diferente e vê a linguagem em função dos moldes que a constituem a si própria. Assim, a época cristã, até ao século XVIII, tinha uma visão teológica da linguagem, pondo em primeiro lugar o problema da sua origem, ou em rigor, as regras universais da sua lógica; o século XIX, dominado pelo historicismo, considerava a linguagem como um desenvolvimento, uma mudança, uma evolução através dos tempos. Hoje em dia, são as visões da linguagem como *sistema* e os problemas do *funcionamento* desse sistema que predominam. Portanto, para captarmos a linguagem, temos de seguir o rasto do pensamento que, através dos tempos e antes mesmo da constituição da linguística como uma ciência particular, esboçou as diferentes visões da linguagem. A pergunta «*O que é a linguagem?*» pode e deve ser substituída por uma outra: «*Como é que a linguagem pôde ser pensada?*». Pondo assim o problema, recusamo-nos a procurar uma pretensa «essência» da linguagem, e apresentamos a prática linguística através desse processo que a acompanhou: a reflexão que suscitou, a representação que dela se elaborou.

No entanto impõem-se alguns pontos prévios para situar, na sua *generalidade,* o problema da linguagem, e para facilitar a compreensão das suas representações sucessivas elaboradas pela humanidade.

I. A LINGUAGEM, A LÍNGUA, A FALA, O DISCURSO

Seja qual for o momento em que tomemos a linguagem – nos mais afastados períodos históricos, nos povos ditos selvagens ou na época moderna –, ela apresenta-se sempre como um sistema extremamente complexo em que se misturam problemas de ordem diferente.

Em primeiro lugar, e vista do exterior, a linguagem reveste-se de um carácter material diversificado cujos aspectos e relações temos de conhecer: a linguagem é uma cadeia de sons articulados, mas também uma rede de marcas escritas (uma escrita), ou um jogo de gestos (uma gestualidade). Quais são as relações entre a voz, a escrita e o gesto? Porquê estas diferenças e o que é que elas implicam? A linguagem põe-nos estes problemas logo que chegamos ao seu modo de ser.

Ao mesmo tempo, esta materialidade enunciada, escrita ou gesticulada produz e exprime (isto é, comunica) aquilo a que chamamos um pensamento. Quer dizer que a linguagem é simultaneamente o único modo de ser do pensamento, a sua realidade e a sua realização. Levantou-se demasiadas vezes o problema de saber se existe uma linguagem sem pensamento e um pensamento sem linguagem. Além do facto de mesmo o discurso mudo (o «pensamento» mudo) no seu labirinto se servir da rede da linguagem e não a poder dispensar, parece impossível hoje em dia, sem abandonar o terreno do materialismo, afirmar a existência de um pensamento extralinguístico. Se observamos diferenças entre a prática da linguagem que serve a comunicação e, digamos, a do sonho ou de um processo inconsciente ou pré-consciente, a ciência de hoje tenta, não excluir estes fenómenos «particulares» da linguagem, mas pelo contrário alargar a noção de linguagem permitindo que englobe aquilo que à primeira vista parece escapar-lhe. Por isso evitamos afirmar que a linguagem é o *instrumento* do pensamento. Tal concepção podia fazer crer que a linguagem *exprime*, como um *utensílio*, qualquer coisa – uma ideia? – de exterior a si. Mas o que é esta ideia? Existirá sem ser forma de linguagem? Dizer que sim equivaleria a um idealismo cujas raízes metafísicas são demasiado visíveis. Vemos assim como a concepção instrumentalista da linguagem, que, na sua base, supõe a existência de um pensamento ou de uma actividade simbólica sem linguagem, pelas suas implicações filosóficas vai terminar na teologia.

Se a linguagem é a matéria do pensamento, é também o próprio elemento da comunicação social. Não há sociedade sem linguagem, tal como não há sociedade sem comunicação. Tudo o que se produz como linguagem tem lugar na troca social para ser comunicado. A pergunta clássica: «Qual é a função primeira da linguagem: a de *produzir* um pensamento ou a de *comunicar?*» não tem nenhum fundamento objectivo. A linguagem é tudo isso simultaneamente, e não pode existir uma destas funções sem a outra. Todos os testemunhos que a arqueologia nos oferece de práticas de linguagem se encontram em sistemas sociais, e por conseguinte participam de uma comunicação. «O homem fala» e «o homem é um animal social» são duas proposições tautológicas em si mesmas e sinónimas. Portanto acentuar o carácter social da linguagem não quer dizer que se dê uma predominância à sua função de comunicação. Pelo contrário, depois de ter servido contra as concepções espiritualistas da linguagem, a teoria da comunicação, se tomar uma posição dominante na abordagem da linguagem, pode ocultar qualquer problemática respeitante à formação e à produção linguística, isto é, à formação e à produção do sujeito falante e da significação comunicada que, para esta teoria da comunicação, são constantes não analisáveis. Depois de feita esta advertência, podemos dizer que a linguagem é um processo de comunicação de uma *mensagem* entre dois *sujeitos* falantes pelo menos, sendo um o *destinador* ou o emissor, e o outro, o *destinatário* ou o receptor.

17

```
                    mensagem
destinador — — — — — — — — —▶ destinatário
```

Ora cada sujeito falante é simultaneamente o destinador e o destinatário da sua própria mensagem, visto que é capaz de *ao mesmo tempo* emitir uma mensagem decifrando-a, e em princípio não emite nada que não possa decifrar. Assim, a mensagem destinada ao *outro* é, num certo sentido, destinada *em primeiro lugar* ao *mesmo* que fala: donde se conclui que *falar é falar--se*.

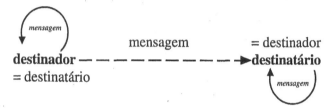

Do mesmo modo, o destinador-decifrador só decifra na medida em que pode dizer aquilo que ouve.

Vemos portanto que o circuito de comunicação linguística assim estabelecido nos introduz num domínio complexo do sujeito, da sua constituição em relação ao seu outro, da sua maneira de interiorizar esse outro para aí se confundir com ele, etc.

Embora seja uma prática que se realiza na comunicação social e através dela, a linguagem constitui uma realidade material que, participando do próprio mundo material, não deixa por isso de levantar o problema da sua relação com aquilo que não é linguagem, isto é, com o *exterior*: a natureza, a sociedade, etc., que existem sem a linguagem apesar de não poderem ser nomeadas sem ela. O que é que quer dizer «nomear»? Como é que se produz o «nomear», e como é que o universo nomeado e o universo que nomeia se distribuem? Eis uma outra série de questões cujo esclarecimento nos vai ajudar a compreender o facto «linguagem».

Por fim, aquilo a que chamamos linguagem tem uma história que se desenrola no tempo. Do ponto de vista desta *diacronia,* a linguagem transforma-se durante as diferentes épocas, toma diversas formas nos diferentes povos. Tomada como um sistema, isto é, *sincronicamente,* tem regras precisas de funcionamento, uma estrutura determinada e transformações estruturais que obedecem a leis estritas.

Vemos portanto que, como observou Ferdinand de Saussure, «tomada no seu todo, a linguagem é multiforme e heteróclita; abrangendo vários domínios, simultaneamente física, fisiológica e psíquica, pertence ainda ao domínio individual e ao domínio social; não se deixa classificar em nenhuma categoria de factos humanos porque não sabemos como destacar a sua unidade». Pela complexidade e pela diversidade dos problemas que levanta, a linguagem tem necessidade da análise da filosofia, da antropologia, da psicanálise, da sociologia, sem falar das diferentes disciplinas linguísticas.

Para isolar desta massa de traços que se referem à linguagem um objecto unificado e susceptível de uma classificação, a linguística distingue a parte *língua* no conjunto da linguagem. Segundo Saussure, «podemos localizá-la na porção determinada do circuito onde uma imagem auditiva (i) se vem associar a um conceito (c)», e Saussure dá o seguinte esquema desse circuito:

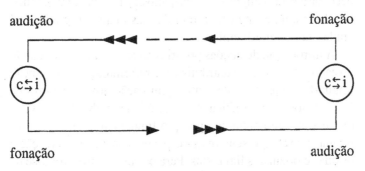

A *língua* é «a parte social da linguagem», exterior ao indivíduo; não pode ser modificada pelo indivíduo falante e parece obedecer às leis do contrato social que é reconhecido por todos os membros da comunidade. Assim, a língua está isolada do conjunto heterogéneo da linguagem: deste retém apenas um «sistema de signos em que o essencial é só a união do *sentido* e da *imagem acústica*».

Enquanto a língua é por assim dizer um sistema anónimo constituído por *signos* que se combinam segundo leis específicas, e como tal não se pode realizar na fala de nenhum sujeito, mas «só existe perfeitamente na massa», a *fala* é «sempre individual e o indivíduo é sempre senhor dela». Portanto a fala é, segundo a definição de Saussure, «um acto individual de vontade e de inteligência» : 1) as combinações pelas quais o sujeito falante utiliza o código da língua; 2) o mecanismo psicofísico que lhe permite exteriorizar essas combinações. A fala é, em suma: a) combinações individuais pessoais introduzidas pelos sujeitos falantes; b) actos de fonação necessários à execução dessas combinações.

Esta distinção linguagem-língua-fala, discutida e muitas vezes rejeitada por certos linguistas modernos, serve no entanto para situar de um modo geral o objecto da linguística. Mesmo para Saussure, ela implica uma divisão do estudo da linguagem em duas partes: a que examina a língua, e que por conseguinte é social, independente do indivíduo e «unicamente psíquica»; e outra, psicofísica, que observa a parte individual da linguagem: a fala, incluindo a fonação. Na realidade, as duas partes são inseparáveis uma da outra. Para que a fala se possa produzir, a língua é necessária anteriormente, mas ao mesmo tempo não há língua em abstracto sem o seu exercício na fala. São assim necessárias duas linguísticas inseparáveis uma da outra: linguística da língua e linguística da fala, das quais a segunda está ainda muito em princípio.

A introdução de noções próprias da *teoria da comunicação* no campo linguístico contribui para a reformulação da distinção língua-fala e para lhe dar uma significação nova e operatória. O fundador da cibernética, Norbert Wiener, tinha já observado que não existe nenhuma oposição fundamental entre os problemas que se apresentam aos especialistas da comunicação e os que se põem aos linguistas. Para os engenheiros, trata-se de transmitir uma mensagem com o auxílio de um *código*, isto é, de um número mínimo de decisões binárias, por outras palavras, de um sistema de classificação ou, digamos, de um esquema que represente as estruturas invariáveis e fundamentais da mensagem, estruturas próprias do emissor e do receptor, e segundo as quais o receptor pode reconstruir a própria mensagem. Do mesmo modo, o linguista pode encontrar na complexidade da mensagem verbal traços distintivos cuja combinação lhe fornece o código dessa mensagem. Como observa Roman Jakobson, os interlocutores pertencentes à mesma comunidade linguística podem ser definidos como os utentes efectivos de um mesmo e único código; a existência de um código comum fundamenta a comunicação e torna possível a troca das mensagens.

O termo *discurso* designa de um modo rigoroso, e sem ambiguidade, a manifestação da língua na comunicação viva. Precisado por Émile Benveniste, opõe-se ao termo *língua,* que recobre doravante a linguagem enquanto conjunto de signos formais, estratificada em escalões sucessivos, que formam sistemas e estruturas. O *discurso* implica primeiro a participação do sujeito na sua linguagem através da *fala do indivíduo*. Utilizando a estrutura anónima da língua, o sujeito forma-se no discurso que comunica ao outro. No discurso, a língua comum a todos torna-se o veículo de uma mensagem *única,* própria da estrutura particular de um determinado sujeito que imprime sobre a estrutura obrigatória da língua uma marca específica, em que se marca o sujeito sem que por tal ele tenha consciência disso.

Para precisar o plano do discurso, podemos opô-lo ao da *fala* e da *história*. Para Benveniste, na enunciação histórica, o locutor é excluído da narrativa: qualquer subjectividade, qualquer referência autobiográfica é banida da enunciação da verdade. O termo «discurso», pelo contrário, designa qualquer enunciação que integre nas suas estruturas o locutor e o auditor, com o desejo do primeiro de influenciar o segundo. Por isso o discurso transforma-se no campo privilegiado da psicanálise. «Os seus meios», diz Jacques Lacan, «são os da fala porquanto confere um sentido às funções do indivíduo; o seu domínio é o do discurso concreto enquanto realidade transindividual do sujeito; as suas operações são as da história pois constitui a emergência da verdade no real.»

Torna-se agora evidente que estudar a linguagem, captar a multiplicidade dos seus aspectos e funções, é construir uma ciência e uma teoria estratificadas cujos diferentes ramos abrangem os diferentes aspectos da linguagem, para poderem, num tempo de síntese, fornecer um saber sempre mais preciso do funcionamento significante do homem. Portanto é necessário conhecer tanto a linguagem vocal como a escrita, tanto a língua como o discurso, a sistemática interna dos enunciados e a sua relação com os sujeitos da comunicação, a lógica das mudanças históricas e a ligação entre o nível linguístico e o real. Aproximamo-nos assim das leis específicas do trabalho simbólico.

II. O SIGNO LINGUÍSTICO

A ideia de que o núcleo fundamental da língua reside no *signo* é própria de vários pensadores e escolas de pensamento, desde a Antiguidade grega até à Idade Média e até aos nossos dias. Com efeito, qualquer locutor está mais ou menos consciente do facto de que a linguagem simboliza, *representa, nomeando-os,* os factos reais. Os elementos do encadeamento falado, digamos por agora as palavras, estão associados a certos objectos ou factos que eles *significam.*

O *signo* ou «*representamen*», diz Peirce, é aquilo que substitui qualquer coisa para alguém. O signo dirige-se a alguém e evoca para ele um objecto ou um facto na *ausência* desse objecto e desse facto. Por isso dizemos que o signo significa «*in absentia*». «In praesentia», isto é, em relação ao objecto presente que ele representa, o signo parece estabelecer uma relação de convenção ou de contrato entre o objecto material representado e a forma fónica representante. Etimologicamente, a palavra grega σύηβολον vem do verbo συμβάλλειν que quer dizer «reunir», e que foi muitas vezes utilizado para significar uma associação, uma convenção ou um contrato. Para os Gregos, uma bandeira ou uma insígnia são símbolos, tal como um bilhete de teatro, um sentimento ou uma crença: vemos que o que une estes fenómenos e torna possível uma denominação comum é o facto de todos *substituírem* ou *representarem* qualquer coisa ausente, evocada por um intermediário, e, por conseguinte, incluída num sistema de troca – numa comunicação.

Na teoria de Peirce, o signo é uma relação triádica que se estabelece entre um *objecto,* o seu *representante* e o *interpre-*

tante. O interpretante, para Peirce, é uma espécie de *base* sobre a qual se instaura a relação objecto-signo, e corresponde à *ideia* no sentido platónico do termo. Pois o signo não representa todo o objecto, mas apenas uma ideia dele, ou como diria Sapir, o *conceito* desse objecto.

Teoricamente, podemos afirmar que os signos linguísticos estão na «origem» de qualquer simbolismo: que o primeiro acto de simbolização é a simbolização na e pela linguagem. Isto não exclui o facto de nos aparecer uma grande diversidade de signos nos diferentes domínios da prática humana. Consoante a relação entre o representante e o objecto representado, Peirce conseguiu classificá-los em três categorias:

– O *ícone* refere-se ao objecto por uma semelhança com ele: por exemplo, o desenho de uma árvore que representa a árvore real parecendo-se com ela é um ícone.

– O *índice* não se parece forçosamente com o objecto, mas é afectado por ele e, deste modo, tem qualquer coisa de comum com o objecto: assim, o fumo é um índice do fogo.

– o *símbolo* refere-se a um objecto que ele designa por uma espécie de lei, de convenção, por intermédio da ideia: são assim os signos linguísticos.

Embora Peirce tenha feito uma teoria geral dos signos, é a Saussure que devemos o primeiro desenvolvimento exaustivo e científico do signo *linguístico* na sua concepção moderna. No seu *Curso de Linguística Geral*, 1916, Saussure observa que seria ilusório acreditar que o signo linguístico associe uma coisa e um nome; a ligação que o signo estabelece é entre um *conceito* e uma *imagem acústica*. A imagem acústica não é o som em si mesmo, mas «a marca psíquica desse som, a representação que dele nos é dada pelo testemunho dos nossos sentidos». Assim, para Saussure, o signo é uma realidade psíquica com duas faces, sendo uma o conceito e a outra a imagem acústica. Por exemplo, para a palavra «pedra», o signo é constituído pela imagem acústica *pedra* e pelo conceito «pedra»: um invólucro cómodo que contém aquilo que é comum aos milhares de representações que podemos ter do elemento distinto «pedra».

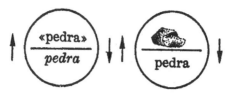

Estas duas faces inseparáveis do signo, que Saussure descreve como as duas faces de uma mesma folha, chamam-se *significado* (o conceito) e *significante* (a imagem acústica). Para Saussure, o signo linguístico é definido pela relação significante-significado, da qual é excluído o *objecto*, designado sob o termo de *referente:* a linguística não se ocupa do referente, interessa-se apenas pelo significante, pelo significado e pela sua relação.

Qual é a relação entre o significante e o significado?

Um dos postulados de base da linguística é que o signo é *arbitrário*. Quer dizer que não há nenhuma relação necessária entre o significante e o significado: o mesmo significado «pedra» tem como significante em francês *pier*, em russo *kame,* em inglês *stoun,* em chinês, *shi,* 石. Isto não quer dizer que os significantes sejam escolhidos arbitrariamente por um acto voluntário individual e que por conseguinte possam ser alterados de um modo igualmente arbitrário. Pelo contrário, o «arbitrário» do signo é por assim dizer normativo, absoluto, válido e obrigatório para todos os sujeitos que falam a mesma língua. A palavra «arbitrário» significa mais exactamente *imotivado*, quer dizer que não há nenhuma necessidade natural ou real que ligue o significante e o significado. O facto de certas onomatopeias e exclamações parecerem *imitar* os fenómenos reais e, deste modo, parecerem motivadas não suprime este postulado linguístico, visto que se trata de facto de um caso com uma importância secundária.

No entanto, a teoria do signo, que tem a vantagem de pôr o problema da relação entre a língua e a realidade no exterior do campo das preocupações linguísticas, e de permitir o estudo da língua como um sistema formal, submetido a leis e constituído por estruturas ordenadas e transformacionais, está hoje exposta a uma crítica que, embora não a destrua completamente, lhe impõe certas modificações.

Assim, a teoria assenta na redução da rede fónica complexa que é o discurso a uma *cadeia linear* na qual se isola um elemento mínimo correspondente à *palavra*. Ora torna-se cada vez mais difícil admitir que a unidade mínima da língua seja a palavra. Com efeito, a palavra só ganha a sua significação completa numa frase, isto é, por e numa relação *sintáctica*. Por outro lado, essa mesma palavra é decomponível em elementos morfológicos mais pequenos do que ela, os *morfemas*, eles mesmos portadores de significação, e cujo conjunto constitui a significação da palavra. Assim, nas palavras *dar, dádiva, dador*, podemos isolar o morfema *da* –, que implica a ideia de *oferta*, e os morfemas – *r*, – *diva*, – *dor*, que atribuem diversas modalidades à raiz *da* –. Por fim, a significação dessa palavra não fica completa se não a estudarmos num *discurso*, tendo em conta a enunciação do sujeito falante.

Compreende-se que a palavra, concebida como entidade indivisível e valor absoluto, se torne suspeita aos olhos dos linguistas e deixe de ser, hoje em dia, o apoio fundamental da reflexão sobre o funcionamento da linguagem. É cada vez mais necessário afastá-la da ciência da linguagem. Martinet escreve com razão que «a semiologia (a ciência dos signos), tal como a deixam entrever certos estudos recentes, não tem nenhuma necessidade da palavra. E não se imagine que os semiólogos estejam a pensar, de facto, na 'palavra' quando escrevem 'signo'. Alguns talvez pensem de preferência em 'frase' ou 'enunciado', sem esquecerem nunca, aliás, que o – *r* – de *pagará* também é um signo». Martinet propõe a substituição da noção de palavra pela de «'sintagma', 'grupo de vários signos *minima*' a que chamaremos *monema: 'por conseguinte'* é um mesmo e único monema visto que depois de ter escolhido a utilização de *conseguinte* o locutor não pode deixar de dizer o resto». Através deste exemplo, vemos que a linguística procura captar, para além das aparências imediatas, por detrás do «écran da palavra», os «traços realmente fundamentais da linguagem humana».

Além disso, e sem dúvida em estreita dependência com o isolamento da palavra como elemento de base da língua, a teoria do signo constrói-se sobre a dominância do *conceito* como interpretante matricial dos elementos de linguagem. Portanto não há linguagem no exterior do *conceito* visto que o conceito enquanto *significado* constrói a própria estrutura do signo. A aceitação, até ao extremo, desta tese leva-nos a banir do domínio da linguagem tudo o que não é da ordem do conceito: o sonho, o inconsciente, a poesia, etc., ou pelo menos a reduzir a sua especificidade a um mesmo e único tipo de funcionamento conceptual. Conduz-nos a uma visão *normativa* do funcionamento significante, que não consegue abordar a multiplicidade das práticas significantes, isto quando não as relega para uma patologia a reprimir. Certos linguistas, como Sapir, observam a este respeito que é inexacto confundir a linguagem com o pensamento conceptual tal como ele se exerce actualmente; Sapir chega mesmo a afirmar que a linguagem é antes de tudo uma função «extra-racional», o que quer dizer que a sua matéria se oferece a práticas de diferenciação e de sistematização que não resultam forçosamente da razão do sujeito definido actualmente como sujeito cartesiano.

Por fim, a noção do arbitrário do signo foi posta em causa por um exame crítico. O raciocínio saussuriano parece ter admitido um erro: embora afirme que a substância (o referente) não faz parte do sistema da língua, Saussure pensa justamente no *referente real* quando afirma que [*böf*] e [*oks*], tão diferentes pelos seus significantes, se referem a uma mesma ideia (a um mesmo significado), e que por conseguinte a relação significante-significado é arbitrária. No fundo, como observa Benveniste, não é a relação entre o significante [*böf*] e o significado «boi» que é arbitrária. A ligação [*böf*] – «boi» é necessária, o conceito e a imagem acústica são inseparáveis e encontram-se em «simetria estabelecida». O que é *arbitrário* é a relação desse signo (significante-significado: [*böf*] – «boi») com a realidade que ele nomeia, ou por outras palavras, a relação do símbolo de linguagem na sua totalidade com o exterior real que ele simboliza. Parece haver aqui uma contingência que, no estado actual da ciência linguística, não conseguiu encontrar uma explicação que não fosse filosófica ou teórica.

Quais foram as teorias que apareceram a favor da brecha assim aberta na concepção da língua como sistema de signos?

A própria linguística, apoiando-se na concepção (permitida pela teoria do signo) de que a língua é um sistema formal, desinteressa-se dos aspectos simbólicos da linguagem, e estuda a sua ordem estritamente formal como uma estrutura *«transformacional»*. Estas são as teorias actuais de Noam Chomsky. Numa primeira fase, este abandona o nível da *palavra* para se ocupar da estrutura da *frase* que se torna assim o elemento linguístico de base susceptível de ser sintetizado a partir de funções sintácticas. Num segundo tempo, os elementos sintácticos fundamentais (o *sujeito* e o *predicado*) são decompostos, representados pelas notações «algébricas» X e Y, e tornam-se, no decorrer de um processo dito «gerativo», nomes e verbos. Os problemas de significação são substituídos por uma formalização que representa o processo de síntese através do qual os «universais» linguísticos (constituintes e regras gerais) podem engendrar frases gramaticalmente – e, por conseguinte, semanticamente – correctas. Em vez de investigar por que é que a língua é constituída por um sistema de signos, a gramática gerativa de Chomsky mostra o mecanismo formal, sintáctico, desse conjunto recursivo que é a língua e cuja realização *correcta* tem como resultado uma *significação* ([1]). Vemos pois que a linguística moderna vai mais longe que Saussure, «dessubstancializa» a língua e *representa* a significação (com que a princípio não se preocupa) como o resultado de um processo de transformação sintáctica que engendra frases. Há aqui uma tentativa que lembra a do linguista Bloomfield, que já excluía a semântica do domínio da linguística e a remetia para o domínio da psicologia.

De outro ponto de vista, baseando-se numa crítica filosófica do próprio conceito de signo que liga a *voz* e o *pensamento* de tal modo que chega a apagar o significante em proveito do significado, outros autores observaram que *a escrita,* essa, enquanto *marca* ou traço (aquilo a que se chama, segundo uma terminologia recente, um *grama*), desvenda no interior da língua uma «cena» que o signo e o seu significado não podem ver: uma cena que, em vez de instaurar uma «semelhança» como o faz o signo, é pelo contrário o próprio mecanismo da «diferença». Com efeito, na escrita, há traço mas não há representação, e esse traço – essa marca – forneceu as bases de uma nova ciência teórica a que se chamou *gramatologia* ([2]).

([1]) Ver, na segunda parte, capítulo XVI desta obra, uma análise mais pormenorizada das teses de Chomsky.

([2]) O filósofo francês Jacques Derrida propõe o conceito de *escrita* que nos permite pensar a linguagem, incluindo a sua manifestação fónica, como uma diferença (que Derrida escreve voluntariamente *diferância* [Em francês «différance», com pronúncia idêntica à de «différence» *N. T.*] para marcar bem o processo de diferenciação). Já para Saussure a língua é um *sistema de diferenças*: e, com efeito, não existe nenhuma estrutura sem haver diferenças que constituam os seus elementos... Mas Derrida vai mais longe: no seu sistema, o «grama» é simultaneamente uma estrutura e um movimento; é, diz ele, «o jogo sistemático das diferenças, das marcas de diferenças, do *espaçamento* pelo qual os elementos se relacionam uns com os outros». É esta a razão por que, com o «grama-diferância», a língua se apresenta como uma transformação e uma geração, e o lugar do conceito clássico de «estrutura» se vê colocado entre parêntesis: ao mesmo tempo, a *linearidade* saussuriana do encadeamento falado (que se limita a imitar o processo sonoro e a sua propensão) é posta em questão.

Assim a escrita é inerente à linguagem, e a fala fonética pode ser encarada como uma escrita. Portanto a dominância do sistema *signo-sentido-conceito* é deslocada, e abre-se a possibilidade de pensar, na linguagem, aquilo que não é signo-sentido-conceito. O sujeito depende do sistema de diferenças, só se constitui dividindo-se, espaçando-se, diferenciando-se: «A subjectividade – como a objectividade – é um efeito de diferença, um efeito inscrito num sistema de diferância», escreve Jacques Derrida. Compreende-se pois como o conceito de *grama* neutraliza a hipóstase fonológica do *signo* (a primazia que ele concede ao fonético), e introduz no pensamento do signo (da língua) a substância gráfica com os problemas filosóficos que levanta, através de toda a história e de todos os sistemas de escrita, para além da área ocidental de escrita fonética.

III. A MATERIALIDADE DA LINGUAGEM

Embora seja uma rede de diferenças estabelecidas que fundamenta a significação e a comunicação, a língua está longe de ser uma idealidade pura. Realiza-se por e numa matéria concreta e nas leis objectivas da sua organização. Por outras palavras, embora conheçamos a linguagem por um sistema conceptual complicado, o corpo da linguagem em si mesmo apresenta uma materialidade duplamente discernível:

Por um lado, no aspecto fónico, gestual ou gráfico de que a língua se reveste (não há linguagem sem som, sem gesto ou sem escrita);

Por outro, na objectividade das leis que organizam os diferentes subconjuntos do conjunto linguístico, e que constituem a fonética, a gramática, a estilística, a semântica, etc.: estas leis reflectem as ligações objectivas entre o sujeito falante e a realidade exterior; reflectem igualmente as relações que regulam a sociedade humana, sobredeterminando, ao mesmo tempo, essas ligações e essas relações.

O fonético

O signo linguístico, como vimos, não contém o som material: o significante é a «imagem acústica» e não o ruído concreto. Ora este significante não existe sem o seu suporte material: o som real produzido pelo animal humano. É necessário distinguir cuidadosamente este *som*, portador de sentido, dos diferentes gritos que servem de meio de comunicação entre os animais. O som linguístico pertence a uma categoria completamente diferente visto que instaura esse sistema de diferenciação, de significação e de comunicação que é a língua no sentido que lhe demos atrás, e que pertence apenas à sociedade humana.

O som linguístico é produzido por aquilo a que chamamos impropriamente «os órgãos da fala». Como observa Sapir, no fundo, «não há, falando com propriedade, órgãos da fala; há apenas órgãos que fortuitamente são úteis à produção dos sons da linguagem». Com efeito, embora certos órgãos como os pulmões, a laringe, o palato, o nariz, a língua, os dentes e os lábios participem na articulação da linguagem, não podem ser considerados o seu instrumento. A linguagem não é uma função biológica como a respiração, o olfacto, ou o gosto, que têm o seu órgão nos pulmões, no nariz, na língua, etc. A linguagem é uma função de diferenciação e de significação, isto é, uma função social e não biológica, possibilitada todavia pelo funcionamento biológico.

Também não podemos dizer que a linguagem está biologicamente localizada no cérebro. É certo que a psicofisiologia consegue localizar as diferentes manifestações materiais da linguagem em diversos centros cerebrais: o centro auditivo comanda a audição do sentido; os centros motores, os movimentos da língua, dos lábios, da laringe, etc.; o centro visual, o trabalho de reconhecimento visual necessário na leitura, etc. Ora todos estes centros só controlam partes constituintes da linguagem, mas não são o fundamento dessa função altamente sintética e social que é a prática da língua. Noutros termos, os órgãos corporais que participam na formação material da linguagem podem fornecer-nos os fundamentos quantitativos e mecânicos do funcionamento linguístico, sem explicarem esse salto *qualitativo* que o animal humano efectua quando começa a marcar diferenças num sistema que se torna assim a rede de significações através da qual os sujeitos comunicam na sociedade. Esta rede de diferenças não pode estar no cérebro nem em nenhum outro lugar. É uma função social sobredeterminada pelo processo complexo da troca e do trabalho social, produzido por ela e incompreensível sem ela.

Dito isto, é possível descrever os órgãos que fornecem a base mecânica da articulação linguística: o aparelho fonador e o seu funcionamento.

Expelido pelos pulmões, o ar segue pelas vias respiratórias e faz vibrar a *glote* que no entanto não imprime nenhuma diferenciação aos sons. Formada por duas cordas vocais, que são dois músculos paralelos que se comprimem ou se afastam, a glote forma o som laríngeo por aproximação das cordas vocais.

Este som uniforme pode atravessar a *cavidade bucal* ou a *cavidade nasal*, que particularizam os diferentes sons da língua. A cavidade bucal compreende os lábios, a língua, os dentes superiores, o palato (com uma parte anterior inerte e óssea, e uma parte posterior móvel: o véu palatino), a úvula, os dentes inferiores. Através do funcionamento destes componentes, a cavidade bucal pode alargar-se ou estreitar-se, enquanto a língua e os lábios podem atribuir diversos valores ao som laríngeo. Assim, a cavidade bucal serve simultaneamente para *produzir* sons e para fazer *ressoar* a voz. Em caso de grande abertura da glote, isto é, na ausência de vibração da laringe, é a cavidade bucal que produz o som. Em caso de vibração da glote, isto é, quando as cordas estão próximas, a boca não faz mais do que modelar o som laríngeo.

A cavidade nasal, pelo contrário, permanece completamente imóvel, e só faz o papel de ressoador.

Conseguimos isolar alguns critérios de articulação de sons segundo os quais se pode estabelecer uma classificação pertinente que corresponde às suas qualidades acústicas. Assim Saussure propõe-se ter em conta os seguintes factores para isolar as características de um som: a expiração, a articulação bucal, a vibração da laringe, a ressonância nasal: «É necessário estabelecer para cada fonema qual é a sua articulação bucal, se comporta ou não um som laríngeo, se comporta ou não uma ressonância nasal». Distingue por conseguinte os sons *surdos*, os sons *sonoros*, os sons surdos nasalados e os sons sonoros nasalados. Segundo a sua articulação bucal, Saussure apresenta a seguinte sistematização dos elementos mínimos da cadeia falada ou *fonemas* («o fonema é a soma das impressões acústicas e dos movimentos articulatórios, da unidade ouvida e da unidade falada...»):

As *oclusivas*: obtidas pelo fechamento completo ou pela oclusão hermética, mas momentânea, da cavidade bucal.

a) labiais: p, b, m
b) dentais; t, d, n

c) guturais: k, g, ŋ,

As nasais são oclusivas sonoras nasaladas,

As *fricativas* ou *aspirantes:* a cavidade bucal não está completamente fechada e permite a passagem do ar.

a) labiais: f, v
b) dentais: s, z, š (<u>ch</u>á), ʒ (francês g<u>é</u>nie)
c) palatais: x' (i<u>ch</u>, *alemão)* γ' (lie<u>g</u>en, *alemão do Norte)*
d) guturais: χ (Ba<u>ch</u>, *alemão),* γ (Ta<u>g</u>e, *alemão do Norte)*

As *nasais.*

As *líquidas.*

a) laterais: a língua toca no palato anterior deixando uma abertura à direita e à esquerda: como para o *l* dental, *l'* palatal e *l* gutural;

b) vibrantes: menos próxima do palato, a língua vibra contra ele; como para o *r* múltiplo apical (produzido com a ponta da língua batendo nos alvéolos), o *r* velar (produzido com a parte posterior da língua).

As vogais exigem a supressão da cavidade bucal como produtora de som: a boca actua unicamente como ressoador, e o timbre do som laríngeo faz-se ouvir plenamente. Impõem-se algumas distinções entre as vogais:

i e **ü** podem chamar-se semivogais, segundo Saussure; os lábios estão esticados para a pronúncia de *i* e arredondados para *ü;* nos dois casos, a língua está levantada para o palato: estes fonemas são *palatais,*

e, o, ö: a pronúncia exige um ligeiro afastamento das maxilas em relação à série precedente;

a: articula-se com a abertura máxima da boca.

A descrição da produção fonética tanto das vogais como das consoantes deve também ter em conta, o facto de que os fonemas não existem no estado isolado, mas fazem parte de um conjunto: o enunciado, no interior do qual se encontram numa relação de dependência interna. Portanto a ciência dos sons tem de ser uma ciência dos *grupos sonoros* para dar conta do verdadeiro carácter da fonação. Assim, consoante um som numa sílaba se pronuncie *fechado* ou *aberto,* podemos distinguir no primeiro caso uma *implosão* (>) e no segundo caso uma *explosão* (<). Exemplo: âppâ. Estas duas pronúncias combinadas produzem grupos explosivo-implosivos, implosivo--explosivos, etc. Chegamos assim à definição de *ditongo*: é um «elo implosivo de dois fonemas dos quais o segundo é relativamente aberto, e daí uma impressão acústica particular; dir-se-ia que a soante continua no segundo elemento do grupo». Exemplo: Saussure cita os grupos *nŏ iă* em certos dialectos alemães (*buob, liab*).

Os sons linguísticos distinguem-se igualmente pela sua *duração*, a que chamamos *quantidade:* esta propriedade é variável nas diferentes línguas, e depende também da posição do som no conjunto da cadeia pronunciada. Assim, em francês, a quantidade longa só existe em sílaba acentuada.

Vemos portanto que a interinfluência dos sons no encadeamento falado dá lugar a uma *fonética combinatória* que estuda as modalidades de influência das vogais e das consoantes segundo a sua ocorrência. Estas modificações nem sempre alteram o carácter fundamental dos sons. Assim *t* e *d* podem *palatalizar-se* pelo contacto com uma vogal palatal (*ti* –, *di* –, não têm a mesma consoante de *tom, dom*); *velarizar-se* pelo contacto com vogais posteriores ou *labializar-se* por causa do arredondamento dos lábios que acompanha a articulação de vogais labiais vizinhas. No entanto há fenómenos que provocam mudanças mais consideráveis dos sons. Assim:

a assimilação: o facto de um som se aproximar de um outro no que diz respeito ao seu modo de ser articulado, e ao seu ponto de articulação. Exemplo: *entender* – o *n* está articulado no ponto do *t* e do *d*;

a dissimilação: acentuação da diferença dos fonemas. Assim, o português falado regista *menistro* em vez de *ministro*;

a interversão, quando os fonemas mudam de lugar, e a *metátese,* quando essa mudança se faz à distância. Deste modo, o nome próprio Rolando tomou também a forma Orlando;

a haplologia (ou hapaxipia), desaparecimento de um elemento do encadeamento falado que devia ser repetido. O exemplo que se dá frequentemente é tragicomédia em vez de trágico-comédia.

O encadeamento falado, constituído assim por fonemas, não se reduz todavia a uma linha dividida em fragmentos representados pelos fonemas isolados. Na prática de linguagem, os seus fonemas combinam-se em unidades superiores, como as *sílabas*. Para Grammont e Fouché, cuja formulação foi confirmada pela fonética acústica, a sílaba caracteriza-se por uma *tensão crescente* dos músculos fonatórios, à qual se segue uma *tensão decrescente*. A um nível superior, o encadeamento falado apresenta, não palavras, mas *grupos fonéticos* constituídos por um acento de intensidade sobre a última sílaba. Em «o amigo do povo», há um único acento em *po,* o que faz da expressão um só grupo fónico. Acima dos grupos fonéticos, encontramos a *frase* delimitada pela respiração que corta o encadeamento falado.

Note-se por fim que estas particularidades materiais do fonetismo linguístico, de que aqui damos apenas um resumo demasiado abreviado e sistemático, são específicas para cada língua nacional e variam segundo as épocas: o fonetismo do português da Idade Média não é igual ao de hoje em dia.

O gráfico e o gestual

Apesar dos numerosos trabalhos sobre os diversos tipos de escrita que a humanidade elaborou através dos tempos, a ciência actual ainda não propôs uma teoria satisfatória da escrita, da sua relação com a língua e das regras do seu funcionamento. Desenvolveu-se uma discussão de carácter metafísico sobre a questão de saber o que é que estava na «origem»: a linguagem vocálica ou o grafismo. Van Ginneken, baseando-se nos trabalhos do estudioso chinês Tchang Tcheng-Ming, defendeu, quase contra todos, a tese da anterioridade da escrita em relação à linguagem fonética. Apoiava-se no facto de que a escrita chinesa, por exemplo, parecia imitar a linguagem gestual, que por conseguinte seria anterior à linguagem fonética.

Esta controvérsia, além de constituir uma impertinência científica na medida em que dispomos de poucos dados para decidirmos de uma «origem» da linguagem, parece-nos caduca hoje em dia por causa da inconsistência *teórica* que formula a questão de base. O problema da «prioridade» do escrito sobre o vocal, ou inversamente, não pode ter um sentido histórico, mas apenas puramente teórico: se admitirmos que o traço (o escrito) é uma *marca* da diferença que constitui a significação, e que como tal é inerente a qualquer linguagem, incluindo a fala vocal, o fonético é *já* um traço, apesar da matéria fonética ter contribuído para o desenvolvimento no sistema da linguagem de particularidades que a escrita talvez tivesse marcado de outra forma. Na troca social, o fonético obteve uma independência e uma autonomia, e a escrita surgiu num segundo tempo para fixar o vocalismo.

A escrita dura, transmite-se, actua na ausência dos sujeitos falantes. Utiliza o *espaço* para nele se marcar, lançando um desafio ao *tempo:* enquanto a fala se desenrola na temporalidade, a escrita passa através do tempo representando-se como uma configuração espacial. Designa assim um tipo de funcionamento em que o sujeito, diferenciando-se daquilo que o rodeia, na medida em que o *marca,* não sai da escrita, não fabrica uma dimensão ideal (a voz, o fôlego) para aí organizar a comunicação, mas pratica-a na matéria e no próprio espaço dessa realidade de que faz parte, embora diferenciando-se dela visto que a marca. Acto de diferenciação e de participação em relação ao real, a escrita é uma linguagem sem um além, sem transcendência: as «divindades» escritas pertencem ao mesmo mundo da matéria que as traça e da que as recebe. Por isso dizemos que a marca escrita, tal como o gesto, embora constitua um acto de diferenciação e de designação, não é ainda um *signo* no sentido atrás definido. O triângulo do signo (referente-significante-significado) parece estar aqui reduzido a uma *marca* (na escrita) ou a *uma relação* (no gesto) entre o sujeito e aquilo que existe fora dele, sem o intermédio de uma «ideia» «em si» e já constituída (interpretante, significado).

Conseguiu-se observar a estreita relação entre o gesto e certas escritas como a dos Chineses ou a dos índios da América do Norte. Segundo Février, que se refere aos trabalhos de G. Mallery e de Tchang Tcheng-Ming, os Winter-Counts não escrevem «cachimbo» representando o objecto, mas sim traçando o gesto que o designa. Para os Chineses, o hieróglifo para «amigo» ou «amizade» é um desenho do gesto amigável de duas mãos dadas: 友 ou 友.

Um objecto real ou uma combinação de objectos podem já representar uma escrita, isto é, uma linguagem. Neste caso, o objecto ou o conjunto de objectos desligam-se da sua utilidade prática, e *articulam-se* como um sistema de diferenças que se tornam signos para os sujeitos da comunicação. O exemplo mais evidente deste tipo de linguagem concreta, em que o «signo» não se distinguiu ainda do referente, mas *é* apenas esse referente *incluído* num sistema comunicado, é-nos dado por Heródoto (II, 16). Ele conta que, quando o rei Dario invadiu o país dos Citas, estes lhe enviaram um presente composto por um pássaro, um rato, uma rã e cinco flechas. Esta mensagem devia ser lida do seguinte modo: «A não ser que te transformes em pássaro para voares no ar, em rato para penetrares sob a terra ou em rã para te refugiares nos pântanos, não conseguirás escapar às nossas flechas».

Um exemplo mais apropriado de um grafismo que se aproxima mais da escrita verdadeiramente traçada é-nos fornecido pelas «escritas» formadas por um «equivalente geral», isto é, por uma só matéria cujas diferentes apresentações servem para marcar diversos objectos. É o caso dos *nós,* para os Incas, que marcavam desse modo os animais mortos nas batalhas. O historiador espanhol Garcilaso de la Vega descreve-os assim:

«Para os assuntos da guerra, do governo, para os tributos, para as cerimónias, havia diversos quipos e em cada conjunto destes havia muitos nós e fios ligados: vermelhos, verdes, azuis, brancos, etc.; e tal como nós descobrimos diferenças entre as nossas vinte e quatro letras, colocando-as de maneiras diversas para obtermos sons variados, os índios obtêm um grande número de significações através das diferentes posições dos nós e das cores».

Ora, por mais longe que a ciência arqueológica e antropológica remonte na história, as verdadeiras escritas são já traços, gramas, grafismos complexos. Os traços mais antigos foram situados no fim do período mustierense, e propagaram-se sobretudo por volta de 35 000 antes da nossa era, durante o período de Châtelperron. São entalhes na pedra ou no osso, sem nenhuma figuração que permita supor que a escrita seja mimética, que copie ou represente uma «imagem» já existente, ou mais tarde um fonetismo estabelecido. Podemos citar à maneira de exemplo as escritas dos australianos Churinga que desenhavam de forma abstracta os corpos dos seus antepassados e as diversas coisas que os rodeavam. Outros achados paleontológicos confirmam a tese segundo a qual as primeiras escritas marcavam o *ritmo* e não a *forma* de um processo em que se engendra a simbolização, sem se tornarem por isso uma representação.

Por volta do ano 20 000 antes da nossa era, a figuração gráfica é corrente e evolui rapidamente para atingir por volta de 15 000 uma perfeição técnica de gravura e de pintura quase igual à da época moderna. É surpreendente verificar que as representações humanas perdem o seu carácter «realista» e se tornam abstractas, construídas por meio de triângulos, quadrados, linhas, pontos, como nas paredes das grutas de Lascaux, enquanto os animais são representados de uma forma realista, que se esforça por reproduzir a sua forma e o seu movimento.

Vemos portanto que a *linguagem* (falada e escrita) e a *arte figurativa* se confundem naquilo a que Leroi-Gourhan chama «o par intelectual fonação-grafia». Para ele, uma grande parte da arte figurada provém da «pictoideografia», modo sintético de marcação que, representando imagens (latim: *pictus*, pintado, representado), transmite uma «conceptualização», ou antes, uma diferenciação e uma sistematização irrepresentáveis («ideia»). Este tipo de escrita não é uma simples transposição do fonetismo, e até talvez se constitua de uma forma totalmente independente dele; mas não deixa de ser uma linguagem. Para nós, sujeitos pertencentes a uma zona cultural em que a escrita é fonética e reproduz à *letra* a linguagem fonética, é difícil imaginar que possa ter existido, e exista ainda hoje para numerosos povos, um tipo de linguagem – uma escrita –, que funciona independentemente do encadeamento falado, que por conseguinte não é *linear* (como a emissão da voz) mas *espacial,* e que regista assim um dispositivo de diferenças em que cada marca adquire um valor segundo o seu lugar no conjunto traçado. Assim, desde as grutas de Lascaux, podemos observar as relações *topográficas* constantes entre as figuras dos animais representados: no centro, o bisonte e o cavalo; nos lados, os veados e os cabritos-monteses; na periferia, os leões e os rinocerontes. Segundo Leroi-Gourhan, «por detrás da reunião simbólica das figuras existiu forçosamente um contexto oral com o qual a reunião simbólica estava coordenada e cujos valores reproduzia espacialmente».

Estes dispositivos espaciais parecem constituir o suporte gráfico-material, e por conseguinte durável e transmissível, de todo um sistema mítico ou cósmico próprio de uma determinada sociedade. Podemos dizer que estes grafismos, semiescrita, semi-representação «artística», mágica ou religiosa, são *mitogramas.*

Por outro lado, esta propriedade combinatória dos elementos gráficos permite a constituição de conjuntos de escrita que marcam já formações sintácticas ou lógicas mais complexas. É aquilo a que os sinólogos chamam *agregados lógicos,* formados por uma justaposição de vários *grafemas* (elementos gráficos). Do mesmo modo, para indicarem que durante um ano houve «abundância de carne», os Winter-Counts desenham um círculo (= esconderijo ou pilha) no meio do qual se encontra uma cabeça de búfalo e donde sai uma estaca ou uma espécie de andaime (para fumar ou secar a carne).

A «multidimensionalidade» destes grafismos observa-se em numerosas escritas não alfabéticas, como no Egipto, na China, entre os Aztecas ou os Maias. Os elementos destas escritas, como havemos de ver, podem ser considerados como pictogramas ou ideogramas simplificados, e alguns deles adquirem um valor fonético constante. Chegamos assim à fonetização alfabética da escrita em que cada elemento está associado a um certo fonema. A espacialização da escrita é reduzida e substituída pela linearidade fonética. É o caso da escrita hieroglífica egípcia, em que cada *pictograma* tem um alcance fonético. O *ideograma* chinês, pelo contrário, afastou-se muito da imagem-representação (se admitirmos que de início a escrita chinesa foi figurativa), e não produziu um alfabeto fonético, embora certos elementos tenham um valor fonético constante e possam ser utilizados como fonemas.

A ciência da escrita, sistematizando os dados arqueológicos relativos às diversas escritas, distinguiu três tipos: escrita *pictográfica,* escrita *ideográfica* (ou hieroglífica) e escrita *fonética* (ou alfabética). Actualmente esta tipologia tradicional é contestada e substituída por uma classificação dos sistemas de escrita em cinco categorias:

– Os *frasogramas*: são inscrições que transmitem mensagens inteiras em que não se distinguem as diversas palavras. O termo foi proposto pelo sábio americano Gelb, e aproxima-se da expressão «escrita sintética» proposta por Février. Os frasogramas podem ser divididos em dois subgrupos:

a) os *pictogramas,* que são desenhos complexos ou uma série de desenhos que fixam um conteúdo sem se referirem à sua forma linguística. Este tipo de escrita foi utilizado pelos índios da América, pelos Esquimós, etc., e era usado para ilustrar situações concretas. Portanto, sendo instável e conjectural, o pictograma não pôde desenvolver-se num verdadeiro sistema de escrita;

b) os *signos convencionais*, como os signos totémicos, os tabus, os signos mágicos, os signos das diferentes tribos, etc. Utilizados isoladamente e sem relação constante com os outros signos, não puderam formar um sistema de escrita.

– Os *logogramas* (do grego *logos*) são marcas das diferentes palavras. Proposto por Bloomfield, Gelb, Istrine, etc., este termo substitui o termo impreciso *ideograma*. Cohen emprega «signos-palavras» e Février «escrita de palavras». Portanto chamamos logogramas às escritas ordenadas como a dos Chineses, a dos Sumérios, e em parte a dos Egípcios, provenientes da pictografia, e cujos elementos designam palavras ou mais precisamente unidades semânticas do discurso sob a forma de palavras ou de combinações de palavras. Comparada com a pictografia, a logografia representa não apenas o conteúdo, mas também a ordem sintáctica e por vezes o aspecto fonético do enunciado.

Além disso o termo logograma tem a vantagem de indicar que o elemento mínimo escrito não é uma ideia ou um conceito sem suporte material (como faria supor o termo ideograma), mas uma palavra, uma unidade da linguagem enquanto sistema material de marcas diferenciadas.

Uma categoria dos logogramas, tais como os «hieróglifos ideográficos» chineses, está directamente ligada à significação da palavra: evocam a forma do fenómeno que indicam, e muitas vezes podem ser lidos de várias maneiras. A possibilidade de várias leituras de uma mesma marca encontra-se também entre os antigos Egípcios: «ir» podia ler-se «š-m», «s-'b», «j-w». Estes logogramas chamam-se por vezes *logogramas semânticos*.

A segunda categoria dos logogramas, tais como os «hieróglifos fonéticos» do chinês, está imediatamente ligada ao fonetismo da palavra. Por conseguinte eram utilizados para designar homónimos, apesar da diferença de sentido. Estes logogramas são polissémicos, isto é, têm vários sentidos: assim, no chinês antigo, o logograma *ma* podia significar a palavra «cavalo», mas também a palavra «mãe» e a palavra «jurar», que são foneticamente semelhantes à primeira. Estes logogramas têm o nome de *logogramas fonéticos*.

– Os *morfemogramas* marcam as diversas partes da palavra, os *morfemas*. A história da escrita não conhece praticamente nenhuma morfemografia plenamente desenvolvida, visto que a divisão da palavra em morfemas é efectivamente uma tarefa analítica extremamente difícil e complexa.

– Os *silabogramas* são escritas que distinguem as diferentes sílabas sem terem em conta o facto de elas coincidirem ou não com os morfemas. Distinguem-se aqui três subcategorias:

a) ou os signos marcam sílabas de diversas construções fonéticas (escrita assírio-babilónica);

b) ou os signos indicam unicamente sílabas abertas (escrita cretense micénica);

c) ou, por fim, os signos principais designam unicamente vogais isoladas em combinação com consoantes ou com a vogal *a*.

– Os *fonogramas* são marcas dos elementos fónicos mínimos do encadeamento falado: os fonemas. Existem escritas fonéticas *consonânticas,* cujas letras principais designam as consoantes (como o alfabeto árabe, hebreu, etc.) e escritas fonéticas *vocalizadas* (como o alfabeto grego, latino, eslavo), em que os signos tanto marcam as consoantes como as vogais.

Note-se que esta ciência da escrita, cujas linhas gerais (expostas por Istrine) respeitantes aos tipos de escrita acabamos de dar, se mantém fiel a uma concepção da linguagem elaborada a partir do modelo da língua falada. Embora se tenha dado um passo em frente em relação à distinção clássica pictograma--ideograma-fonograma, este progresso não faz mais do que transpor para o plano da escrita o saber que temos da língua falada. A escrita é considerada uma *representação* do falado, o seu duplo fixador, e não uma matéria particular cuja combinatória obrigue a pensar um tipo de funcionamento da linguagem diferente do fonético. Portanto a ciência da escrita parece estar amarrada a uma concepção segundo a qual *linguagem* se confunde com *linguagem falada*, articulada segundo as regras de uma certa gramática. Meillet, depois de Saussure, exprimia assim, em 1919, esta posição:

«Nenhum desenho é suficiente para reproduzir graficamente uma língua, por mais simples que seja a estrutura dessa língua. Há muitas palavras cujo valor não se deixa exprimir claramente por nenhuma representação gráfica, mesmo se dermos às representações o valor mais simbólico. E sobretudo a própria estrutura da língua não é exprimível através de desenhos que representem os objectos: só há língua quando existe um conjunto de processos gramaticais... Portanto a estrutura da linguagem levava necessariamente a anotar os sons; nenhuma notação simbólica era satisfatória».

Hoje em dia, sob a influência das investigações filosóficas e do conhecimento da lógica do inconsciente, alguns investigadores consideram os diversos tipos de escrita como tipos de linguagem que não têm forçosamente «necessidade» de «expressão fonética», como pensava Meillet, e que representam assim práticas significantes particulares, desaparecidas ou transformadas na vida do homem moderno. A ciência da escrita enquanto domínio *novo* (e até agora desconhecido na sua especificidade) do funcionamento linguístico; da escrita como linguagem, mas não como fala vocal ou encadeamento gramatical; da escrita como prática significante específica que nos permite descobrir regiões desconhecidas no vasto universo da linguagem – essa ciência da escrita está ainda por fazer.

Categorias e relações linguísticas

Quando expusemos a materialidade escritural, fónica e gestual da linguagem, tivemos ocasião de mencionar e até de demonstrar que ela é um *sistema* complicado de elementos e de relações, através do qual o sujeito falante ordena o real, sistema esse que, aliás, é analisado e conceptualizado pelo linguista. Neste capítulo sobre a «materialidade» da linguagem, e para precisar o sentido que damos ao termo materialidade, temos de indicar, ainda que brevemente, como é que as diferentes categorias e relações linguísticas organizam o real e ao mesmo tempo dão ao sujeito falante um conhecimento desse real – conhecimento cuja verdade é confirmada pela prática social.

Os modos como as diferentes tendências e escolas linguísticas encararam as formas e as construções da linguagem vão aparecer ao longo desta obra. O leitor poderá observar a multiplicidade e muitas vezes a divergência das opiniões e das terminologias, provocadas tanto pelas posições teóricas dos autores como pelas particularidades das diferentes línguas para as quais se elaboraram as teorias. Vamo-nos limitar aqui a assinalar, de um modo muito sumário e geral, alguns aspectos da construção linguística, as suas consequências para o locutor e a sua relação com o real.

A ciência linguística divide-se em vários ramos que estudam sob diversos aspectos os elementos ou categorias linguísticas e as suas relações. A *lexicografia* descreve o dicionário: a vida das palavras, o seu sentido, a sua selectividade, as suas combinações. A *semântica* – ciência do sentido das palavras e das frases – ocupa-se das particularidades das relações de significação entre os elementos de um enunciado. A *gramática* é concebida como «o estudo das formas e das construções»... Ora, hoje em dia, a modificação e a renovação da ciência linguística provocam a destruição dos limites destes continentes que, cada vez mais, interferem, se confundem, se refundem em concepções sempre novas e em plena evolução. Donde se conclui que, se tomarmos como exemplo uma certa fase destas concepções, digamos da *gramática,* esse exemplo só determina o seu campo limitado, e não consegue esgotar a complexidade do problema das categorias e das relações linguísticas.

Encarando a língua como um sistema formal, a linguística distingue actualmente entre as formas linguísticas as que têm uma autonomia (significam noções: *povo, viver, vermelho,* etc.) e as que são semidependentes ou apenas relações (significam relações: *de, a, onde, cujo,* etc.). As primeiras chamam-se *signos lexicais,* as segundas, *signos gramaticais.*

Estes signos combinam-se em segmentos discursivos de complexidade diversa: *a frase, a proposição, a palavra, a forma* (segundo P. Guiraud, em *La Grammaire,* 1967).

As *palavras* têm *afixos* (sufixos, prefixos, infixos) que servem para formar outras palavras (ou semantemas) justapondo-se ao radical. Assim: *corr-er, corr-ida, per-corre,* etc. As desinências, uma categoria de afixos, «marcam o estatuto gramatical da palavra na frase (espécie, modalidade, ligação)».

As palavras formam *frases* dispondo-se segundo leis rigorosas. A relação entre as palavras pode ser marcada pela sua *ordem:* a ordem é decisiva nas línguas *isolantes* como o português; em contrapartida, tem apenas uma importância relativa numa língua flexional como o latim. O acento tónico, as ligações, mas principalmente os *acordos,* as *concordâncias* e as *regências* indicam as relações entre as diferentes partes de uma frase.

Ao estudar as *categorias gramaticais*, a gramática tradicional distingue: as *partes do discurso*, as *modalidades* e as *relações sintácticas*.

As *partes do discurso* variam nas diferentes línguas. O francês tem nove: o substantivo, o adjectivo, o pronome, o artigo, o verbo, o advérbio, a preposição, a conjunção e a exclamação.

As *modalidades* referem-se aos nomes e aos verbos, e designam o seu modo de ser. São: o número, o género, a pessoa, o tempo e o espaço, o modo.

As *relações sintácticas* são as relações em que entram as palavras especificadas (como partes do discurso) e modalizadas (por meio das modalidades) na frase. A ciência actual considera que as marcas de *espécie* e de *modalidade* também são *marcas sintácticas*: que não existem «em si», fora das relações na frase, mas que, pelo contrário, tomam forma e especificam-se unicamente em e através destas relações sintácticas. Ou seja, uma palavra é «nome» ou «verbo» porque tem um determinado papel sintáctico na frase, e não por ter «em si» um certo sentido que a predestine a ser «nome» ou «verbo». Esta posição teórica, válida para as línguas indo-europeias, aplica-se ainda mais a línguas como o chinês, em que não há propriamente morfologia, e em que a palavra pode ser uma ou outra parte do discurso («nome», «verbo», etc.) consoante a sua função sintáctica. Assim, a linguística moderna tem tendência para reduzir a *morfologia* (o estudo das formas: declinação, conjugação, género, número), a *lexicologia*, e mesmo a *semântica*, à *sintaxe*, ao estudo das construções, e a formular qualquer enunciado linguístico significante como um formalismo sintáctico. Esta é a teoria desenvolvida por Noam Chomsky na sua «gramática gerativa», à qual havemos de voltar.

As categorias sintácticas de base tradicionalmente aceites são:

– o *sujeito* e o *predicado*: «uma noção-tema (o sujeito) à qual se atribui um certo carácter, um certo estado ou actividade (o predicado)»;

– os *determinantes* do nome ou do adjectivo que juntamente com o sujeito formam o *sintagma nominal*, na terminologia de Noam Chomsky;

– os *complementos do verbo* que se juntam ao verbo para designar o objecto ou as circunstâncias da acção. Na terminologia de Noam Chomsky, formam, com o predicado, o *sintagma verbal*.

Impõe-se uma pergunta: estas categorias marcam elementos e relações de ordem especificamente linguística, ou são pelo contrário uma simples transposição de noções lógicas? Com efeito, a gramática esteve presa durante muito tempo às perspectivas lógicas (aristotélicas) que, desde a Antiguidade até ao nominalismo da Idade Média, e sobretudo até ao século XVIII, quiseram impor a adequação da gramática à lógica. Actualmente, é evidente que as categorias lógicas não são «naturais», corespondem apenas a certas línguas muito precisas e mesmo a certo tipo de enunciados, e não podem abranger a multiplicidade e a particularidade das categorias e das relações linguísticas. Uma das obras mais importantes que libertaram a gramática da dependência da lógica foi o *Essai de grammaire de la langue française* de J. Damourette e E. Pichon (1911- 1952): restaura a subtileza das categorias de pensamento tal como são registadas pelo discurso, sem preocupações de sistematização lógica. No entanto o projecto *lógico* mantém-se, e dá lugar a dois tipos de teorias.

Por um lado, as gramáticas psicológicas, como a de M. G. Guillaume (1883-1960). O autor distingue «a língua», a que chama «imanência», zona confusa, pré-discursiva, onde se organiza a fala, da operação de realização do pensamento, e, por fim, do «discurso» ou «transcendência» que é já uma construção em signos linguísticos. Guillaume prefere estudar o que precede o discurso, e chama à sua ciência «psicomecânica» ou «psicossistemática». Para ele, o «discurso» ou a «transcendência», através dos seus apanhados que são as formas gramaticais, modela e ordena a actividade pensante (a «imanência»).

Por outro lado, as recentes teorias lógicas: a lógica matemática, a lógica combinatória, a lógica modal, etc., que fornecem aos linguistas processos mais rigorosos para a formalização das relações que se jogam no sistema da língua, sem abandonarem por isso o terreno propriamente linguístico nem pretenderem uma teorização de um pensamento pré-linguístico. Alguns modelos transformacionais, como o dos soviéticos Saumjan e Soboleva, constroem-se na base de princípios lógicos: neste caso preciso, são os princípios expostos por Curry e Feys na sua *Logique combinatoire*.

As categorias e as relações linguísticas que as diferentes teorias e métodos isolam no interior da língua reflectem e provocam – a causalidade é aqui dialéctica – situações concretas, reais, que a ciência pode elucidar partindo de uma análise dos dados linguísticos. Vamos dar aqui como exemplo o modo como E. Benveniste, em *Problèmes de linguistique générale* (1966), ao estudar a categoria de *pessoa* e a de *tempo*, conseguiu reconstruir o próprio sistema da subjectividade e da temporalidade.

O autor encara a subjectividade como «a capacidade do locutor de se apresentar como 'sujeito'...». «Nós afirmamos», escreve Benveniste, «que esta 'subjectividade', quer a admitamos em fenomenologia ou em psicologia, indiferentemente, é apenas a emergência no ser de uma propriedade fundamental da linguagem. É 'ego' aquele que diz 'ego'. Encontramos aqui o fundamento da subjectividade que se determina pelo estatuto linguístico da 'pessoa'. Ora só o verbo e o pronome possuem a categoria de pessoa. A pessoa é de tal modo inerente ao sistema verbal que a conjugação verbal segue a ordem das pessoas, e isto acontecia já na Índia (onde os gramáticos distinguiam três pessoas – *purusa*) e na Grécia (onde os eruditos representavam as formas verbais como πςόωπα, *pessoas*). Mesmo as línguas como o coreano ou o chinês, cuja conjugação verbal não segue a distinção das pessoas, possuem pronomes pessoais e por conseguinte acrescentam (implícita ou explicitamente) a pessoa ao verbo.»

No interior do sistema das pessoas funciona uma dupla oposição. A primeira é entre *eu/tu* por um lado, e *ele* por outro; *eu* e *tu* são pessoas implicadas no discurso, o *ele* situa-se no exterior de *eu/tu* e indica alguém ou alguma coisa sobre a qual se enuncia, mas sem que se trate de uma pessoa especificada. «A consequência deve ser claramente formulada» escreve Benveniste: «a 'terceira pessoa' não é uma 'pessoa'; é mesmo a forma verbal que tem a função de exprimir a *não-pessoa*... Basta recordar... a situação muito especial da terceira pessoa do verbo na maior parte das línguas...» (assim, em português, por exemplo, o «ele» impessoal de «ele chove que se farta»).

A segunda oposição é entre *eu* e *tu*.

«Eu só utilizo *eu* quando me dirijo a alguém que na minha alocução é um *tu*. É esta condição de diálogo que é constitutiva da *pessoa*, pois implica reciprocamente que eu me torne *tu* na alocução daquele que por sua vez se designa por *eu*. Vemos aqui um princípio cujas consequências se desenvolvem em todas as direcções. A linguagem só é possível porque cada locutor se coloca como *sujeito*, remetendo para si próprio como *eu* do seu discurso. Portanto, *eu* suponho uma outra pessoa, aquela que, sendo completamente exterior a 'mim', se torna o meu eco ao qual eu digo *tu* e que me diz *tu*».

Se a subjectividade «real» e a subjectividade linguística, sobredeterminadas pela categoria linguística da pessoa, estão em estreita interdependência, o mesmo se passa com a categoria do verbo e com as relações de tempo que ela marca. Benveniste distingue dois planos de enunciação: a enunciação *histórica* em que se admite o aoristo ([1]), o imperfeito, o mais-que-perfeito e o prospectivo, mas da qual se exclui o presente, o perfeito, o futuro; e a enunciação de *discurso* em que se admite todos os tempos e todas as formas, à excepção do aoristo. Esta distinção também diz respeito à categoria de pessoa. «O historiador nunca diz *eu*, nem *tu*, nem *aqui*, nem *agora*, porque nunca utiliza o aparelho formal do discurso, que consiste em primeiro lugar na relação de pessoa *eu*: *tu*. No discurso histórico entendido rigorosamente só encontramos formas de terceira pessoa.» Benveniste dá o seguinte exemplo de enunciação histórica:

«Depois de ter dado uma volta à galeria, o jovem *olhou* sucessivamente para o céu e para o relógio, teve um gesto de impaciência, *entrou* numa tabacaria, *acendeu* um charuto, *colocou-se* diante do espelho, e *lançou* um olhar ao fato, um pouco mais sumptuoso do que o permitem (aqui o *presente* deve-se ao facto de se tratar de uma reflexão do autor que escapa ao plano da narrativa) em França as leis do gosto. *Ajeitou* a gola e o colete de veludo negro sobre o qual se *cruzava* várias vezes uma dessas grossas correntes de ouro fabricadas em Génova; em seguida, depois de com um só movimento ter lançado sobre o ombro esquerdo o casaco forrado de veludo, dobrando-o com elegância, *retomou* o passeio sem se deixar distrair pelas olhadelas burguesas que *recebia*. Quando as lojas *começaram* a iluminar-se e a noite se *mostrou* suficientemente escura, *dirigiu-se* para a praça do Palais-Royal como um homem

---

([1]) Aoristo: tempo passado que, no sistema verbal grego, designa uma acção terminada.

que *temia* ser reconhecido, pois *deu* a volta à praça até à fonte, para chegar até à entrada da rua Froidmanteau escondido pelos fiacres...» (Balzac, *Études philosophiques: Gambara*.) Pelo contrário, «o discurso utiliza livremente todas as formas pessoais do verbo, tanto *eu/tu* como *ele*. Explícita ou não, a relação de pessoa está sempre presente».

Vemos aqui como é que a linguagem, com as suas categorias de verbo, de tempo e de pessoa e através da sua combinação precisa, sobredetermina, embora não determine, as oposições temporais *vividas* pelos sujeitos falantes. Portanto o linguista encontra *objectivamente*, na matéria da língua, toda uma problemática (no nosso exemplo, a da subjectividade e da temporalidade) que está *realmente* em jogo na prática social. A língua parece forjar pelas suas próprias categorias aquilo que designámos como «subjectividade», «sujeito», «interlocutor», «diálogo», ou «tempo», «história», «presente», etc. Devemos dizer que é a língua que produz estas realidades, ou, pelo contrário, que são elas que se reflectem na língua? Problema metafísico e insolúvel, ao qual podemos apenas opor o princípio da *isomorfia* das duas séries (o real/a linguagem; o sujeito real/o sujeito linguístico; a temporalidade vivida/a temporalidade línguística) das quais a segunda, a linguagem, com estas categorias, é o *atributo* e ao mesmo tempo o *molde* que ordena a primeira: esse real extralinguístico. É também neste sentido que podemos falar de uma «materialidade» da linguagem, recusando-nos a admitir a linguagem como sistema ideal fechado sobre si mesmo (essa é a atitude «formalista») ou como simples cópia de um mundo estabelecido existente sem ela (essa é a atitude «realista» mecanicista).

As categorias linguísticas mudam no tempo. A gramática latina é diferente da do francês arcaico que difere da gramática do francês moderno. « [A linguagem] escoa-se todos os dias das nossas mãos e desde que sou vivo alterou-se em cerca de metade», escrevia Montaigne. É evidente que hoje em dia a língua está normalizada, regularizada e fixada por uma escrita estável de tal forma que as alterações categoriais não se dão tão depressa, embora se produzam incessantemente. Sem afirmarmos que qualquer evolução das categorias da língua implique necessariamente uma redistribuição do campo em que o sujeito falante organiza o real, devemos assinalar que estas mutações não deixam de ter importância para o funcionamento consciente e sobretudo inconsciente do locutor. Tomemos um exemplo dado por M. W. von Wartburg em *Problèmes et Méthode* e retomado por P. Guiraud: o verbo «croire» tem em francês arcaico duas construções, *croire en* e *croire ou* [en le], visto que se utilizam os nomes próprios sem artigo e os nomes comuns com artigo («croire en Dieu», «croire *ou* [en le] départ», «croire *ou* [en le] diable»). Mas, no decorrer da evolução da língua, *ou* [*en le*] confundiu-se a tal ponto com *au* [*à le*] que desapareceu a oposição *croire en/ croire en le*. Ora, os locutores conservaram o sentido de uma oposição mas reinterpretaram-se semanticamente de uma forma que não tem nada a ver com a oposição gramatical inicial: *croire en* designa agora uma crença profunda num ser divino, *croire à* uma crença de que qualquer coisa existe. E von Wartburg escreve: «Un catholique croit en la Sainte Vierge, un protestant croit à la Sainte Vierge ([1])».

Num outro plano, e no quadro de um mesmo sistema gramatical, de uma etapa da língua, existem variações que, sem ultrapassarem o limite da inteligibilidade da mensagem, transgridem algumas destas regras, e podem ser consideradas como agramaticais. Têm no entanto uma função específica, retórica, nos estilos particulares, e são o objecto da *estilística*.

Abordamos aqui um outro problema linguístico: o do sentido e da significação, que já evocámos atrás quando tratámos da natureza do signo linguístico. É a *semântica* que estuda este problema. A sua autonomia como disciplina particular na análise da língua é bastante recente. Embora os gramáticos do século XIX falassem de *semasiologia* (do termo grego *séma*; signo), foi o linguista francês Michel Bréal que propôs o termo semântica, e foi o primeiro a escrever uma *Semântica (Essai de sémantique,* 1896). Actualmente a semântica é concebida como o estudo da função das palavras enquanto portadoras de sentido.

Estabelece-se uma distinção entre *sentido* e *significação,* sendo o *sentido* o termo *estático* que designa a imagem mental resultante do *processo* psicológico designado pelo termo *significação*. Admite-se geralmente que a linguística só se ocupa do *sentido,* ficando a *significação* reservada para uma ciência

---

([1]) Hoje em dia, esta distinção é menos nítida e contradiz por vezes a dicotomia estabelecida por Wartburg. Exemplo: «Je crois *en* toi/Je crois *à* tes histoires».

mais vasta, a que agora se chama semiótica, e de que a semântica é apenas um caso particular. Ora é evidente que, como o sentido não existe fora da significação e vice-versa, os estudos definidos por estes dois conceitos se entrecruzam muitas vezes.

Assinalemos alguns dos muitos problemas levantados pela semântica.

Embora, na comunicação em geral, uma palavra tenha um só sentido, é frequente as palavras possuírem vários sentidos. Assim *estado* significa «maneira de ser, situação», «nação (ou grupo de nações) organizada, submetida a um governo e a leis comuns», etc.; *carta* pode significar «licença de condução», «lista de vinhos», «mensagem escrita», etc. A este fenómeno chamado *polissemia* junta-se a *sinonímia*; várias palavras designam um só conceito: *trabalho, labor, produção, obra, afazer, ocupação, missão, tarefa, dever, canseira, business*; e também a *homonímia*, palavras diferentes na origem que acabam por se confundir: *sob, soube...*

Qualquer palavra num contexto tem um sentido definido e preciso, um *sentido contextual*, que muitas vezes difere do seu *sentido de base:* «*travar* o carro» e, «*travar* uma batalha» mostram dois sentidos contextuais da palavra «travar» que não são idênticos ao sentido de base. A estes dois sentidos juntam-se os *valores estilísticos*: sentidos suplementares que enriquecem o sentido de base e o sentido contextual. Em «Os operários ocuparam a prisão», o sentido contextual de *prisão* é «fábrica», mas o valor estilístico suplementar conota uma intenção popular, familiar ou depreciativa. Vemos que os valores estilísticos podem ser não apenas de ordem subjectiva, mas também de ordem sociocultural.

A semântica cruza-se assim com a *retórica*. O estudo do sentido confundiu-se na Antiguidade com o estudo das *«figuras» de palavras,* e hoje em dia cruza-se muitas vezes com a *estilística*.

Até agora o estudo clássico dos *tropos* foi feito à base dos estudos de *combinação,* ou até mesmo de *mudança* de sentido. Sabemos que os Latinos tal como os Gregos designavam catorze tipos de tropos: a metáfora, a metonímia, a sinédoque, a antonomásia, a catacrese, a onomatopeia, a metalepse, o epíteto, a alegoria, o enigma, a ironia, a perífrase, a hipérbole e o hipérbato. Os semânticos actuais destacam as relações lógicas que subtendem estes tropos, e deduzem as operações de base para as mudanças de sentido.

S. Ullmann, por exemplo (*The Principles of Semantics*, 1951), distingue as mudanças provocadas pelo *conservantismo linguístico* e as mudanças provocadas pela *inovação linguística*. Esta última classe apresenta algumas subcategorias:

I. Transferências do nome:
   a) por semelhança entre os sentidos
   b) por contiguidade entre os sentidos

II. Transferências do sentido:
   a) por semelhança entre os nomes
   b) por contiguidade entre os nomes

Eis um exemplo de contiguidade espacial entre os sentidos (Ib): o termo «catedrático» vem de «cátedra», a cadeira onde o professor se sentava e que lhe legou o nome.

Se é este o mecanismo das mudanças de sentido, as suas causas são: ou históricas (mudanças científicas, económicas, políticas que atingem o sentido das palavras), ou linguísticas (fonéticas, morfológicas, sintácticas, contágio, etimologia popular, etc.), ou sociais (restrição ou extensão da área semântica de uma palavra consoante a sua especialização ou a sua generalização), ou por fim psicológicas (expressividade, tabu, eufemismos, etc.).

Com a linguística estrutural, a semântica tornou-se também estrutural. Saussure já colocava cada palavra no centro de uma constelação de associações (quer pelo sentido, quer pela forma), e apresentava o seguinte esquema:

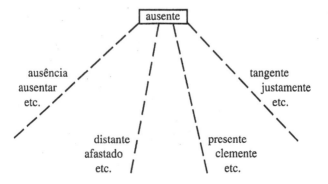

Actualmente, a semântica estrutural utiliza o conceito de *campos morfossemânticos* (Guiraud) para indicar «o complexo de relações de formas e de sentidos formado por um conjunto de palavras» (cf. P. Guiraud, *La Sémantique*, «Que sais-je?», 1969).

Na sua *Sémantique structurale* (1966) A. J. Greimas propõe-se isolar em cada palavra os *semas*, elementos mínimos de significação cuja combinação produz o semema (ou a palavra enquanto complexo de sentido). Os semas repartem-se segundo eixos sémicos em oposição binária. Por outro lado, um semema é composto por um *núcleo sémico* (sentido de base) e por *semas contextuais*.

Os problemas complexos da significação, ainda não resolvidos pela semântica estrutural, são também abordados pela semântica filosófica, pela lógica, pela psicossociologia, etc. Todas estas teorias estão em plena mutação, o que torna logo impossível qualquer tentativa de resumo.

Sem pretendermos elaborar uma história das teorias linguísticas, tarefa impossível antes da elaboração de uma teoria geral da história, vamos tentar penetrar mais fundo na problemática da linguagem percorrendo os múltiplos sistemas através dos quais as diversas sociedades pensaram as suas línguas. Portanto vamos proceder à descrição das representações e das teorias linguísticas através dos tempos.

SEGUNDA PARTE

A LINGUAGEM NA HISTÓRIA

Desde os mitos até às mais elaboradas especulações filosóficas, levantou-se sempre o problema das origens da linguagem – o seu aparecimento, os seus primeiros passos. Embora a linguística como ciência se recuse a admiti-la e ainda mais a encará-la (afirmou-se que este problema estava fora do campo de interesse da Sociedade Linguística de Paris), a questão existe e a sua permanência é um sintoma ideológico constante. As crenças e as religiões atribuem essa origem a uma força divina, aos animais e a seres fantásticos que o homem teria imitado.

Pretendeu-se também encontrar a *língua original*, aquela que teria sido falada pelos primeiros homens, e da qual proviriam as outras línguas. Assim, Heródoto (II, 2) relata a experiência de Psamético, rei do Egipto, que teria mandado educar duas crianças desde o seu nascimento sem nenhum contacto com qualquer língua; a primeira palavra das crianças foi βεχος («pão» em frígio, o que levou o rei a concluir que o frígio era mais antigo do que o egípcio).

Pretendeu-se igualmente descobrir a «origem» da linguagem observando a aprendizagem da prática linguística pelos cegos e pelos surdos. Fazem-se observações com o mesmo objectivo sobre a aprendizagem da língua pelas crianças. Tentou-se descobrir as leis primordiais da língua observando os hábitos locutórios das pessoas bilingues e poliglotas, na hipótese de o poliglotismo ser um momento histórico anterior ao monoglotismo (isto é, à unificação de uma língua para uma determinada comunidade). Por mais interessantes que possam ser todos estes dados, revelam-nos apenas o processo através do qual uma língua *já constituída* é *aprendida* pelos sujeitos de uma determinada sociedade, e podem elucidar-nos sobre as particularidades psicossociológicas dos sujeitos que falam ou aprendem uma certa língua. Mas não podem esclarecer o processo histórico de formação da linguagem, e ainda menos a sua «origem».

Quando os investigadores modernos se dedicam à «pré-história» da linguagem, entendem por isso sobretudo as mais antigas etapas conhecidas: quer registadas por documentos, quer reconstruídas em estudos comparados, e que permitem assim hipóteses sobre estádios anteriores de que não temos testemunhos. Entre os dados de base para uma reconstrução do passado linguístico destacam-se sobretudo a decifração dos hieróglifos egípcios, das inscrições cuneiformes, das epígrafes dos povos da Ásia Menor ou dos Etruscos, as runas germânicas, os monumentos ogâmicos, etc. A partir destes testemunhos escritos podem fazer-se deduções referentes não apenas à vida linguística, mas à vida social, em geral, das diversas populações. Por seu lado, a linguística comparada, acompanhando a vida das palavras nas diferentes línguas – a sua migração e a sua transformação –, pode deduzir certas leis linguísticas que nos permitem reconstruir o passado longínquo da linguagem. A estas investigações juntam-se igualmente as descobertas devidas à decifração do material arqueológico: as epígrafes, os nomes dos deuses, dos lugares, das pessoas, etc., cuja constância e duração na história são um índice seguro que permite o acesso ao passado distante da língua.

Propuseram-se várias teorias-hipóteses para explicar a «origem» e a pré-história da linguagem: hipóteses cuja audácia depressa é desmentida e destruída por proposições inspiradas por outros princípios ideológicos. Assim, o soviético N. Marr formulou uma teoria *estadial* da linguagem, dividindo as línguas em quatro tipos que correspondem às etapas da sociedade: 1. o chinês e algumas línguas africanas; 2. o fino-húngaro e o turco-mongólico; 3. o jafético e o hamítico, que caracterizam o feudalismo; 4. as línguas indo-europeias e semíticas, que caracterizam a sociedade capitalista. A sociedade comunista devia ser representada por uma língua universal. Esta teoria foi vivamente criticada por Estaline que afirmou que a língua não é uma superstrutura, e por conseguinte não acompanha fielmente as transformações históricas das estruturas sociais.

G. Révész em *Origine et Préhistoire du langage* (1946) propôs uma teoria da pré-história linguística em seis estádios, que traça o trajecto que vai desde a comunicação animal até à linguagem humana altamente desenvolvida. No estádio pré-histórico e histórico, observa-se, segundo o autor, uma redução da linguagem aos modos *imperativo*, *indicativo* e *interrogativo*, e uma diminuição da importância dos gestos. Quanto ao sistema de comunicação do homem primitivo, os deícticos ([1]), os gritos e os gestos ocupam um lugar preponderante; essa linguagem limitava-se, ainda segundo Révész, ao *imperativo*, ao *vocativo* e ao *locativo*.

Abandonando a ambição de construir estas teorias gerais, para as quais não se pode fornecer nenhuma prova científica, a linguística actualmente limita-se, como observa A. Tovar, a «estabelecer um estádio arcaico das línguas que têm as mesmas características». Este trabalho foi feito no que diz respeito à fonética por W. Schmidt. Van Ginneken, por seu lado, propôs um tipo de língua que ele considera primitivo e tão antigo como a escrita. Essa «língua» é um sistema de consoantes laterais ou «cliques» (sons obtidos pelos movimentos laterais da língua), em que as vogais estão ausentes. Van Ginneken encontra exemplos deste sistema fonético na língua caucasiana e entre os Hotentotes.

Com o concurso decisivo dos arqueólogos e dos paleontólogos, a linguística tenta estabelecer, se não como é que a linguagem apareceu, pelo menos desde quando é que o homem fala. As hipóteses são hesitantes. Para Boklen a linguagem aparece no período mustierense. Leroi-Gourhan é da mesma opinião: considerando que o símbolo gráfico é o verdadeiro passo exclusivamente humano, e que por conseguinte há linguagem humana a partir do momento em que há símbolo gráfico, afirma:

«Podemos dizer que se, na técnica e na linguagem da totalidade dos antropóides, a motricidade condiciona a expressão, na linguagem figurada dos antropóides mais recentes a reflexão determina o grafismo. Os mais antigos traços remontam ao fim do Mustierense e tornam-se abundantes por volta de 35 000

---

[1] Deíctico: termo que designa todas as palavras que situam ou indicam o acto de enunciação e só são inteligíveis em relação a ele (*aqui*, *agora*, *hoje*, etc.). Tem por conseguinte um papel importante na teoria saussuriana do discurso, e corresponde à *indicação* na tradição de Peirce.

antes da nossa era, durante o período de Châtelperron. Aparecem ao mesmo tempo que os corantes (ocre e manganésio) e que os objectos de adorno.»

Poderemos considerar que a linguagem teve um tempo de desenvolvimento, de progressão lenta e laboriosa no decorrer da qual se transformou no sistema complexo de significação e de comunicação que é hoje, e que a história encontra sempre, por mais longe que remonte no passado? Ou então admitiremos, como Sapir, que desde o «princípio» a linguagem está «formalmente completa» e que desde que há homem há linguagem como sistema completo com todas as funções que tem actualmente? Nesta segunda hipótese, não há uma «pré-história» da linguagem, mas apenas linguagem com algumas diferenças no modo de organização do sistema (diferenças fonéticas, morfológicas, sintácticas, etc.) que dão lugar a línguas diferentes.

A hipótese do aparecimento súbito da linguagem é defendida actualmente por Lévi-Strauss. Considera qualquer cultura como «um conjunto de sistemas simbólicos em que se coloca em primeiro lugar a linguagem, as regras matrimoniais, as relações económicas, a arte, a ciência, a religião». Desistindo de procurar uma teoria sociológica para explicar o simbolismo, Lévi-Strauss tenta, pelo contrário, encontrar a origem simbólica da sociedade. Pois esse vasto conjunto de sistemas de significação que é o social funciona – tal como o exercício da língua – de um modo inconsciente. Está – tal como a língua – baseado na troca (na comunicação). Deste paralelismo conclui-se que os fenómenos sociais podem ser assimilados (sob este ponto de vista) à linguagem, e que a partir do funcionamento linguístico podemos ter acesso às leis do sistema social. Ora, escreve Lévi-Strauss, «independentemente do momento e das circunstâncias do seu aparecimento, a linguagem só pôde nascer subitamente. As coisas não começaram a significar progressivamente. Na sequência de uma transformação cujo estudo não tem origem nas ciências sociais, mas sim na biologia e na fisiologia, efectuou-se uma passagem de um estádio em que nada tinha sentido para outro em que tudo possuía um sentido». No entanto, Lévi-Strauss faz uma distinção rigorosa entre este aparecimento brusco da *significação* e a lenta tomada de conhecimento de que «isso significa». «As duas categorias do significante e do significado constituíram-se simultânea e solidariamente, como dois blocos complementares; mas o conhecimento, isto é, o processo inteligível que permite identificar certos aspectos do significante e certos aspectos do significado uns em relação aos outros... só apareceu a pouco e pouco. O universo significou muito antes de se começar a saber que ele significava.»

Numa perspectiva semelhante, eliminando o problema de uma pré-história da linguagem em favor da questão da estrutura específica do sistema linguístico e de cada sistema significante, propôs-se uma teoria da *relatividade linguística*. Consiste na hipótese de que cada língua, possuindo uma organização particular e diferente das outras, significa o real de um modo diferente; portanto, há tantos tipos de organizações significantes do universo quantos os tipos de estruturas linguísticas. Esta ideia, que data de Humboldt para ser retomada por Léo Weisgerber, foi reinventada por Sapir e desenvolvida sobretudo por Benjamin Lee Whorf, principalmente nos seus estudos sobre a língua dos índios Hopis que ele opôs à «língua europeia comum». Assim, a língua hopi possui nove vozes verbais, nove aspectos, etc., que são para Whorf outros tantos modos de significar, e indicam as maneiras particulares, próprias dos Hopis, de pensar o espaço e o tempo. Esta teoria esquece que noutras línguas as mesmas «particularidades» podem ser obtidas por meios linguísticos diferentes (uma «voz» pode ser indicada e substituída por um advérbio, uma preposição, etc.), e que, por outro lado, o conjunto dos sistemas significantes numa sociedade é uma estrutura complexa e complementar, em que a língua falada, categorizada por uma certa teoria, não consegue esgotar a diversidade das práticas significantes. Isto não quer dizer que a ciência não possa encontrar no sistema da língua as «especificidades» que está a descobrir actualmente nos sistemas significantes extralinguísticos; significa apenas que é demasiado arriscado deduzir as características «mentais» de uma sociedade a partir das considerações, histórica e ideologicamente limitadas, que se podem fazer sobre a própria língua.

Considerando com prudência a teoria da relatividade linguística, a antropologia e a linguística antropológica estudam as línguas e as teorias linguísticas nas sociedades ditas primitivas, não para chegarem assim ao ponto «inicial» da linguagem, mas para elaborarem um vasto quadro dos diferentes modos de representação que acompanharam a prática linguística.

I. ANTROPOLOGIA E LINGUÍSTICA. CONHECIMENTO DA LINGUAGEM NAS SOCIEDADES DITAS PRIMITIVAS

Ao procurar um objecto susceptível de ser estudado cientificamente e que permitisse, em princípio, o acesso à cultura de uma sociedade «primitiva», a antropologia descobriu a *linguagem*. Analisando as diferentes formas sob as quais ela se apresenta, as suas regras internas, tal como a consciência que delas têm os diversos povos (nos seus mitos e nas suas contradições), a antropologia fundamenta e alarga o seu conhecimento sobre as sociedades ditas selvagens.

Os primeiros estudos que abriram caminho a esta «antropologia linguística» foram os de Edouard Tylor *(Primitive Culture,* 1871, e *Anthropology,* 1881), mas este teve um predecessor inglês, R. G. Latham. Malinowski em 1920 desenvolveu a tese da estrutura linguística como reveladora da estrutura social, e confirmou-a no seu estudo *Meaning in Primitive Languages.* Esta tendência é seguida por outros sábios como Hocard, Haddon, P. R. Firth. Na Europa a antropologia inspira-se nos trabalhos de Saussure e de Meillet, e segue uma orientação linguística nas investigações de Durkheim e de Mauss. Entre os sábios americanos, é principalmente a Boas que devemos as formulações mais decisivas e mais comprometidas neste domínio. Depois de ter estudado a língua e a escrita dos índios da América e dos Esquimós, e a sua relação com a organização cultural e social, Boas afirma que «o estudo puramente linguístico é uma parte da verdadeira investigação da psicologia dos povos do mundo». Boas pensa que, se os fenómenos da linguagem se tornam pela etnologia e pela antropologia um objecto em si mesmos, é «em grande parte pelo facto de as leis da linguagem continuarem a ser inteiramente desconhecidas dos locutores, que os fenómenos linguísticos nunca chegam à consciência do homem primitivo ([1]), enquanto todos os outros fenómenos estão mais ou menos claramente submetidos ao pensamento consciente». Boas não aceita com isto a teoria da relatividade linguística. «Não parece», escreve ele, «haver uma relação *directa* entre a cultura de uma tribo e a língua que ela fala, excepto na medida em que a língua pode ser moldada pelo estado da cultura, mas não na medida em que certo estado da cultura seja condicionado pelos traços morfológicos da língua.»

Estudando a linguagem «primitiva» num contexto social e cultural, tendo em vista esse contexto e em relação a ele, a antropologia opõe-se muitas vezes a uma abordagem puramente formal, dedutiva e abstracta, dos factos linguísticos. Defende, como Malinowski, uma abordagem que coloque o discurso vivo no seu contexto contemporâneo de situações sociais em que se produz o facto linguístico, e é só assim que esse «facto» se torna o objecto principal da ciência linguística.

Esta visão da linguagem relaciona-se e junta-se à que é proposta pela *linguagem sociológica*. Com I. R. Firth, esta ciência verifica que as categorias linguísticas elaboradas pela fonética, pela morfologia, pela sintaxe, etc., clássicas, não têm em conta as diferentes *funções sociais* desempenhadas pelos principais tipos de proposições de que o homem se serve. «A multiplicidade das funções sociais que temos de desempenhar como membros de uma raça, de uma nação, de uma classe, de uma família, de um clube, como filhos, irmãos, amantes, pais, operários, etc., exige um certo grau de especialização linguística.» A sociolinguística estuda justamente estas funções sociais da linguagem, tal como se apresentam na própria estrutura da

---

([1]) Como havemos de ver mais à frente, o «homem primitivo» não está de modo nenhum «inconsciente» do sistema através do qual e no qual ordena o real, o seu próprio corpo e as suas funções sociais: a linguagem. O termo «inconsciente» só pode ser aqui admitido para indicar uma incapacidade de certas civilizações em separar a actividade diferenciante e sistematizante (significante, de linguagem) daquilo que ela sistematiza, e por conseguinte em elaborar uma ciência das leis da linguagem como uma ciência à parte.

língua, para delas extrair dados suplementares que esclareçam o mecanismo inconsciente dessas mesmas funções sociais.

Enquanto linguistas, antropólogos e sociólogos, a partir dos dados linguísticos dos povos «primitivos», tentam chegar a conclusões sobre as leis que regem em silêncio a sua sociedade, esses mesmos povos elaboraram representações e teorias, ritos e práticas mágicas ligados à sua linguagem, e que constituem para nós o *exemplo* não apenas dos primeiros passos daquilo que se tornou actualmente uma linguística, mas também do lugar e da função que a linguagem teve em civilizações tão diferentes da nossa.

O que mais impressiona o homem «moderno», habituado à teoria e à ciência linguística de hoje, e para quem a linguagem é exterior ao real, película fina e inconsistente se não convencional, fictícia, «simbólica», é que, nas sociedade primitivas, ou como se costuma dizer «sem história», «pré-históricas», a linguagem é uma *substância* e uma *força material*. Embora *fale*, *simbolize*, *comunique*, isto é, estabeleça uma distância entre si mesmo (como sujeito) e o exterior (o real) para o significar num sistema de diferenças (a linguagem), o homem primitivo não *reconhece* esse acto como um acto de *idealização* ou de *abstracção*, mas pelo contrário como uma *participação* no universo que o rodeia. Embora a prática da linguagem suponha realmente para o homem primitivo uma *distância* em relação às coisas, a linguagem não é concebida como um *exterior* mental, como uma tentativa de abstracção. A linguagem, confundida com a força motriz do corpo e da natureza, participa como um elemento cósmico do *corpo* e da *natureza*. A sua ligação com a realidade corporal e natural não é abstracta ou convencional, mas sim real e material. O homem primitivo não consegue conceber uma dicotomia nítida entre matéria e espírito, real e linguagem, nem por conseguinte entre «referente» e «signo linguístico», e ainda menos entre «significante» e «significado»: para ele, todos estes participam igualmente de *um* mundo diferenciado.

Certos *sistemas mágicos* complexos, como a magia assíria, assentam num tratamento atento da fala concebida como uma força real. Sabe-se que na língua dos acádios «ser» e «nomear» são sinónimos. Em acádio, «o que quer que seja» exprime-se pela locução «tudo o que tem um nome». Esta sinonímia é apenas o sintoma da equivalência geralmente admitida entre as palavras e as coisas, e que subtende as práticas mágicas verbais. Transparece também nos exorcismos ligados à interdição de pronunciar este ou aquele nome, esta ou aquela palavra, aos encantamentos que têm de ser recitados em voz baixa, etc.

Há vários tipos, práticas e crenças que revelam esta visão da linguagem nos primitivos. Frazer (*The Golden Bough*, 1911-1915) verifica que em várias tribos primitivas o *nome*, por exemplo, considerado como uma realidade e não como uma convenção artificial, «pode servir de intermediário – tal como os cabelos, as unhas ou qualquer outra parte da pessoa física – para fazer actuar a magia sobre essa pessoa». Para o índio da América do Norte, segundo este mesmo autor, o nome não é um rótulo, mas uma parte distinta do seu corpo, como o olho, o dente, etc., e por conseguinte o mau tratamento do seu nome atinge-o como um ferimento físico. Para salvaguardar o nome, fazem-no entrar num sistema de *interdições*, ou de *tabus*. O nome não deve ser pronunciado, pois o acto da sua pronunciação/materialização pode revelar/materializar as propriedades reais da pessoa que o usa, e torná-la assim vulnerável aos olhos dos seus inimigos. Os Esquimós tinham um nome novo quando se tornavam velhos; os Celtas consideravam o nome como sinónimo da alma e da «respiração»; entre os Yuins da Nova Gales do Sul na Austrália e entre outros povos, sempre segundo Frazer, o pai revelava o seu nome ao filho no momento da iniciação, mas poucas pessoas o conheciam. Na Austrália *esquecem-se* os nomes, tratam-se as pessoas por «irmão, primo, sobrinho...». Os Egípcios também tinham dois nomes: o pequeno, que era bom e reservado ao público, e o grande que era mau e dissimulado. Estas crenças ligadas ao nome próprio encontram-se nos Krus da África Ocidental, nos povos da Costa dos Escravos, nos Uolofes da Senegâmbia, nas ilhas Filipinas (os Bagobos de Mindanau), nas ilhas Bourrou (Índias Orientais), na ilha de Chiloé ao largo da costa meridional do Chile, etc. O deus egípcio Rá, picado por uma serpente, lamenta-se: «Eu sou aquele que tem muitos nomes e muitas formas... O meu pai e a minha mãe disseram-me o meu nome; está escondido no meu corpo desde o meu nascimento para que não se possa dar nenhum poder mágico a alguém que me queira lançar uma maldição». Mas Rá acaba por revelar o seu nome a Ísis que se torna toda-poderosa. Também existem tabus que dizem respeito às palavras que designam os graus de parentesco.

Entre os Cafres, as mulheres estão proibidas de pronunciar o nome do marido e o do sogro, tal como qualquer palavra que se lhes assemelhe. Isto provoca uma tal modificação da linguagem das mulheres que elas acabam por falar de facto uma língua distinta. Frazer lembra a propósito disto que, na Antiguidade, as mulheres jónias nunca chamavam o marido pelo nome, e que ninguém devia pronunciar o nome de um pai ou de uma filha enquanto se realizavam em Roma os ritos de Ceres. Em certas tribos do oeste de Vitória, os tabus exigem que o homem e a mulher falem cada um na sua língua, embora compreendam a do outro, e só se podem casar com uma pessoa de língua estrangeira.

Os nomes dos mortos também estão submetidos às leis do tabu. Os costumes deste tipo eram respeitados pelos Albaneses do Cáucaso, e Frazer também os encontra entre os aborígenes da Austrália. Na língua dos Abípones do Paraguai, introduzem-se palavras novas todos os anos, visto que todas as palavras semelhantes aos nomes dos mortos são suprimidas por proclamação e substituídas por outras. É evidente que estes processos acabam com a possibilidade de uma narrativa ou de uma história: a língua não tem nenhum depósito do passado, transforma-se com o decurso real do tempo.

Os tabus referem-se igualmente aos nomes dos reis, das personagens sagradas, aos nomes dos deuses, mas também a um grande número de nomes comuns. Trata-se sobretudo de nomes de animais ou de plantas considerados perigosos, e cuja pronunciação equivaleria a invocar o próprio perigo. Assim, nas línguas eslavas a palavra que significa «urso» foi substituída por uma palavra mais «anódina» cuja raiz é «mel», e em russo, por exemplo, aparece *med'ved'* (de *med*-mel): o urso maléfico é substituído por algo de eufórico – pela alimentação inofensiva da espécie, cujo nome, por metonímia, substitui a palavra perigosa.

Estas proibições não são conscientemente motivadas. Parecem ser evidências, «impossibilidades» naturais, e podem ser levantadas ou expiadas por certas cerimónias. Várias práticas mágicas são baseadas na crença de que as palavras possuem uma realidade concreta e actuante, e de que basta pronunciá-

-las para que a sua acção se exerça. Esta é a base de várias orações ou fórmulas mágicas que «trazem» a cura, a chuva para os campos, a colheita abundante, etc.

Freud, que estudou atentamente os dados recolhidos por Frazer, conseguiu explicar o tabu de certas palavras ou a interdição de certas situações discursivas (mulher-marido, mãe-filho, pai-filha) relacionando-as com a proibição do incesto. Observa uma semelhança evidente entre a nevrose obsessiva e os tabus, em quatro pontos:

1. a ausência de motivação das proibições;
2. a sua fixação em virtude de uma necessidade interna;
3. a sua facilidade em se deslocarem e em contaminarem objectos proibidos;
4. a existência de actos e de regras cerimoniais que decorrem das proibições (cf. *Totem et Tabou*).

Como o próprio Freud observa, «seria evidentemente agir de um modo apressado e pouco eficaz o deduzir da analogia das condições mecânicas (da nevrose obsessiva e do tabu) uma afinidade de natureza». É necessário insistir nesta observação pois, com efeito, embora as duas estruturas se assemelhem, nada obriga a pensar que os tabus se «devam» a «obsessões». As noções psicanalíticas são elaboradas e funcionam no campo da sociedade moderna, e categorizam de uma forma mais ou menos rigorosa as estruturas psíquicas nessa sociedade. Transpô-las para outras em que a própria noção de «eu» (de sujeito, de indivíduo) não está claramente diferenciada é indubitavelmente um acto que deforma a especificidade das sociedades estudadas. Pelo contrário, podemos supor que actos como o tabu, e talvez em geral a própria prática da linguagem como realidade actuante, são justamente o que impede a formação das «nevroses», incluindo a nevrose obsessiva, enquanto estrutura de um sujeito.

Outros testemunhos provam que o homem «primitivo» não só se recusa a separar o *referente* do *signo,* como também hesita em separar o *significante* do *significado*. A «imagem fónica» tem para ele o mesmo peso real da «ideia», aliás confundida com a primeira. O homem primitivo compreende a rede da linguagem como uma *matéria* consistente, de tal forma que as semelhanças fónicas são para ele o índice de semelhança dos significados e por conseguinte dos referentes. Boas encontra exemplos disto entre os Pawnees da América, cujas crenças religiosas são provocadas por similitudes linguísticas. Um caso exemplar é fornecido pela mitologia chinook: o herói descobre um homem que tenta em vão pescar um peixe dançando, e explica-lhe que é necessário pescar com uma rede. Esta narrativa organiza-se em torno de duas palavras foneticamente idênticas (idênticas ao nível do significante) mas com sentidos diferentes (divergentes ao nível do significado): as palavras *dançar* e *pescar com uma rede* pronunciam-se da mesma maneira em chinook. Este exemplo prova a subtileza com que o homem primitivo distingue os diversos níveis da linguagem, para chegar mesmo a jogar com eles, como se sugerisse com um humor subtil que consegue manejar perfeitamente o significado mas não esquece por isso a sua ligação com o significante que o suporta, e que ele – locutor atento à materialidade da sua língua – continua a reconhecer.

Certos povos possuem teorias desenvolvidas sobre o funcionamento da fala, que se desenrolam como verdadeiras cosmogonias, de tal forma que, quando o etnólogo moderno traduz por «fala» a força cósmica e corporal sobre a qual os «primitivos» reflectem, a diferença em relação à nossa concepção desse termo é tão grande que subsiste um problema: tratar-se-á verdadeiramente da «linguagem» tal como a entendem os modernos? O que o estudioso ocidental traduz por *fala* ou *linguagem* revela-se como sendo por vezes o trabalho do próprio corpo, o desejo, a função sexual, o verbo também, evidentemente, e tudo isto simultaneamente.

Geneviève Calame-Griaule no seu estudo sobre os Dogons (*Ethnologie et langage: la parole chez les Dogons*, 1965), população do sudoeste da foz do Níger, observa que para esse povo o termo «sɔ̀», que designa a linguagem, significa simultaneamente: «a faculdade que distingue o homem do animal, a língua no sentido saussuriano do termo, a língua de um grupo humano diferente da de um outro, a palavra, o discurso e as suas modalidades: sujeito, questão, discussão, decisão, juízo, narrativa, etc.». Mas também, na medida em que qualquer acto social supõe uma troca de fala, em que qualquer acto individual é ele mesmo uma maneira de se exprimir, a «fala» é por vezes sinónimo de «acção, empresa». Há expressões correntes que atestam este sentido: *sɔ̀ vomo yoà,* «a sua fala entrou», ele é bem sucedido na sua empresa (persuadindo o seu interlocutor); *né yògo sɔ̀y*, «agora é a fala de amanhã», nós adiamos para amanhã a continuação do trabalho... Os Dogons chamam *fala* ao resultado do acto, à obra, à criação material que dela resulta: a enxada forjada, o pano tecido, são outras tantas «falas». Estando o mundo impregnado de fala, e sendo a fala o mundo, os Dogons elaboram a sua teoria da linguagem como uma imensa arquitectura de correspondências entre as variações do discurso individual e os acontecimentos da vida social. Há 48 tipos de «falas» decompostos em 2 vezes 24, o número-chave do mundo. Assim, observa G. Calame-Griaule, «a cada fala corresponde uma técnica ou uma instituição, uma planta (e uma parte precisa da planta), um animal (e um dos seus órgãos), um órgão do corpo humano». Por exemplo, a «fala umbigo».

bɔ̀gu sɔ̀: designa o engano, a falsa aparência; quando se trata a ferida de um recém-nascido ela infecta-se muitas vezes embora do exterior pareça curada. Tudo o que é falsa promessa ou roubo chama-se por conseguinte *bɔ̀gu sɔ̀*: a pilhagem na ordem das técnicas, o rato ladrão entre os animais, o amendoim redondo que não é um verdadeiro alimento, etc. Ao mesmo tempo, estas «falas» são sistematizadas segundo «os acontecimentos míticos que justificam por um lado o seu valor psicológico ou social, e por outro lado o seu número de ordem simbólica na classificação».

Estas imersões da fala no mundo real não são um fenómeno isolado. Os sudaneses Bambara, segundo Dominique Zahan (*La dialectique du verbe chez les Bambara*, 1963), consideram a linguagem um elemento físico. Embora distingam uma primeira fala ainda não expressa, que faz parte da fala primordial de Deus, e que se chama *«ko»*, isolam também o substrato material da fala, o *fonema*, em geral sob o nome de *«kuma»*. Esta última palavra tem afinidades com a palavra *«ku»* que significa *«cauda»*; aliás há uma máxima bambara que diz: «O homem não tem cauda nem crina; o ponto que 'distingue' o homem é a fala da sua boca». Um estudo analítico facilmente descobre por estas aproximações até que ponto é que a concepção da fala, entre os Bambara, é *sexualizada*, e por assim dizer indistinta da função sexual. Esta verificação é confirmada pelas representações bambara dos órgãos da fala. São: a cabeça e o coração; a bexiga, os órgãos sexuais, os intestinos, os rins; os pulmões, o fígado; a traqueia, a garganta, a boca (língua, dentes, lábios, saliva). Cada um destes órgãos *forma* a fala; os rins precisam o sentido e conferem-lhe uma certa ambiguidade; «o dizer não apresenta qualquer atractivo se a humidade da bexiga não entrar na sua composição»; finalmente, «os órgãos sexuais, através de movimentos que são a redução dos gestos realizados durante o coito, dão ao verbo o prazer e o gosto da vida». Todo o corpo, os olhos, os ouvidos, as mãos, os pés, as posturas, participa na articulação da fala.

Assim, para os Bambara, falar é fazer sair um elemento do corpo: falar é *dar à luz*. Note-se que os Dogons também atribuem estas funções aos órgãos do corpo para a produção da fala.

O elemento linguístico é tão material como o corpo que o produz. Por um lado, os sons primordiais da fala estão relacionados com os quatro elementos cósmicos: a água, a terra, o fogo e o ar. Por outro lado, sendo a fala material, é necessário que os órgãos por onde ela passa estejam preparados para a receber: daí a tatuagem da boca ou a limagem dos dentes, que são símbolos da luz e do dia e que, depois de limados, se identificam com o caminho da luz. Estes ritos de preparação da boca para uma fala sensata, destinados sobretudo às mulheres, coincidem ou identificam-se com os ritos de incisão. Eis uma prova suplementar do facto de que, para os Bambara, o domínio da fala é um domínio do corpo, a linguagem não é uma abstracção mas participa em todo o sistema ritual da sociedade. A linguagem é de tal modo corporal que os ritos da flagelação, por exemplo, que simbolizam a resistência do corpo à dor, têm a função de representar o domínio do órgão da fala. Não podemos mostrar aqui todas as consequências que esta teoria da linguagem implica para a relação do sujeito falante com a sua sexualidade, com o saber em geral e com a sua inclusão no real.

O homem melanésio que habita a Nova Guiné oriental e os principais arquipélagos paralelos às costas da Austrália também elaborou uma representação corporal do funcionamento da linguagem. M. Leenhardt (*Do Komo*, 1947) traduz a seguinte lenda melanésia sobre a origem da linguagem: «O deus Gomawe andava a passear e encontrou duas personagens que não conseguiam responder às suas perguntas nem exprimir-se.

Julgando que tinham o corpo vazio, foi caçar dois ratos cujas entranhas recolheu. Quando voltou para junto dos dois homens, abriu-lhes o ventre e colocou no interior as vísceras do rato: intestinos, coração e fígado. Depois de fechada a ferida, os dois homens começaram logo a falar, a comer e ganharam forças». A convicção de que é o corpo que «fala» está claramente atestada em expressões como: «qual é o teu ventre?» para dizer «qual é a tua língua?»; ou «entranhas angustiadas» para «estar desolado»; ou «entranhas que funcionam mal» para «hesitar». O espírito ou a cabeça não são o centro emissor da linguagem-ideia. Pelo contrário, dirigir um cumprimento a um orador é chamar-lhe «cabeça oca», o que implica indubitavelmente que o rigor do seu discurso se deve ao facto de ser um produto do ventre, das entranhas.

Para os Dogons, escreve G. Calame-Griaule, «os diversos elementos que compõem a fala encontram-se no corpo em estado difuso, particularmente sob a forma de água. Quando o homem fala, o verbo sai sob a forma de vapor, visto que a *água* da fala foi 'aquecida' pelo coração». O *ar*, tal como a *terra* que dá a significação (o peso) à palavra correspondendo assim ao esqueleto no corpo, ou o *fogo* que determina as condições psicológicas do sujeito falante, são os outros componentes da linguagem para os Dogons. A sua relação com o sexo também está claramente estabelecida: para os Dogons a fala é sexuada; há tons masculinos (baixos e descendentes) e femininos (altos e ascendentes), mas as diversas modalidades da fala ou mesmo as diferentes línguas e dialectos podem ser considerados como pertencentes a uma ou outra categoria. A fala masculina contém mais vento e mais fogo, a fala feminina mais água e mais terra. A complexa teoria da fala entre os Dogons comporta também uma noção que estabelece uma estreita relação entre o uso discursivo e aquilo a que se chamou psiquismo: é a noção de *kikínu* que designa «o tom em que a fala se manifesta e que está directamente relacionado com o psiquismo».

Estas concepções corporais da linguagem não pretendem que não se dê uma atenção particular à sua construção formal. Os Bambara vêem a geração da linguagem em vários estádios: gestos, grunhidos, sons, e consideram que o homem áfono remonta à idade de ouro da humanidade. Para eles, a língua primitiva compõe-se de palavras monossilábicas constituídas por uma consoante e uma vogal. Os diferentes fonemas são especificados e tomam funções sexuais e sociais particulares, combinam-se com os *números* e os diversos elementos ou partes do corpo, formando assim uma combinatória cósmica regulada. Assim Zahan nota que «E» para os Bambara é o primeiro som que «nomeia o eu e o outro; é o 'eu' e o 'tu' análogo do desejo correlativo, análogo ao número 1, ao nome, e harmoniza-se com o auricular». O «I» é o «nervo» da linguagem, marca a insistência, a perseguição, a procura. Mesmo entre os Melanésios, a linguagem é um meio complexo e diferenciado: é representada como algo que contém, como um recinto fechado que funciona, como um sistema que trabalha, diríamos nós agora. Neste povo, diz Leenhardt, o «pensamento» é nomeado pela palavra *nexai* ou *nege*, que designa um recipiente visceral (víscera em saco, estômago, bexiga, matriz, coração, fibras tecidas de um cesto). Actualmente emprega-se o termo *tanexai* = estar aí em conjunto, fibras ou contorno; *tavinema* = estar aí, ir, entranhas.

Sem se contentarem com uma classificação das falas, certas tribos possuem uma teoria extremamente refinada e pormenorizada sobre os correlatos *gráficos* dessas falas. Se é certo, como escreve A. Meillet, que «os homens que inventaram e aperfeiçoaram a escrita foram grandes linguistas e foram eles que criaram a linguística», encontramos nas antigas civilizações agora desaparecidas sistemas gráficos que dão testemunho de uma reflexão subtil, se não de uma «ciência» da linguagem. Algumas destas escritas, como a dos Maias, ainda não estão decifradas. Outras, como a escrita da ilha de Páscoa que A. Métraux considera um resumo para os cantores, suscitam numerosos comentários por vezes inconciliáveis. Barthel verificou que este sistema de escrita, dispondo de 120 signos, produz de 1500 a 2000 combinações. Estes signos tanto representam personagens, cabeças, braços, gestos, animais, objectos, plantas, como desenhos geométricos, e funcionam como ideogramas que podem ter várias significações. Assim um mesmo ideograma significa *estrela*, *sol*, *fogo*. Alguns signos são imagens: a mulher é representada por uma flor; ou metáforas: uma «personagem a comer» representa a recitação de um poema. Por fim, certos signos obtêm um valor fonético, sendo este fenómeno facilitado pelo facto de nas línguas polinésias abundarem os homónimos. Mas esta escrita, que testemunha um estado avançado da «ciência» da linguagem não parece poder marcar frases. Apesar dos esforços de vários sábios, ainda não se pode considerar completamente decifrada.

A escrita maia – um dos monumentos mais interessantes e mais secretos das antigas civilizações – está ainda por decifrar. As investigações são conduzidas em duas direcções: postulando que os signos maias são fonéticos, ou imaginando que são pictogramas e ideogramas. É cada vez mais evidente que se trata de uma combinação destes dois tipos, mas a decifração ainda está longe de ser realizada.

Se a população maia for a herdeira da tradição étnica e cultural dos seus predecessores, os Olmecas que habitavam o território do México 1000 anos antes da nossa era, os monumentos arqueológicos com a sua escrita e os seus manuscritos datam provavelmente dos primeiros anos da nossa era, até à interdição dessa escrita e à destruição da maior parte dos manuscritos pelos colonizadores espanhóis. Como o uso da escrita pertencia aos sacerdotes e estava ligado ao culto religioso, esta perdeu-se com o desaparecimento da religião maia, sem que a população tivesse conservado o seu segredo. Os textos maias representam geralmente crónicas históricas constituídas por datas e por números. Supõe-se que reflictam uma concepção cíclica do tempo segundo a qual os acontecimentos se repetem, e por conseguinte o registo da sua sucessão permitirá a previsão do futuro. O ritmo do tempo, a «sinfonia do tempo», eis o que J. E. Tompson vê na escrita maia (*Maya Hieroglyphic Writing*, Washington, 1950).

O investigador soviético Youri B. Knorosov (*L'écriture des Indiens mayas*, Moscovo-Leninegrado, 1963) propõe uma teoria interessante sobre a escrita maia. Abandonando a hipótese hieroglífica, retoma a hipótese alfabética de Diego de Landa, o primeiro decifrador dos Maias. Knorosov considera que a escrita maia é composta por «complexos gráficos» cada um dos quais por sua vez é composto por alguns (1-5) grafemas: elementos gráficos dispostos em quadrado ou em círculo, e constituídos por signos como cabeças de homem, animais, pássaros, plantas ou outros objectos. Esta escrita seria semelhante à escrita egípcia do Antigo Império em que os pictogramas parecem ser indicações para o texto hieroglífico que os acompanha.

Numa primeira fase, Knorosov propunha-se decifrar os signos *silábicos* combinados com logogramas fonéticos e semânticos. A partir de 1963, a hipótese de Knorosov é que esses signos são *morfémicos*. É interessante observar que, no caso de esta hipótese se vir a confirmar, só há na história dois casos de escrita *morfemográfica* independente: a escrita maia e a escrita chinesa. Alguns especialistas, como Istrine, consideram esta hipótese inverosímil, dado o longo desenvolvimento da antiga escrita chinesa antes da sua realização morfográfica na escrita chinesa moderna, e também por causa da diferença entre a língua chinesa monossilábica, que favorece a morfemografia, e a língua maia, em que 60 % das palavras são compostas por 3 ou 4 morfemas. Nestas condições, a existência de uma escrita morfográfica exigiria uma análise complexa e difícil da língua, que no entanto não é impossível numa civilização tão extraordinária como a dos Maias. Tanto mais que a civilização maia não deixa de apresentar certas semelhanças com as concepções cosmogónicas chinesas: tais como a inclusão e a pulverização do «sujeito» significante num cosmos fragmentado e ordenado que se reflecte perfeitamente na textura de um sentido disseminado sob as sílabas de um sistema de escrita morfémico...

Entre os Dogons a escrita apresenta outras particularidades interessantes. Compreende quatro etapas, cada uma das quais, sucessivamente, é mais complexa e mais perfeita do que a precedente. O primeiro estádio chama-se «traço» ou *bumo* (de *bùmɔ* «rastejar») e evoca o traço deixado na terra pelo movimento de um objecto. Trata-se pois de um desenho vago, por vezes de segmentos de linhas não ligadas entre si, mas que esboçam a forma final. O segundo estádio chama-se «marca» ou *yàla:* é mais pormenorizado do que o traço, por vezes é ponteado «para lembrar», escreve G. Calame-Griaule, «que Amma (o criador da fala) fez primeiro os 'grãos' das coisas». Em terceiro lugar aparece o «esquema» *toʒu* que é uma representação geral do objecto. E por fim o «desenho» terminado, *t'oȳ*. Este processo de quatro estádios, que não é uma verdadeira escrita – os Dogons não podem marcar frases –, não se aplica apenas ao desenho em si mesmo, ou à língua como sistema de significação e de comunicação. Refere-se também, como a própria palavra «fala», aos diversos aspectos da vida real: «a fala nascimento das crianças em quatro estádios», tal como «a fala da força das coisas criadas por Amma», «a fala da imposição dos nomes à criança», etc. Nota-se por conseguinte que a escrita marca a *formação* das palavras (ou da significação) mas também das coisas; palavras e coisas *escritas* encontram-se intimamente ligadas, formando um corpo com uma mesma realidade em processo de diferenciação e de classificação. O universo com a fala nele incluída organiza-se como uma imensa combinatória, como um cálculo universal carregado de valores mitológicos, morais, sociais, sem que o locutor isole o acto de significar – o seu verbo – num exterior mental. Esta participação da linguagem no mundo, na natureza, no corpo, na sociedade – de que está no entanto *praticamente* diferenciada – e na sua complexa sistematização, talvez constitua o traço fundamental da concepção da linguagem nas sociedades ditas «primitivas».

II. OS EGÍPCIOS: A SUA ESCRITA

Os textos egípcios ocupam-se pouco dos problemas da linguagem. Mas a importância que atribuíam à escrita e o papel magistral que lhe era dado na sociedade egípcia são a mais sólida prova da concepção egípcia do sistema da língua.

A escrita, tal como todas as línguas do mundo, fora inventada, segundo os antigos Egípcios, pelo deus Thot, a íbis. Os escribas representavam-se acocorados a escrever diante de uma imagem do animal sagrado de Thot, o babuíno. Em vários documentos vemos o próprio deus a escrever, ajudado por uma antiga deusa, Séshat, cujo nome significa «aquela que escreve». Objecto divinizado, rodeado de veneração, a escrita foi o ofício sagrado de uma casta de escribas que ocupavam os mais altos lugares da sociedade egípcia. Algumas estátuas mostram mesmo grandes senhores que se fizeram representar na posição de escribas. O papiro Lausing louva assim as qualidades incomparáveis dos escribas, diante dos quais qualquer posição deixava de ter importância: «Passa o dia a escrever com os dedos e, à noite, lê. Tem por amigos o rolo de papiro e a paleta, pois não há nada mais agradável. A escrita, para quem a conhece, é mais venturosa do que qualquer outra profissão, mais agradável do que o pão e a cerveja, do que as vestes e os unguentos. Sim, é mais preciosa do que uma herança, no Egipto, ou do que um túmulo, no Ocidente».

Esta casta de escribas desenhou, gravou ou pintou um grande número de hieróglifos através dos quais a arqueologia, a etnologia e a linguística reconstituem actualmente a história da língua do antigo Egipto. Hoje em dia, situa-se o aparecimento da escrita hieroglífica por volta do fim da segunda civilização eneolítica ([1]) (Négada II, Gerzéen), mas ela desenvolve-se sobretudo durante a 1ª. dinastia. Tem aproximadamente 730 signos no Médio Império (2160-1580 antes da nossa era) e na 8ª. dinastia (1580-1314 antes da nossa era), mas só 220 é que eram utilizados correntemente, e 80 serviam para a escrita habitual.

A decifração destes hieróglifos, durante muito tempo inacessíveis à ciência ocidental, deve-se a Champollion (1790-1832). Antes dele, vários sábios tentaram em vão descobrir as regras desta escrita: o jesuíta A. Kircher editou em Roma entre 1650 e 1654 um estudo em quatro volumes em que propunha traduções de hieróglifos; o seu génio e as suas intuições, por vezes muito penetrantes, não lhe permitiram todavia decifrar correctamente nem um único signo. O ponto de partida do trabalho de Champollion foi a pedra conhecida pelo nome de pedra da Roseta, coberta por três tipos de escrita: 14 linhas de hieróglifos egípcios, 32 linhas de escrita demótica e 54 linhas de escrita grega. Champollion teve a ideia não apenas de comparar a escrita compreensível (a grega) com a que não o era (a egípcia), mas também de encontrar um eixo seguro de correspondência entre os dois textos: este eixo eram os nomes próprios de *Ptolemeu* e de *Cleópatra*, que se deixavam distinguir no texto porque estavam isolados dos outros. Este método permitiu a Champollion estabelecer as primeiras correspondências entre os signos egípcios e os fonemas. Depois de um longo trabalho de decifração dos textos escritos nos monumentos de Denderah, de Tebas, de Esné, de Edfron, de Ambas e de Philae, Champollion conseguiu estabelecer a complexidade do sistema de escrita egípcio, que não é apenas fonético. No seu livro *Précis du système hiéroglyphique des anciens Égyptiens* (1824), Champollion distingue três espécies de escrita : a escrita *hieroglífica;* a escrita *hierática*, «verdadeira *taquigrafia* dos hieróglifos», escreve ele,

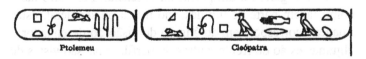

Ptolemeu   Cleópatra

([1]) Civilização eneolítica: o cobre é já conhecido mas pouco utilizado. Desconhece-se a mistura deste metal com o estanho (J. Février, *Histoire* de *l'Ècriture*, p. 120).

«que é a escrita dos papiros encontrados nas múmias»; e por fim a escrita *demótica ou epistolográfica* que é «a escrita da inscrição intermédia da Roseta», distinta da verdadeira escrita hieroglífica.

Segundo Champollion, o alfabeto dos caracteres fonéticos é «a chave da escrita hieroglífica»; «esse alfabeto é o resultado de uma série de nomes próprios fonéticos, gravados nos monumentos do Egipto durante um intervalo de perto de cinco séculos, e em diversos pontos do país... Portanto a escrita fonética foi usada por todas as classes da nação egípcia, e utilizaram-na durante muito tempo como um auxiliar obrigatório dos três métodos hieroglíficos».

Os antigos egípcios distinguiam pois os sons e encaminhavam-se para uma escrita fonética. No entanto, os seus «signos» estão longe de constituir um alfabeto. São utilizados de três maneiras diferentes:

1. O signo designa ao mesmo tempo a palavra e o conceito; chama-se então «signo-palavra» ou *logograma*.

2. O signo só veicula sons; chama-se então *fonograma* e serve para escrever não apenas o nome do seu modelo, mas também as consoantes que formam esse nome. Assim, *péri* significa «casa» em antigo egípcio. Como fonograma, este signo de casa serve para transcrever todas as palavras cujas consoantes sejam *p*, *r* e *í*.

3. Finalmente, a imagem pode evocar uma noção sem se referir a uma palavra precisa e sem ser pronunciável; chama-se então um *determinativo*. Como *determinativo*, o signo «casa» não se pronuncia, mas junta-se às palavras que designam edifícios. O *determinativo* tem um papel distintivo: evita a confusão das palavras que têm as mesmas consoantes relacionando-as com classes determinadas.

Como imagens, estes signos estão estilizados: reproduzem o contorno geral ou um pormenor essencial. Por outro lado, como fazem parte de um desenho mural ou sepulcral, estas imagens correspondem ao ângulo de visão do desenhador – algumas estão de frente, outras de perfil, umas são vistas de cima, outras de lado.

Embora relativamente estável, a escrita egípcia sofreu modificações, sobretudo na época greco-romana, simplificando-se e diversificando-se. Observa-se geralmente uma fonetização dos signos antigos, que adquirem valor fonético, normalmente o valor da primeira consoante que representavam anteriormente.

Todas estas observações se referem à hieroglifia, escrita monumental que Champollion já distinguia da escrita *cursiva*, de que a mais antiga é a escrita *hieráfica*. Esta intervém quando os escribas passam a escrita monumental para o papel, esquematizam os signos e simplificam os pormenores. As principais modificações são o alongamento e o estreitamento do signo--palavra, a introdução de elementos diacríticos exteriores aos signos, o aparecimento de ligações. Obtém-se assim um traçado rápido quase ininterrupto, que é sempre efectuado da direita para a esquerda.

Por volta do século VII antes da nossa era aparece uma segunda variante da escrita cursiva: a *demótica*, destinada em princípio à administração; recebeu o nome de escrita «popular», demótica. Depressa se tornou uma escrita de uso comum, e vários textos literários ou religiosos foram escritos em demótico (o *Livro dos Mortos*, por exemplo).

Como é que todas estas escritas egípcias tão elaboradas e tão apropriadas às diversas necessidades sociais puderam desaparecer? Esta pergunta suscita numerosos comentários e hipóteses. O cristianismo, que substituiu a religião egípcia, talvez seja uma das razões do declínio da casta dos escribas-sacerdotes, e por conseguinte do seu discurso e da sua escrita hieroglífica. Certas razões próprias do desenvolvimento e das regras dessa escrita tiveram sem dúvida um papel não menos importante nesse desaparecimento. A escrita demótica conservou-se até ao século V antes da nossa era. Reservada à administração, não era abalada por razões de ordem religiosa. Actualmente supõe--se que a fonetização dessa escrita a tornou demasiado difícil e ineficaz, em comparação com o alfabeto grego cuja simplicidade já seduzia os Egípcios.

A escrita egípcia é ainda hoje o monumento que é indispensável decifrar para conhecer o antigo Egipto. É o testemunho de uma concepção da língua em que o conceito e o som, o significante e o significado, constituíam um corpo, pois estavam como que fundidos com a inscrição-reprodução estilizada do real. Neste funcionamento dos logogramas, a unidade linguística não se distingue da unidade conceptual, e parece objectivar um corpo único. Por outro lado, os fonogramas egípcios provam que, como escreve R. Weil, «a noção de sílaba está completamente ausente». A vogal não é transcrita: o egípcio marca apenas o «esqueleto» das palavras, o «esqueleto consonântico» segundo M. Cohen, como se a rede vocal de uma palavra estivesse tão estilizada como o seu desenho, reduzido à carcaça, aos elementos diferenciais mais marcados – as consoantes. No interior do vocalismo, o egípcio continua a escrever, isto é, a seleccionar e a sistematizar. Por fim, o emprego de determinativos que não se pronunciam indica um processo de sistematização lógica dos signos linguísticos em diversas categorias, um esboço de raciocínio gramatical.

Na escrita egípcia o papel da voz parece ser reduzido, a voz conta menos do que as relações traçadas e lógicas. Donde podemos concluir que esta escrita se constituía mais como uma reflexão sobre os modos de significar do que como um sistema de transcrição do vocalismo (como o será a escrita fonética). No Egipto, a escrita era, em certo sentido, distinta do verbo, da troca vocal, portanto social, e teve de desaparecer obrigatoriamente quando as condições económicas mudaram: quando a troca (a sociedade comercial), com a civilização grega, se instalou como princípio dominante, invadindo a bacia mediterrânica.

III. A CIVILIZAÇÃO MESOPOTÂMICA: SUMÉRIOS E ACÁDIOS

A civilização mesopotâmica elaborou uma escrita dita *cuneiforme* à base da qual podemos reconstruir actualmente certos aspectos da sua concepção do funcionamento da linguagem. Habitantes do Próximo Oriente antigo, os Sumérios e os Acádios serviam-se de uma escrita que representava grupos de cunhas. Era gravada em tabuinhas de argila cuja matéria influenciou indubitavelmente a forma dos signos. Havia 550 signos dos quais 250 a 300 eram utilizados correntemente. Alguns destes signos funcionavam como logogramas, outros tinham um valor fonético que representava ou uma vogal (*a, e, i, u*), ou uma sílaba bilítera (*ab, ur; ba, ru*), ou uma sílaba trilítera (*sul, dir*).

Daqui resultavam vários *polífonos* (visto que cada signo tem vários valores fonéticos: o mesmo signo marca «água» e «braço»), e vários *homófonos* (há 17 signos que se lêem *si*). Para remediar esta confusão, acrescentavam-se signos *mudos* que tinham o papel de *determinativos* (classificavam os signos em categorias e dissipavam assim a ambiguidade) e de *complementos fonéticos* (que precisavam o início e o final da palavra). Este sistema sofreu uma profunda evolução que o fez passar da ideografia ao alfabetismo. Num primeiro estádio os signos eram puramente ideográficos; mais tarde, várias noções (ou palavras) eram representadas pelo mesmo signo-logograma; tinha começado a homofonia; por fim, introduziram-se signos gramaticais que representavam um sufixo ou um infixo. Assim, o signo de pluralidade ou de dualidade junta-se ao logograma para indicar o plural ou o dual, mas sem se pronunciar.

O sumério foi uma língua viva desde o IV até ao II milénio antes da nossa era. Conservou-se como língua secreta dos Acádios. Seguiu-se-lhe um bilinguismo sumério-acádio que impôs um verdadeiro estudo científico do sumério. Com esse objectivo elaboraram-se silabários e léxicos, que atestam os fundamentos de uma sistematização da linguagem. Existiram várias compilações deste tipo, que eram semelhantes aos dicionários de agora. Assim, a partir de 2600 antes da nossa era, encontram-se esses repertórios lexicográficos chamados «ciência das listas» – quadros-diagramas de salários, de entregas, etc. – que são ao mesmo tempo enumerações e classificações dos signos *polissemânticos* (o signo de «boca» é idêntico ao de «dente», «fala», «falar», «gritar») e das *representações complexas* (assim, um ovo junto de um pássaro significa «dar à luz»). Os signos são classificados segundo o seu número de traços: signos com 1, 2, 3 *n* traços horizontais, com 1, 2, 3 *n* traços verticais, com 1, 2, 3 *n* traços oblíquos. Note-se que estes catálogos constituem classes nas quais estão agrupadas por exemplo todas as palavras que contêm o mesmo *sema* (traço mínimo de significação): *kus* (de couro), *za* (de pedra), *bur* (vasos); ou então todas as palavras que derivam de um mesmo signo: *rato*, *peixe*, etc. Estas classificações referem-se apenas aos substantivos, e não dão adjectivos ou verbos. Fizeram-se dicionários bilingues baseados neste princípio, e encontrou-se mesmo um léxico quadrilingue na biblioteca de Rap'anu.

Portanto, a escrita e a ciência linguística (filologia e lexicografia) desenvolviam-se conjuntamente: a prática da escrita exigia dos escribas uma verdadeira ciência. Supunha não apenas um perfeito conhecimento dos processos de inscrição, mas também uma sistematização da língua em categorias semânticas que eram simultaneamente as categorias de todo o cosmos e de todo o universo social: catalogar a língua equivalia a catalogar o real. Mas o uso da escrita tinha uma aplicação mágica e religiosa; ora a escrita, longe de servir unicamente os sacerdotes, teve um papel económico e social perfeitamente laico. Mas isto não diminuiu o respeito e a veneração dedicados à escrita e aos que dela se serviam: «Aquele que se distinguir na ciência da escrita brilhará como o Sol», escreve um escriba. O escriba era muito apreciado na sociedade suméria; alguns escribas tornavam-se altos dignitários governamentais. Foi o caso de

Anam, rei de Uruk, que começou por ser arquivista, e que colocava a seguir ao nome o título híbrido «escritor-perator». Os Acádios partilhavam esta estima pela escrita que atribuíam às ciências mais secretas: «Eu aprendi» diz Assurbanipal, «aquilo que o sábio Adapa trouxe aos homens, os preciosos conhecimentos ocultos de toda a ciência escrita; fui iniciado nos (livros de) presságios do céu e da terra, entreguei-me a eles na companhia dos sábios; sou capaz de discutir sobre a lecanomancia; resolvo as complicadas divisões e multiplicações que detêm o entendimento. Consegui ler o engenhoso sumério e o obscuro acádio, difíceis de compreender. Sou capaz de decifrar palavra por palavra as pedras inscritas anteriores ao dilúvio, que são herméticas, surdas e enredadas».

Esta escrita tão elogiada foi inventada por volta de 3500 antes da nossa era, e o seu processo foi utilizado até à era cristã, tornando-se um grafismo internacional usado por todos os povos da Ásia Anterior; foi adoptado para transcrever línguas como o hitita, o hurita, o uratriano, o persa, o elamita, etc.

A escrita cuneiforme tem as suas origens no pictograma. Os signos reproduzem sobre monumentos os objectos na vertical, e liam-se em colunas da direita para a esquerda. Quando se começou a escrever em tabuinhas de argila, a escrita – observa Marcel Cohen em *La grande invention de l'écriture* (1958) – tornou-se parcialmente horizontal e lia-se da esquerda para a direita. «Os objectos representados já não estão na sua posição natural (assim: perna, vaso, vegetal deitados): é que, a partir daí, não havia já signos-coisas, mas signos-palavras ou mesmo fonogramas (signos-palavras transferidos, ou signos--partes de palavras).»

A evolução deste sistema para o fonético no período acádio prova que começava a formar-se a consciência de uma alfabetização da linguagem: de uma distinção de fonemas no encadeamento falado. Contrariamente à escrita egípcia, a escrita cuneiforme marcava as vogais *a, e, i, u,* mas também sistematizava as sílabas: *mu, ma, mi; ku, ka, ki; ur, ar, ir*. Portanto já existia uma distinção entre vogais e consoantes. Mesmo antes da contribuição acádia, que alguns consideram decisiva para a fonetização da escrita cuneiforme, a escrita sumeria antiga era já em certa medida fonográfica, segundo M. Cohen, visto que empregava «o trocadilho com transferência». Assim *gi(n)*, «ser estável», escreve-se com o signo de «cana» que se lê *gi*. Quando os Acádios encontraram uma escrita que não correspondia à sua própria língua, utilizaram-na para indicar já não entidades--palavras, noções, objectos, etc., mas sons. Para os Sumérios, «água» representa-se por dois traços paralelos ≈ e lê-se *a*. O acádio adopta o signo para *a*, mas já não o relaciona com «água», pois «água» em acádio diz-se *mu*. O valor do signo separou-se assim da sua materialidade: do real que ele marca e do grafismo que o marca. O significante foi separado do significado, e essa separação provocou ao mesmo tempo uma separação significante/grafismo: o signo sumério para ≈ «água» – *a* – foi substituído no acádio por outro cuneiforme ⊬ que se lê *a* mas cujo sentido já não tem nada a ver com a água. É uma hipótese que explica a passagem a uma escrita fonética, se não alfabética, graças a um processo de mentalização e de quebra da relação íntima referente-significante-significado, própria do pictograma e do ideograma.

No entanto, a escrita cuneiforme complexa nunca se tornou uma escrita alfabética, e, apesar da sua aparente deselegância, nunca foi abandonada em proveito dos sistemas de escrita alfabéticos conhecidos pelas populações das províncias acádias, como o alfabeto dos Cananeus (século XIV antes da nossa era).

Este conhecimento do funcionamento da língua que encontramos nos dicionários mesopotâmicos por um lado, e na escrita cuneiforme por outro, encaminha-se já para uma abstracção que extrai a cadeia significante do seu enraizamento numa cosmogonia real, e a articula como um objecto autónomo de dependências internas (tais como as marcações dos diferentes fonemas na escrita, ou as classificações lexicográficas dos dicionários), mas isto permanece implícito nas práticas escriturais e filológicas. Explicitamente, a teoria da linguagem dos Acádios é mítica e religiosa: a escrita, tal como a ciência, as artes, a construção das cidades e dos templos, é ensinada por um homem-anfíbio, Oannes ou Oes, que, antes de regressar à água, deixou um livro sobre a origem do mundo e da civilização. Um texto de Sardanapalo atribui a origem da escrita ao deus Nabon, filho do grande deus Marduk e da deusa Tachmetu.

IV. A CHINA: A ESCRITA COMO CIÊNCIA

O funcionamento da língua chinesa está tão estreitamente ligado à escrita chinesa, e ao mesmo tempo a fala vocal é tão distinta dela, que, embora a linguística moderna pretenda separar o falado do escrito, dificilmente se pode compreender um sem o outro. Trata-se com efeito de um exemplo único na história, em que fonetismo e escrita formam dois registos geralmente independentes, emergindo a *língua* no cruzamento dos dois. De tal modo que o conhecimento da linguagem na China é um conhecimento da escrita: quase não existe uma linguística chinesa enquanto reflexão sobre a fala vocal; há teorias sobre os emblemas gráficos, e classificações desses emblemas.

O sistema fónico chinês é de uma complexidade particular. No chinês actual, cada sílaba pode ser pronunciada em 4 tons (8 tons na língua arcaica) que modificam o seu valor. A língua é monossilábica e abundante em homofonias: assim *shi* pronunciado no 2.º tom pode significar *dez, tempo, alimentação, eclipse, tirar, pedra,* etc. Além disso é isoladora, isto é, não aglutinativa. Esta polivalência fonética também se encontra ao nível morfológico e sintáctico: a palavra chinesa pode ser utilizada como nome, verbo, adjectivo, sem que a sua forma se altere. É apenas o contexto – a função dessa palavra no conjunto do discurso – que atribui um valor preciso na ocorrência precisa da palavra concreta. Demiéville observa assim esta particularidade da língua chinesa:

«As partes do discurso não existem em chinês do ponto de vista semântico: não há nenhuma palavra chinesa que designe sempre e necessariamente uma coisa, um processo ou uma qualidade. Também não existem, sob certas reservas, do ponto de vista morfológico. Só existem do ponto de vista funcional. Se podemos dizer que, neste ou naquele contexto sintáctico, esta ou aquela palavra chinesa é utilizada quer como substantivo, quer como verbo ou como adjectivo, é exclusivamente nesse sentido que ela funciona como sujeito, atributo ou complemento, como predicado ou como determinante. Isto parece muito simples; mas, na realidade, temos uma enorme dificuldade em abstrair do ponto de vista semântico. O facto de uma mesma e única palavra, com uma mesma e única forma, tanto poder significar um estado do ser ou uma modalidade do devir, como uma qualidade, uma circunstância e tudo o mais, abala em nós convicções herdadas de Aristóteles e dos retóricos greco-latinos através dos séculos de escolástica e que, se assim posso dizer, nasceram connosco. Isto para nós é qualquer coisa de escandaloso, de revoltante; por isso vemos constantemente as partes do discurso, depois de contornados os princípios, entrarem na gramática chinesa por qualquer porta travessa, quer se trate dos autores ocidentais, mesmo os mais recentes, ou dos especialistas chineses contemporâneos, pois estes começaram o estudo gramatical da sua língua sob um impulso partido do Ocidente, e talvez ainda tenham mais dificuldade do que nós em se libertarem, nesse estudo, do empecilho das categorias europeias. Raros são os sábios que mostraram suficiente firmeza de juízo para afirmarem em todas as ocasiões que as partes do discurso, sempre como defendeu Henri Maspero, são em chinês uma miragem que temos de abandonar de uma vez para sempre. A polivalência gramatical das palavras é um facto absoluto em chinês».

Esta descrição da língua chinesa implica várias consequências tanto no que diz respeito à relação língua-sentido-real como à organização interna (morfológica, semântica, sintáctica) da língua.

Na língua chinesa, as relações habitualmente estabelecidas entre referente-significante-significado encontram-se modificadas. Como se, sem se hierarquizarem, estes três termos se confundissem, sentido-som-coisa fundidos num traçado – num ideograma – dispõem-se como os actores funcionais de um teatro espacial. Pois, como escreve Granet (*La Pensée chinoise*, 1934), a palavra chinesa «é algo de completamente diferente de um signo que serve para anotar um conceito. Não corresponde a uma noção cujo grau de abstracção e de generalidade se pretende fixar, de um modo tão definido quanto possível. Evoca um complexo indefinido de imagens particulares, fazendo aparecer primeiro a mais activa de entre elas». *Não sendo um signo*, a palavra chinesa é, para Granet, um *emblema* a que «só se pode dar vida por meio de artifícios gramaticais ou sintácticos».

Tornando-se o *representamen* da *coisa,* a palavra não a perde, limita-se a transpô-la para um plano no qual se ordena com as outras num sistema regulado: é assim que «língua» e «real» são uma mesma e única coisa. Guillaume, na sua terminologia psicossistemática, indicava assim este facto: «Todo o particular que se introduz na palavra chinesa, logo que é apreendido, fica submetido a uma tensão singularizadora cujo efeito é *uma crescente aproximação da palavra que se pronuncia e da coisa que ela evoca.* Quando este efeito de aproximação se avizinha do máximo, a palavra quase corresponde à equação: palavra--coisa... No espírito do locutor a palavra torna-se então a própria coisa, por uma subjectiva mas irresistível impressão de identidade, e carrega em si toda a realidade e toda a eficiência».

Esta união do *conceito,* do *som* e da *coisa* na língua chinesa, que faz com que a língua e o real construam um conjunto sem se colocarem frente a frente como o objecto (o mundo, o real) e o espelho (o sujeito, a língua), é materializada pela e na escrita chinesa: escrita ideográfica, com mais de 3000 anos de existência, a única que não evoluiu para o alfabetismo (como aconteceu com a escrita egípcia ou com a escrita cuneiforme). A especificidade desta escrita, que impede a abstracção da ideia e do som no exterior do traço real que os unifica e depois os distribui segundo as suas marcas num cálculo lógico, é assim definida por Meillet:

«Os signos são fonéticos [?] porque cada um representa não a ideia em si mesma, mas a ideia enquanto expressa por um conjunto fónico [é necessário rectificar: gráfico] definido. São ideográficos porque o que se exprime não é o som considerado como tal, mas sim a palavra, isto é, a associação de um sentido e de um som. Os signos são – em parte pelo menos – antigas representações ou antigos símbolos, mas que não têm, na sua maioria, nenhuma ligação visível com as ideias indicadas pelas palavras que representam».

Como é que a escrita chinesa chegou ao estado descrito por Meillet, que é o que se lhe conhece actualmente?

A mais antiga escrita chinesa é geralmente *pictográfica*, representa de uma forma esquemática, estilizada e convencional objectos concretos: plantas, animais, movimento do corpo, instrumentos, etc. Ulteriormente, juntaram-se a estes pictogramas *símbolos indirectos* (na terminologia de Haloun) ou *indicativos* (na terminologia de Karlgren), formados por substituição: assim a palavra *fu,* «cheio», deriva do antigo ideograma de «jarra». Em terceiro lugar, as combinações de dois ou vários pictogramas deram signos complexos chamados *complexos lógicos* ou *complexos associativos:* assim *hao*, verbo «amar» e adjectivo «bom», é uma combinação dos signos «mulher» e «criança» ou «fêmea» e «macho». Os sons que correspondem aos dois componentes desaparecem para dar lugar a um terceiro som, o do termo escrito, justapondo os dois ideogramas componentes ([1]). Por fim, há uma quarta categoria de ideogramas que se chamam *símbolos mutuamente interpretativos*: assim, J. Needham explica que *kao* 老 «exame», provém de *lao* 耂 «velho» que examina o jovem; mas na origem os dois caracteres exprimiam exactamente a mesma coisa, «o mais velho», e bifurcaram-se depois especializando a sua significação e a sua sonoridade.

Estão actualmente em uso na escrita moderna dois mil ideogramas, pertencentes às categorias que acabámos de mencionar. Mas a partir do segundo milénio, por causa da homofonia da língua chinesa, houve vários signos que foram tomados por empréstimo para indicarem o mesmo som que indicavam antes através do seu destino original, mas com uma significação diferente. Assim a terceira pessoa do pronome pessoal *chi* 其 significa originalmente «cesto» e foi marcada 𠀉. Este tipo de caracteres designa-se sob o nome de *caracteres tomados por empréstimo.*

Há uma última categoria de caracteres que são os *determinativos-fonéticos*:

1. Como radicais, acrescentam-se a um elemento fonético para indicar a categoria a que ele pertence. Assim *t'ong* 同 «com, juntamente», é sempre elemento fónico e combina-se

---

([1]) Estamos a seguir aqui a descrição de Joseph Needham, *Science and Civilisation in China*, Cambridge, vol. I, 1965.

com vários radicais mudos que funcionam como determinativos semânticos:

jin 金 «metal» + 同 *t'ong* = *t'ong*, «cobre», «bronze».
xin 心 «coração» + 同 *t'ong* = *t'ong*, «consternado», «insatisfeito».

E assim por diante.

2. Há outros determinativos que não se pronunciam, e que funcionam unicamente como radicais determinativos semânticos. Assim, *shui* 水 «água» combinando-se com palavras pronunciáveis designa que elas têm um sema em comum com a água:

shui 水 «água» + *mo* 末 «ramo» = *mo* 沫 «espuma».
shui 水 «água» + *lan* 闌 «fino» = *lan* 瀾 «vagas».
shui 水 «água» + *mei* 每 «cada» = *hai* 海 «o mar».
Etc....

Compostos assim, os caracteres chineses dão testemunho de uma reflexão lógico-semântica que se objectiva na própria constituição dos caracteres: as marcas associam-se umas às outras e produzem os sentidos segundo os seus modos de combinação, sem tentarem transcrever a pronúncia que, de repente, obtém uma autonomia perfeita. Leibniz comparou este funcionamento da escrita chinesa – escrita que é uma verdadeira análise lógica das unidades significantes – com o de um sistema algébrico:

«Se houvesse», escreve ele, «(na escrita chinesa) um certo número de caracteres fundamentais de que os outros fossem apenas combinações», essa escrita ou sistematização linguística «teria algumas analogias com a análise dos pensamentos». Needham compara este funcionamento combinatório dos caracteres chineses com a combinatória das moléculas e dos átomos: os caracteres podem ser considerados moléculas compostas pela permutação e pela combinação de 214 átomos. Com efeito, é possível reduzir todos os elementos fonéticos a radicais, ou antes, a marcas de semas, cuja aplicação produz a molécula-semantema (a palavra). Encontramos um máximo de sete «átomos» para uma «molécula», e um «átomo» só pode ser repetido três vezes – como para a estrutura de um cristal – num mesmo semantema.

Transposta para a linguagem linguística moderna, esta particularidade da escrita chinesa quer dizer que é difícil, se não impossível, atribuir os elementos-caracteres da língua-escrita chinesa a categorias do discurso com uma significação fixa. Cada palavra está «sintactizada», tem uma construção específica, e portanto uma sintaxe própria cujos componentes obtêm este ou aquele valor, consoante a sua função sintáctica: isto é, a escrita chinesa (que, como qualquer escrita, é em primeiro lugar uma *ciência da linguagem,* sugeria A. Meillet) coloca a *sintaxe* no lugar da morfologia. Ao nível dos conjuntos maiores, como a frase, o papel do contexto, ou por outras palavras, das relações *sintácticas* dos elementos constitutivos, é ainda mais decisivo: é o contexto sintáctico que atribui uma significação precisa e concreta a cada semantema, o seu valor gramatical enquanto nome, verbo, adjectivo, etc. É por isso que uma análise *distribucional,* que enumerasse as ocorrências sintácticas concretas de cada semantema, poderia servir de ponto de partida para uma gramática chinesa. A estrutura da própria língua parece sugerir uma abordagem deste tipo, na medida em que acentua a importância da ordem sintáctica na sua organização. Assim, distinguimos palavras *plenas* com uma polivalência gramatical, e palavras *vazias* com uma distribuição reduzida, que aparecem em lugares fixos como «os astros fixos de um firmamento instável» (Dobson). A partir desta distinção e da análise distribucional, podemos estabelecer que a frase chinesa é composta por «palavras» (um carácter), «palavras compostas» (dois caracteres em aliança habitual) e «sintagmas» (qualquer outra combinação incluindo certas palavras vazias).

É assim que a escrita estabelece as leis próprias da língua chinesa; mas encontramos a sua *teoria explícita* nas reflexões filosóficas e nas classificações científicas que os Chineses elaboraram ao longo dos séculos.

O elemento linguístico-escritural corresponde ao elemento real de que ele é a indicação. Atribui-se a invenção da escrita a Fu-ji, ministro do primeiro soberano Huang-di: Fu-ji ter-se-ia inspirado nas marcas deixadas pelas aves no solo. Supõe-se por outro lado que, antes da escrita propriamente gráfica, houve um sistema de marcação à base de cordas atadas e de entalhes.

De qualquer modo, os princípios da escrita participam intimamente dos ritos mágicos: as escritas são talismãs e representam o domínio do universo pelo homem. Mas, *e é uma particularidade da concepção chinesa sobre a linguagem escrita*, a escrita, embora esteja relacionada com a magia, não se arroga nunca uma santidade, não obtém nunca um valor sagrado; pelo contrário, a escrita é o *sinónimo* do *poder político* e *governamental* e confunde-se com a função política. A missão primordial do príncipe-governador é *ordenar* as coisas *designando-as* correctamente, e é através da escrita que ele realiza essa missão.

Muitas vezes a relação entre o objecto e o elemento gráfico é considerada nas teorias chinesas como uma relação de *designação*. Assim, Confúcio pensa que o signo para «cão» é um desenho perfeito do animal 犬. Vemos que não se trata aqui de uma *semelhança realista* entre o ideograma e o objecto: o «signo» é uma figuração estilizada que apenas indica o objecto a que se refere, sem pretender reproduzi-lo. Esta relação de *indicação* e não de *semelhança* entre o grafema e o referente é claramente expressa pelo termo *Zhi* 指 «dedo», que os linguistas europeus traduzem, imprudentemente na nossa opinião, por «signo», «significante» ou «significado». Encontramo-lo num texto, *Sobre o dedo e o objecto*, de Kong-Souen Long-Tseu, filósofo chinês pertencente à escola «sofística» que existia nos séculos IV-III antes da nosa era:

«Todo o objecto (*wu*) é um dedo [*zhi*, «significado»?], mas o dedo [«significante»?] não é o dedo [«significado»?]. Se não existir nenhum dedo [«significante»?] no mundo, nenhum objecto se poderá chamar objecto.

«Eu digo que o dedo não é o dedo; se não existir nenhum objecto no mundo, poderemos falar de dedo?... Aliás o dedo é aquilo que tem uma função comum no mundo...

«Se não existir nenhuma relação [coisa-dedo: *wu-zhi*] no mundo, quem é que falará de não-dedo? [«não-signo»?] Se não existir nenhum objecto no mundo, quem é que falará de dedo? [«signo»?] Se não houver nenhum dedo no mundo e se não houver nenhuma relação, quem é que falará de não-dedo? Quem é que dirá que *todo o objecto é um dedo?*»

Talvez nos aproximássemos mais do sentido destas reflexões se, em vez de «signo», «significante», «significado», traduzíssemos «de-signação», «de-signante», «de-signado».

Dentro da mesma ordem de ideias, isto é, considerando a língua como designação do real, desenvolveu-se a hipótese de que os ideogramas chineses são não apenas designações de objectos, mas também designações de designações, isto é, desenhos de *gestos*. Esta tese é defendida por Tchang Tcheng--Ming (*L'Écriture chinoise et le Geste humain,* 1932).

Os dicionários chineses apresentam uma primeira tentativa de pensar e de sistematizar o conjunto linguístico-escritural como um objecto específico. O primeiro destes dicionários, *Shuowen Jiezi* de Xu Shen, conta 514 radicais. Durante as dinastias Ming e Ching, o seu número ficou reduzido primeiro a 360, depois a 214, número que se conservou até aos nossos dias. As seis classes de caracteres que mencionámos inicialmente foram definidas pelos próprios sábios chineses, e nomeadamente por Lin-Xu e Xu Shen da dinastia Han. As 6 escritas (*liu shu*) deram o nome a dicionários como Lin Shu gu (1237--1275). Este propõe a seguinte classificação dos caracteres:

1. formas figuradas (pictogramas);
2. designações de situações (símbolos indirectos);
3. encontros de ideias (complexos associativos);
4. significações transferíveis (símbolos que se interpretam mutuamente);
5. empréstimos (caracteres fónicos tomados por empréstimo);
6. imagem e som (determinativos-fonéticos).

Observa-se uma evolução dos pictogramas (predominantes nos séculos XIV-XV antes da nossa era) para determinativos--fonéticos (mais desenvolvidos nos séculos XI-XIII antes da nossa era). Como esta fonetização dos caracteres provoca uma confusão nessa língua monossilábica e homófona, os linguistas chineses procedem a uma análise dos sons e dos caracteres segundo o princípio «cortar e juntar», *fan-Gie*. Assim, a pronúncia de um carácter como *kan* explica-se pelo facto de ser composto por *k(uo) + (h)an*. Este método aparece por volta de 270 antes da nossa era com Sun Yan, e Needham, seguindo Nagasawa, supõe que ele se deva à influência dos sábios do sânscrito. Há um importante dicionário *Gie y un* de Lu Fa-Yan, publicado em 601, que aplica este método.

Como a língua chinesa se foi simplificando ao longo dos séculos, por volta do século XI da nossa era este tipo de dicionários tornou-se inutilizável. Então, em 1067, Ci-Ma Quang compôs uma série de *tabelas* que reorganizavam o antigo sistema e o harmonizavam com a nova pronúncia. É o seu dicionário *Lei Piou* que Needham considera como o exemplo tipo destas tabelações, na origem linguísticas, históricas e filosóficas, que se encontram na base da geometria coordenada: por outras palavras, é deste tipo de sistematização linguística que nasce uma grande parte das matemáticas chinesas. Pertencem a esta categoria de dicionários-tabelas *Tong Zhi me* de Zheng Giao (1150) e *I Zhoug yan yin yiin* de Zhou De-qusej (1250).

O pensamento europeu só bastante tarde teve acesso ao sistema linguístico e/ou escritural dos Chineses, tal como à sua teoria e à sua ciência da linguagem. Considera-se como ponto de partida da sinologia europeia moderna o livro de Louis Lecomte *Nouveaux Mémoires sur l'état présent de la Chine* (1696). O estabelecimento dos jesuítas na China no século XVII foi o canal mais importante do conhecimento da língua chinesa. Nessa época, a Europa ficou seduzida com a escrita não alfabética e em primeiro lugar com os hieróglifos egípcios conhecidos antes da escrita chinesa. Há várias obras que chegam mesmo a «demonstrar» a origem egípcia da escrita chinesa: Athanasius Kircher (*China Ilustrata*, 1667); John Webb, Joseph de Guignes (*Mémoire dans lequel on prouve que les Chinois sont une colonie égyptienne*, 1760), etc. Alguns anos mais tarde De Pauw dissipou esta ilusão, mas a verdadeira sinologia moderna só começou no século XIX, com o ensino de J.-P. Abel Rémusat no Colégio de França em 1815.

V. A LINGUÍSTICA INDIANA

Na Índia, a organização da linguagem e da reflexão que a ela se refere tomou uma direcção totalmente diferente da das civilizações mencionadas até agora, e talvez constitua a mais antiga base da abstracção linguística moderna,

Em primeiro lugar, a escrita que, noutras culturas, era de tal modo indissolúvel da língua que o seu próprio funcionamento dispensava uma teoria propriamente linguística da significação, só tem para os Indianos um papel secundário. Conhece-se muito mal a antiga escrita dessas regiões, a de Mohanjo-Daro (3000 anos antes da nossa era); a escrita *brâmane* (300 anos antes da nossa era) é silábica, mas contrariamente à escrita egípcia e, em parte, à escrita suméria, dissolve as próprias sílabas e marca os fonemas que as compõem.

Esta quase ausência de escrita a princípio, com o esforço de memória que indubitavelmente implicava, e, por fim, esta fonetização da escrita tardia são muito sintomáticas do facto de que a linguagem tendia a sair do real do qual outras civilizações mal a distinguiam, e de que o funcionamento linguístico se «mentalizou» como um funcionamento *significante*, com um sujeito que é o local do sentido. O homem e a linguagem são assim implantados como um espelho que reflecte um exterior. Desenvolveram-se então teorias altamente elaboradas sobre o sentido, o simbolismo, o sujeito, nas quais a moderna ciência da linguagem encontra lentamente o seu ponto de partida.

Uma terceira particularidade da concepção da linguagem na Índia consiste no facto de as teorias indianas terem sido construídas a partir da língua da *literatura* védica, o sânscrito, língua dita «perfeita», cujos primeiros testemunhos datam de mais de mil anos antes da nossa era. Essa língua deixou de ser falada no século III antes da nossa era e foi substituída pelo *prakrit*, o que obrigou à decifração dos textos poéticos (míticos ou religiosos) de uma língua morta: foi essa decifração da poesia que já não se falava que deu origem à gramática de Panini e a toda a linguística indiana. Ora, essa linguística encontrava nos textos que decifrava uma concepção da fala, do sentido e do sujeito que já tinha sido elaborada pelos *Rigveda*. Assim, a linguística inspirava-se nos textos que decifrava e a ciência nascente fazia-se intérprete de uma teoria já existente, registada pelos textos sagrados. Portanto, a fonética e a gramática indianas organizaram-se em estreita relação com a religião e o ritual védicos, e representam o «estrato» linguístico dessa religião.

Com efeito, a fala (*vāc*) ocupa um lugar privilegiado nos hinos védicos, que testemunham (X, 71) que, sob a égide de Brhaspati, o «senhor da fala sagrada», «se atribuíram nomes às coisas». Os sábios impuseram a fala ao pensamento, como «nós purificamos o grão através da peneira». A obtenção e o uso da fala são um *sacramento (samskrta)* e/ou um acto que está relacionado com o acto sexual: a alguns a fala «abriu o seu corpo como uma mulher com ricos adornos o fez ao marido».

Mas os textos védicos procedem a uma sistematização «científica» da fala. O hino I, 164 do *Rigveda* (v. 45) diz que o discurso «mede quatro partes» das quais «três se conservam secretas, não são postas em movimento», só conhecemos a quarta que é a língua dos homens. Louis Renou (*Études védiques et paniniennes*), ao comentar este parágrafo, pensa, como Geldner e Strauss, que se trata da «parte transcendente da linguagem, aquilo a que numa data ulterior se chamará o *brahman*, do qual se diz, como da *vāc*, que o homem só está em estado de reconhecer uma parte mínima». Temos aqui um primeiro desdobramento do processo linguístico (significante), que visa captar o acto da significação, e que o racionalismo ocidental moderno tenta encontrar tomando para isso vias diversas: o «inconsciente» (em psicanálise), a «estrutura profunda» (em gramática transformacional). Na Índia, o *brahman*, «fala sagrada, palavra mágica», desdobrava-se em: 1. palavra material (*sábda brahman*) de que o *átman* é uma manifestação; e 2.

palavra transcendente (*parabrahman*). Esta oposição tem repercussões nas teorias dos filósofos da linguagem e produz a distinção *dhvani/sphota* à qual havemos de voltar. Insistamos uma vez mais no facto de que a reflexão linguística depende directamente da concepção religiosa de que são testemunhos os textos sagrados, e ela mesma faz parte desses textos, pelo menos a princípio. Estes textos sagrados são consagrados em grande parte à linguagem e à significação, ligam-nas intimamente ao ciclo da sexualidade e da reprodução, e constroem assim uma concepção do homem como processo infinito de diferenciação cósmica. Neste universo sistematizado em que cada elemento obtém um valor simbólico, a linguagem – simbolismo primeiro – ocupa o lugar de honra. A sua ciência, a gramática, chama-se «ciência suprema-purificante de todas as ciências», «a via real isenta de desvios», e que «visa realizar o supremo objecto do homem».

Entre as gramáticas mais conhecidas, é necessário citar a célebre gramática de Panini que data, segundo se crê, de aproximadamente quatro séculos antes da nossa era. É uma obra em oito livros (*astadhyāhyi*) que são constituídos por 4000 sutras ou máximas. Este texto relativamente recente reúne a massa das teorias linguísticas precedentes, transmitidas oralmente. A gramática, traduzida na Europa por Böhtlingk (1815-1840) e de que há uma edição francesa feita por L. Renou, espanta-nos pela precisão das suas formulações que tanto se referem à organização *fónica* como à *morfologia* da língua *sânscrita*.

Observemos primeiro, como Renou, a estreita relação entre a *gramática* e o *ritual* em sânscrito. Assim, os casos gramaticais não têm designações especiais, mas são marcados por índices numéricos, *prathamā*. Este tipo de indicação parece provir de um ritual em que várias noções (dias, ritos, modos musicais, etc.) eram evocadas por ordinais. Em contrapartida, as funções dos casos em relação ao processo verbal, os *kàraka* (isto é, tudo o que faz com que a acção verbal se efectue), são indicadas por nomes com um aspecto fortemente individualizado entre os quais predomina um grupo de derivados da raiz *kr...*, *karman* = «acção, rito». Podem apresentar-se vários exemplos em apoio desta tese da dependência directa da gramática em relação ao ritual, e da origem ritual da linguística indiana, dificilmente isolável de todo um conjunto religioso.

Nesta relação incessante com a recitação litúrgica dos textos sagrados, a gramática indiana apresenta uma teoria complexa sobre a matéria *fónica* da língua: sobre os sons, a sua articulação, a sua ligação com a significação. A terminologia referente a este nível designa que o som é concebido como uma matéria que garante a realidade dessa vibração que é o sentido da fala. Assim, *aksara*, «sílaba», provém do texto religioso *naksarati*, «aquilo que não se escoa», ou antes, «a base imperecível do discurso». O fonema, *varna*, tinha a princípio o sentido de «coloração»... Os elementos fónicos foram classificados segundo o modo e o ponto de articulação das consoantes seguidas das vogais e dos ditongos, para formarem cinco séries de correlações chamadas *vargas*. Havia uma teoria subtil sobre a articulação, ligada a uma significação religiosa e a uma teoria complexa do corpo humano, que distinguia os diferentes movimentos dos lábios (abertura, fechamento), da língua contra os dentes (constrição), da glote, dos pulmões, da ressonância nasal, etc., como produtores de fonemas, carregados já (por causa da sua produção corporal) de um sentido bem definido.

A teoria do *sphota*, construída a partir destas bases, encontra-se primeiro em Patanjali que viveu no princípio da era cristã e que escreveu comentários sobre os sutras de Panini, tal como sobre os *vārtika* de Kātyāyana. Esta teoria, extremamente subtil e inesperada para os nossos modos de pensamento, confunde os sábios contemporâneos. Alguns filósofos e gramáticos consideram que o termo *sphota* designa um protótipo da palavra que a própria palavra já contém intrinsecamente. Para outros, trata-se da sonoridade da palavra na sua totalidade e como portadora de sentido independentemente da combinação das letras: o *sphota* não é exactamente os sons de uma palavra na ordem das suas letras, mas os sons ou qualquer coisa que lhes corresponde refundidos num todo indivisível. Assim no momento da pronúncia, os sons vêm cada um por sua vez, mas o *sphota* só aparece no fim da articulação de todos os sons da palavra, quando os sons da totalidade morfológica são emitidos com o sentido que lhes é inerente. Etimologicamente *sphota* significa «explosão, rebentação», e, por conseguinte, o ponto onde o sentido explode, se espalha, germina, se engendra.

Panini distinguia os sons do discurso, *dhvani*, do *sphota* que ele concebia como uma *matriz* de letras com vogais longas e breves. Para Patanjali o *sphota* parece ser fundamentalmente uma estrutura, uma série de consoantes e de vogais breves e longas ou, como se diz actualmente e como o interpreta J. Brough, «uma sucessão de unidades fonemáticas» (aliás o *sphota* pode ser representado por uma só letra).

Em Bhartrhari, linguista posterior a Panini e a Patanjali e cujos trabalhos, provenientes de uma reflexão sobre a escola paniniana, se situam por volta do século V, a teoria do *sphota* desenvolve-se e altera-se sensivelmente. Verificou-se que, para Bhartrhari, o *sphota* se tornou «o fundamento ontológico da linguagem». Com efeito, o *sphota* não é já pronunciável, é aquilo que subtende a pronúncia e o som da fala, o seu sobre-determinante conceptual ou significante, como poderíamos dizer, se esta teoria não estivesse totalmente mergulhada na realidade e se não insistisse tanto na materialidade real em que a prática linguística participa manifestando-a. Sem ser um substancialista – não põe o problema de saber se o *sphota* é ou não uma substância sonora – Bharthrari faz emergir a sua teoria de uma reflexão sobre o real em movimento, tornando-se o *sphota* a *unidade mínima* desse universo infinitamente divisível e por causa disso transformável. Citemos uma longa passagem que dá testemunho deste realismo transformador:

«Os sons produzem uma disposição só no ouvido, ou só na fala, ou nos dois: estas são as três teses entre as quais se dividem os partidários da manifestação. A concentração mental, um colírio, etc. [produzem] uma disposição só no órgão sensorial; enquanto para receber um perfume é uma disposição no objecto [que é requerida]. Se a vista opera por contacto, considera-se que a luz produz uma disposição simultaneamente no objecto e no órgão; o processo para o som é idêntico. Considera-se [aqui] que o som e o *sphota* são recebidos conjuntamente; outros pensam que o som não é perceptível, enquanto outros o supõem [dotado de uma existência] independente».

O desdobramento som/significação (som/fala) e a estreita dependência dos dois num mesmo *processo, acto, movimento* em que o *sphota* é como que o germe ou o átomo, um átomo da dependência simultaneamente fónica e significativa, é expresso do seguinte modo:

«Quando uma fala é manifestada através de sons, a sua forma própria é determinada graças a ideias [parciais] indescritíveis que concorrem para a sua apreensão. Quando a ideia, cujo *germe foi produzido pelas ressonâncias,* chega à maturidade com o último som, a fala fica determinada. É a incapacidade do locutor que faz com que ele veja como realmente existentes os *elementos verbais intermédios que não existem.* Na realidade não são mais do que meios de apreensão. A aparência de uma diferenciação afecta constantemente o conhecimento da fala. A fala está estreitamente ligada à ordem de sucessão, e o conhecimento apoia-se no objecto a conhecer. Tal como a apreensão dos primeiros números é um meio de conhecimento dos outros números [superiores] embora sejam diferentes estes daqueles, também a audição de elementos verbais diferentes [daqueles que pretendemos conhecer] é um meio para o conhecimento destes últimos. Estes [elementos verbais] diferentes que revelam cada um letras, palavras e frases, sendo absolutamente diferentes uns dos outros, misturam, por assim dizer, os seus poderes. Tal como nas primeiras percepções que temos de um objecto ao longe e na obscuridade o alteramos e o determinamos como outro [diferente daquilo que ele é], assim, quando uma frase se revela, as causas da sua manifestação dão em primeiro lugar à ideia a forma de uma divisão em partes. Tal como há uma ordem fixa de sucessão na transformação do leite e de um germe, também há uma *ordem de sucessão fixa* nas ideias dos auditores. Mesmo se fossem as próprias ideias que tivessem partes, a divisão da sua forma *proviria da ordem de sucessão dos sons*; mas são elas próprias que têm partes, e a *ficção de uma divisão em partes é um meio* [de conhecimento].»

Podemos apontar nesta reflexão do gramático indiano alguns pontos importantes: 1. Para ele, o som («o significante») não é uma simples exterioridade do sentido («significado»), mas produ-lo em germe. A linguística moderna ainda está a começar a meditar sobre o papel do significante na constituição do sentido. 2. A significação é um *processo*. 3. Por conseguinte a morfologia («elementos verbais intermédios», diz Bhartrhari) não existe, «a divisão em partes (do discurso)» é uma falsa aparência. 4. A significação é uma sintaxe ordenada, «uma ordem de sucessão fixa».

Insistamos primeiro na preocupação *analítica* de divisão e de sistematização do acto da fala, que é acompanhada todavia por uma tendência teórica de *síntese:* o linguista procura encontrar o suporte conceptual que corresponde simultaneamente à tentativa analítica que decompõe o sistema da língua, e ao princípio teórico que vê nessa língua um *processo,* da ordem do processo real do universo. Os *dhvani* são os elementos sucessivos da cadeia sonora: sucedem-se segundo uma ordem rigorosa para manifestar o *sphota* que não é da mesma natureza que os *dhvani.* Enquanto os *dhvani* são da ordem das «partes», o *sphota* é aquilo que é conhecido por meio da repartição, a saber a *acção.* «Esta energia que se chama fala tem por assim dizer a natureza de um ovo (primeiro indiferenciado e produzindo um pavão com cores variadas). O seu desenvolvimento faz-se sucessivamente, parte por parte, à maneira de uma acção [de um movimento].»

Esta acção significante é, para Bhartrhari, infinitamente divisível: os seus elementos mínimos não são *fonemas.* A linguística indiana vai mais longe do que a fonologia europeia (chega a ter em conta a nossa noção de «merisma», traço distintivo dos fonemas) e declara que não se pode parar na divisão da cadeia sonora em elementos sempre mais pequenos, dos quais os últimos seriam tão ínfimos que se poderiam chamar «indescritíveis», *anupàkhyeya.* Com efeito a atomização da matéria linguística não tem fim: «Se só há palavras numa frase e fonemas numa palavra, então nos próprios fonemas deveria haver uma divisão em partes de fonema como [há uma divisão] em átomos. E como as partes não estão em contacto [umas com as outras], não poderia haver nem fonema nem palavra. Se estas últimas são inexprimíveis [não existentes: *avyapadesya*] a que é que nos podemos referir?» Justamente para remediar este «desfalecimento metafísico» (como se diria actualmente) da realidade e sobretudo da realidade linguística, que produz esta divisão do conjunto linguístico (frase, palavra, som) até ao infinito, Bhartrhari admite o *sphota* que é diferente desta descontinuidade embora seja revelado por ela. Para ele o *sphota* é aquilo que dá uma coexistência aos átomos discursivos, garante a sua unidade na palavra e na frase. Na linguagem o *sphota* é a unidade – simultaneamente sonora e significante – do infinitamente diferenciado. Observe-se a dialéctica que se joga por este e neste termo que, de repente, se torna o eixo através do qual a linguagem, concebida agora como movimento, se junta ao real como mutação. Isto quer dizer que com o *sphota* a linguagem se torna não apenas um processo, mas também um acto, um movimento, e que o significante se insinua sob o significado para formar em acção o sentido; mas que, além disso, essa dependência se oferece como o reflexo da dependência do mundo real: a significação, recusando isolar-se, segue à distância o real contínuo-descontínuo e em mutação constante.

Esta teoria do *sphota* encontra o seu correspondente na teoria da *frase*. Antes de Bhartrhari, a gramática indiana propôs uma classificação das partes do discurso, fazendo uma distinção entre *nome* e *verbo*. Houve depois várias discussões entre gramáticos e filósofos a respeito da pertinência dessa distinção; destacam-se dois pontos de vista: o ponto de vista morfológico que participa da distinção, e o ponto de vista teórico ou antes sintáctico que participa em princípio da não-distinção destas categorias cuja diferença só aparece segundo a sua *função* no interior do enunciado. Por seu lado, e sempre numa óptica morfológica, Patanjali distinguia quatro categorias de palavras: «Para as palavras», escreve, «o modo de aplicação – *pravrtti* – é quádruplo: há as palavras que [se aplicam] a uma classe – *jātiśabda;* as que [se aplicam] a uma qualidade – *gunaśabda;* as que [se aplicam] a uma acção – *kriyāśabda;* e, em quarto lugar, as que [se aplicam] ao acaso – *yadrcchāśabda*.»

Bhartrhari abandona este ponto de vista morfológico e esboça uma teoria da frase que, sendo um processo, é a única realidade completa do sentido. As palavras não significam no exterior da sintaxe frásica. Por outras palavras, a sintaxe não é uma simples transposição da morfologia, os «termos» não existem antes e sem as «relações» no conjunto enunciado; é a sintaxe que dá realidade ao sentido. Uma abordagem sintética caracteriza a teoria de Bhartrhari que se estende, para além do *sphota*, às grandes unidades do discurso. Opõe-se por conseguinte à distinção nome/verbo: cada frase é para ele simultaneamente nome e verbo, ainda que as duas categorias não estejam manifestadas. «Visto que o objecto é representado como associado ao facto de ser ou como residindo no não-ser, é a frase que é utilizada. Nenhum objecto de palavra é conhecido sem que esteja associado a uma acção; por isso, real ou não, não o encontramos (sem isso) na comunicação pela fala. Não tomamos em consideração uma expressão que comporte apenas uma coisa real [*sat*] sem que esteja relacionada com a expressão de uma acção:

'existiu, existe ou não existe'. Se um sentido deve ser expresso por um verbo e se apoia em meios de realização, a necessidade de complemento (do verbo) não deixa de existir enquanto não se exprimirem as coisas (que são os meios de realização). *A acção, por ser o aspecto principal do sentido,* é aquilo que distinguimos em primeiro lugar. Os complementos são utilizados para o que fica por realizar; quanto ao resultado, é aquilo que incita à acção».

Neste raciocínio, em que dificilmente isolamos o que se refere à linguagem e o que é geralmente filosófico, compreendemos que *a acção* de que se trata é o outro nome da *significação:* o termo denota o sentido como processo, o acto de linguagem é como que uma produção do sentido. Vemos desenhar-se aqui uma concepção da significação que não encontra os seus fundamentos nas palavras isoladas (nomes, verbos, etc.), isto é, em *partes* (para Bhartrhari «a divisão é uma ficção»), mas na transformação dessas partes num enunciado completo, no processo da geração desse sentido que se constrói como uma verdadeira «árvore transformacional» (estamos apenas a modernizar) e não como um todo dividido em partes. Modernizando ainda as teorias indianas, podemos dizer que a concepção (criticada por Bhartrhari) de Sabara é uma teoria «estruturalista»: «A acção não é nada, a linguagem só exprime coisas postas em relação». Enquanto a concepção de Bhartrhari é uma concepção «transformacional» (ver p. 256) analítico-sintética. Esta última baseia-se uma vez mais na distinção que assinalámos a princípio entre: 1. um funcionamento pré-sentido em que os elementos se associam de uma forma não sucessiva e engendram um processo que conduz a 2. uma fala ordenada, sucessiva, linear, comunicada, e que é a única que possui um sentido. O sentido é estabelecido pelos interlocutores depois dos factores de manifestação terem sido patenteados. A fala não manifestada é *conhecida* de uma forma sucessiva e silenciosa; mas é na fala não sucessiva que o pensamento permanece, desenvolvendo-se nela, por assim dizer...», conclui Bhartrhari.

Por fim, na sua teoria da significação, a linguística indiana aproxima-se daquilo a que chamamos actualmente uma *teoria da enunciação.* Admite como elementos indispensáveis para a produção do sentido a função do sujeito falante, do destinatário, da situação locutória, a posição espácio-temporal do sujeito, etc.: «O sentido das falas distingue-se segundo o contexto verbal, o contexto de situação, o fim visado, a conveniência, segundo o espaço e o tempo, e não segundo a forma das falas», observa Bhartrhari. Vemos que a gramática indiana, longe de ser uma simples sistematização de um objecto fechado, «em si», a língua, ultrapassa amplamente o seu fechamento, e pensa--o numa relação entre o sujeito e o seu exterior, susceptível de explicitar a significação. «Sabendo-se que um sentido (um objecto de palavra) tem todos os poderes (isto é, todas as funções possíveis numa frase), ele é determinado tal como o *locutor* o *quer exprimir* [*vivaksita*] e com a função que lhe quer dar. Por vezes exprime uma relação entre sentidos muito afastados; por vezes aquilo que está em contacto é conhecido como não em contacto. Há separação de sentidos conjuntos e conjunção de sentidos separados. Há unidade do que é múltiplo e multiplicidade do que é o contrário. Devido ao facto de um sentido poder ser tudo ou não ser nada, é a fala que é determinada como único fundamento [da intenção daquele que fala], porque os seus poderes estão completamente estabelecidos».

Apenas esboçámos aqui alguns aspectos da complexa ciência da significação que foi elaborada na Índia, e na qual o problema da linguagem ocupa uma situação chave, um lugar de charneira. Observemos de passagem que a *lógica* indiana, em estudos de uma importância considerável, se ocupa também das regras da construção linguística, para chegar a conclusões que foram esclarecidas nos nossos dias por J. F. Stall, e que são diferentes das da lógica aristotélica.

VI. O «ALFABETO» FENÍCIO

Fiéis a uma atitude evolucionista e europocêntrica, alguns linguistas consideram que a escrita alfabética de que se servem hoje em dia todos os países, à excepção dos do Extremo Oriente, é o resultado do «desenvolvimento intelectual» ou de uma evolução indispensável que os não-alfabéticos não conseguiram realizar. Esta concepção, que toma como ponto de partida a consciência linguística que os Gregos nos legaram, está presa a uma abordagem bastante tardia da linguagem, estabelecida como norma e excluindo assim qualquer outra apreensão do funcionamento significante. Parece-nos mais rigoroso, sem falarmos de uma evolução da escrita e/ou da concepção da linguagem, estabelecermos um princípio de *diferença* entre os tipos de concepções da linguagem, marcados tanto nos tipos de escrita como nas próprias teorias explícitas.

Com efeito, é evidente que uma escrita ideográfica traduz uma concepção da linguagem para a qual e na qual a coisa, a noção e o vocábulo formam um conjunto unido pela marca do «carácter». Mas nesse sistema o fonema constitui um registo à parte, deixando aos grafemas a liberdade de reconstruírem uma sistematização lógico-semântica em que se reflecte toda uma cosmogonia. Como se, através dessa língua-escrita, se estabelecesse uma comunhão entre o exterior e a distância da linguagem, um *sacer* – um sacramento do homem/escrita e do real/cosmos. Dir-se-ia que as escritas ideográficas e hieroglíficas praticam a linguagem sem a *entenderem:* sem entenderem a sua autonomia ideal e fonética, separada daquilo que ela designa. Praticará ela uma «língua» no sentido corrente do termo? Ou uma ordenação do cosmos em que aquilo a que chamamos «língua», isolando-o do sincretismo fundamental, é apenas um actor do «sacramento»?

Em contrapartida, uma prática da língua completamente diferente dissocia o encadeamento falado daquilo que ela marca, concebe-a como que livre da sua opacidade semântica e cósmico-classificadora, e *entende-a* como objecto em si para analisar os elementos desse objecto – os fonemas – que, por si mesmos, não se aplicam a nenhum objecto ou fenómeno real. Chega-se assim ao isolamento do *fonema* que é marcado por um sinal apropriado e constante: a *letra* já não designa um sentido ou um objecto, nem sequer tem uma função de evocação do processo significante como no caso do *sphota* indiano, mas é apenas um elemento do encadeamento sonoro.

Como é que se podem explicar estas diferenças na concepção do funcionamento significante, que se objectivam através das diferenças entre a letra e o ideograma? A escrita egípcia, que delineou, como já vimos, uma evolução que a aproximava de uma análise-marcação da substância fónica da língua, quase independente do referente e do significado, não produziu um alfabetismo. A escrita chinesa fica ainda mais longe desse processo. Foi no mundo siro-palestiniano, e mais particularmente entre os Fenícios, que se produziu uma notação puramente fonética das línguas por meio de um número limitado de signos, indubitavelmente silábicos, que deram mais tarde o modelo do alfabeto que marca cada fonema. Podemos supor, como M. Cohen, que esta fonetização da escrita, que conduziu a um alfabeto, «pode ter correspondido também a um estado social que permitia ao mesmo tempo uma certa autonomia dos indivíduos», um enfraquecimento dos Estados centralizados e uma emancipação do indivíduo «em relação aos sacerdotes e aos reis» que levou à formação de uma consciência individual. Esta explicação sócio-histórica, que relaciona a emancipação do indivíduo com a emancipação do significante, e por conseguinte o átomo-sujeito com o átomo-letra, é formulada por J. Needham. Sem afirmarmos que se trata aqui de uma relação de causa e efeito, podemos observar efectivamente que o tipo de escrita ideogramática está muitas vezes associado a um modo de produção dito «asiático» (grandes colectividades produtoras e interdependentes, geridas directamente por um organismo central, sem unidades isoladas citadinas e «democráticas» no sentido grego do termo); ao nível do pensamento científico, essas sociedades desenvolvem uma lógica dialéctica correlativa, anti-substancial (como a lógica da ciência chinesa). O alfabetismo grego, pelo contrário, tem como correlatos, ao nível sociológico, unidades de produção isoladas e fechadas sobre si mesmas, um desenvolvimento da consciência individual na ideologia, uma lógica da não-contradição na ciência (a lógica aristotélica).

Geralmente considera-se a escrita fenícia como a antepassada do alfabetismo moderno. Nesta escrita distinguimos um *alfabeto fenício arcaico* e uma escrita fenícia sensivelmente diferente da primeira. Os mais antigos documentos que atestam o alfabeto fonético arcaico datam dos séculos XIII-XI antes da nossa era e foram encontrados nas inscrições da cidade de Biblos, que foi uma encruzilhada de populações e uma ponte entre a Síria e o Egipto. Sem podermos precisar exactamente a data do aparecimento dessa escrita, podemos verificar que não é ideogramática e que não possui caracteres determinativos. Marca o encadeamento sonoro e decompõe-se em elementos mínimos. A questão que os sábios discutem consiste em saber se esses elementos mínimos são *sílabas* ou *sons*, isto é, consoantes que sugerem mais ou menos aproximadamente a vogal precedente. Segundo Meillet, Pedersen, e mesmo Weil, a escrita fenícia é *silábica:* limita-se «a anotar a sílaba, isto é, uma realidade sempre pronunciável e fácil de isolar», embora «da sílaba só anote a consoante, elemento essencial para indicar o sentido, deixando que a vogal seja fornecida pelo leitor» (Meillet).

Février vai mais longe ao afirmar que a escrita fenícia não separa apenas sílabas, mas isola *consoantes* e constitui-se assim como um «verdadeiro alfabeto consonântico». No entanto, Février esclarece que este alfabeto fenício «não é aquilo a que costumamos chamar alfabeto, isto é, uma escrita que analise cada palavra nos seus elementos fonéticos constitutivos, consoantes e vogais, atribuindo um signo especial a cada um desses elementos, tanto às vogais como às consoantes». Com efeito o alfabeto fenício destaca apenas «o esqueleto consonântico da palavra» e nunca chegou a um alfabetismo pleno, como o que os Gregos utilizaram, segundo parece, de improviso e espontaneamente. Embora reconheça que a escrita fenícia é fonética, Février observa que ela é «incompletamente fonética»: «É uma escrita que baniu os ideogramas, mas que, no fundo, continua a ser até certo ponto ideográfica, visto que anota a raiz, sem ter em conta a vocalização que esta pode receber». Esta observação explica-se à luz das particularidades das línguas semíticas que conservaram até aos nossos dias um alfabeto consonântico. Nestas línguas, a raiz de uma palavra, isto é, o seu elemento constante que possui o sentido global e não depende da função sintáctica, é representada pelas consoantes dessa palavra. A raiz QTL, que possui o sema «matar», em hebreu, pode pronunciar-se QeTóL, «matar», QôTéL, «matando», QâTúL, «morto», QâTaLun, «nós matámos». Compreendemos pois como é que uma escrita pode funcionar eficazmente, sem criar confusões, marcando apenas a raiz consonântica decomposta nos seus elementos componentes. Por outro lado, este tipo de escrita que marca a chave da palavra parece, escreve Février, «estar mais próximo da ideografia primitiva do que o silabismo para o qual tendem por exemplo as diversas escritas cuneiformes».

Desenvolveram-se vários ramos de escrita semíticos a partir do «alfabeto» fenício, que se difundiu entre os povos circunvizinhos: o alfabeto paleo-hebraico, a escrita samaritana, etc. A bacia mediterrânica – Grécia, Chipre, Malta, Sardenha, Norte de África –, tendo sido colonizada pelos Fenícios, sofreu a influência da sua escrita (um dos resultados é a escrita púnica de Cartago).

Há uma questão referente ao alfabeto fenício que chama a atenção dos especialistas: donde é que provém a forma destes caracteres, o seu nome e a sua ordem na classificação do alfabeto? Supõe-se que a ordenação dos caracteres em alfabeto se deve a razões pedagógicas e que «foi a semelhança gráfica dos caracteres que determinou a ordem que lhes foi atribuída» (Février). Quanto à forma das «letras»-consoantes, ela evoca a imagem do objecto cujo nome começa pelo som que a letra marca. Assim *alef* ⋊ significa em hebreu «boi», e a sua forma mais antiga, encontrada nas inscrições de Ahiram, parece reproduzir uma cabeça de boi com os seus cornos. Portanto a letra pode ter sido tomada por empréstimo a uma escrita ideográfica, e a sua denominação talvez se deva, segundo uma hipótese de Gardiner, a um método *acrofónico:* «Os Semitas davam ao ideograma tomado por empréstimo a denominação que lhe correspondia na sua língua e conservavam o primeiro som dessa denominação como um valor agora alfabético do signo».

VII. OS HEBREUS: A BÍBLIA E A CABALA

A antiguidade hebraica não desenvolveu uma teoria e ainda menos uma ciência da linguagem que se possa comparar às da Índia ou da China. Mas a presença da linguagem é sensível nas páginas da Bíblia; mistura-se com os momentos mais decisivos da história de Israel e por vezes parece fornecer o plano de fundo cuja manifestação são os acontecimentos históricos e religiosos.

A *Criação*, tal como a Bíblia a apresenta, é acompanhada por um acto verbal, se é que não se identifica com ele: «Ora Deus, querendo tirar essa matéria informe das trevas em que estava mergulhada, *disse*: haja luz. E houve luz... Deu à luz o *nome* de dia, e às trevas o *nome* de noite...» (*Génesis*, I, 3-5). *Nomear* é um acto divino, arbitrário mas *necessário* («verdadeiro») e obrigatório para o homem: «Havendo pois o Senhor Deus formado da terra todo o animal do campo, e toda a ave dos céus, os trouxe a Adão, para este ver como lhes chamaria; e tudo o que Adão chamou a toda a alma vivente, isso foi o seu nome. E Adão pôs os nomes a todo o gado, e às aves dos céus, e a todo o animal do campo...» (*Génesis*, II, 19-20).

O interesse do pensamento hebraico pela língua manifesta-se também na procura de uma *motivação* para os nomes: encontram-na numa pretensa *etimologia*. Assim: «Esta será chamada *varoa*, porquanto do varão foi tomada» (*Génesis*, II, 23), «...e chamou o seu nome Moisés e disse: porque das águas o tirei» (*Êxodo*, II, 10).

A *língua*, concebida como um fundo comum, unitário, unificador e criador, distingue-se *das linguagens* cuja pluralidade se apresenta como uma punição. Este tema de uma língua *universal* e das linguagens múltiplas que a manifestam mas também a ocultam e mancham a sua pureza, tema que certas tendências da ciência linguística até aos nossos dias não deixaram de laicizar, de aperfeiçoar e de precisar, encontra-se magistralmente representado pela sequência mítica da Torre de Babel. Depois do Dilúvio e antes de se separarem, os filhos de Noé propõem-se começar a construção de uma cidade e de uma torre, com a ambição de «chegarem ao céu» e de «tornarem o seu nome célebre ao longo dos séculos». Deus não pode permitir esse discurso que se pretende fora do tempo e fora do lugar, e que permite ao homem igualar o poder divino. «Então desceu o Senhor, irritado por este projecto cheio de orgulho, para ver a cidade e a torre que os filhos de Adão edificavam, e disse: Eis que o povo é um, e todos têm uma *mesma língua;* e isto é o que começam a fazer; Eia, desçamos e confundamos ali a sua língua, para que não entenda um a língua do outro. Deus executou imediatamente aquilo que tinha pensado; *confundiu a sua linguagem*, e obrigou-os a separarem-se. Assim o Senhor os espalhou dali sobre a face de toda a terra, e cessaram de edificar a cidade. Por isso se chamou o seu nome Babel, isto é, *confusão*, porquanto ali confundiu o Senhor a linguagem de toda a terra, e dali os espalhou o Senhor sobre a face de toda a terra». (*Génesis,* XI, 5-11).

Um outro mito bíblico, desta vez referente à *escrita,* está ligado ao nome de Moisés. Para que Moisés possa ajudar o seu povo, tem necessidade de um *poder linguístico:* a Bíblia parece considerar a posse da linguagem como uma posse do poder espiritual e do Estado. Ora Moisés, como ele próprio confessa, «nunca teve a facilidade de falar», e é sobretudo a presença de Deus que é o principal obstáculo à sua fala: «desde que começaste a falar ao teu servo» – diz Moisés a Deus – «tenho a língua menos livre e mais embaraçada do que a tinha anteriormente» (*Êxodo,* IV, 10). Para ajudar o seu servo a recuperar o uso da língua, que equivale aqui a uma prática do poder, o Senhor intervém por duas vezes.

Primeiro, dá a Moisés uma *vara* milagrosa que «devia fazer brilhar o poder de Deus» (IV, 20). Mais tarde, para selar a aliança entre os Israelitas e o Senhor, Moisés «escreve todos os mandamentos do Senhor» (XXIV, 4). Mas é Deus que acaba por escrever as suas próprias leis. «E o Senhor, quando acabou de falar com Moisés no monte de Sinai, deu-lhe as duas tábuas do testemunho, tábuas de pedra, escritas pelo dedo de Deus» (*Êxodo,* XXXI, 18). O texto bíblico precisa bem que aquelas tábuas «eram obra de Deus, como a escrita que estava gravada naquelas tábuas era da mão de Deus, que ali tinha escrito os seus dez mandamentos, e tinha-os escrito duas vezes para marcar a sua importância, e para melhor fazer sentir a necessidade de serem observados» (*Êxodo,* XXXII, 16).

Estas narrativas escondem uma concepção precisa da linguagem e da escrita. A língua parece representar, para o pensamento judaico, uma essência surreal, extra-subjectiva, poderosa e activa cujo estatuto se iguala ao de Deus. Instância de autoridade e de inibição para o sujeito falante (Moisés), essa *língua* torna difícil a prática da *fala* por esse sujeito. A fala desenrola-se sobre o fundo inacessível da essência divina da linguagem. Há dois meios para romper esta barreira e chegar ao saber da língua, à sua prática dominada, e, através dela, ao poder *real* (terrestre, social). O primeiro é o levantamento de uma cadeia simbólica, isto é, de uma justaposição de elementos verbais (palavras) que designam, por uma espécie de tabu, um só referente cuja realidade é assim censurada e inominada, e por conseguinte toma, em última instância, o nome de Deus. Pode ser este o sentido do «milagre» da *vara,* «transformando-se» em *serpente* que, por sua vez, quando é tocada na *cauda,* volta a ser *vara.* (Insistamos uma vez mais na implicação sexual, fálica, deste encadeamento de símbolos). O segundo meio que distancia o sujeito da fala e faz com que ele entreveja o funcionamento das [suas] leis internas [«divinas»] é a mutação da fala em escrita. Uma escrita que é apenas uma transcrição da palavra divina, ou ainda uma escrita do dedo de Deus, mas de qualquer modo uma cópia, um duplo de uma fala já existente sem essa escrita, ela mesma desdobrada nas duas tábuas e nas suas duas faces, como que para indicar o seu carácter de decalque, de repetição, de cópia. A sua função é tornar estável, durável e obrigatória a palavra de Deus, ser a sua lei.

Apoderar-se da escrita equivale a *encarnar,* no sentido restrito da palavra, a linguagem, isto é, a dar um corpo à Língua divina absorvendo-a no corpo humano, introduzindo-a na carne. A escrita na Bíblia engole-se e come-se: para se tornar *lei* tem de se inscrever na carne, ser assimilada pelo corpo humano [social]: «"Tu, filho do homem, escuta o que te digo, não sejas também rebelde. Abre a boca, come o que te vou dar". Olhei, vi estender-se uma mão que segurava o rolo de um livro. Esse rolo desenrolou-se diante de mim, estava escrito no verso e no reverso, eram só lamentações, queixas e gemidos. "Filho do homem, come isto, come este livro, e falarás à raça de Israel". Abri a boca, ele obrigou-me a comê-lo. "Filho do homem, alimenta-te, sacia-te com este livro". Eu comi-o. Na minha boca foi doce como mel».

A relação da escrita com o real, tal como com a realidade fónica e morfológica da linguagem, não é pensada. Parece ter sido cortada, e reintroduzida *a posteriori* como uma relação de dominação do real pela escrita. Pois a escrita é sobretudo o exercício de uma essência legisladora, paternal e autoritária, concebida como um *modelo* sobre o qual o real se deve ordenar [as *ordens* de Deus], formar-se. É sob o domínio desta lei-modelo da linguagem de Deus, e substituindo o real que falta, que se torna possível desenrolar a série fantasmática dos encadeamentos significantes (não reais), como o «milagre» da *vara;* tal como se torna possível instaurar a escrita como lei, regra, cópia de Deus com a sua falta, tornando-se assim a explicitação da falta divina visto que é a sua compensação. Encontramos aqui uma concepção teológica monoteísta da linguagem.

Vários séculos mais tarde, uma corrente da mística judaica conseguiu ligar mais profundamente a sua experiência à linguagem e à sua inscrição: a Cabala. Difundiu-se principalmente no Sul de França e em Espanha entre 1200 e o princípio do século XIV, e encontra-se exposta com maior desenvolvimento no *Zohar* e no livro *Bahir* que se apresenta como uma série de máximas sobre os versículos da Bíblia. No cruzamento do pensamento cristão com as religiões árabe e indiana, a Cabala faz das *letras* do alfabeto hebraico um objecto privilegiado de meditação e de concentração, que dá acesso ao êxtase, liberta o sujeito e permite a sua comunicação com Deus. Estas letras em si mesmas não têm nenhuma significação precisa. Não corporais, abstractas, tomadas a uma lógica formal e funcionando umas em relação às outras como as notas de uma música, as letras possuem um valor *numérico*. A ciência desse valor chama-se *gematria*. Cada letra pode ser relacionada com um membro do corpo, de forma que o ataque à letra provoca uma deformação do membro em questão. O cabalista profético aproxima-se das práticas dos iogas indianos, do seu domínio do corpo e das suas técnicas ligadas a uma pronunciação sagrada dos diversos fonemas. «Foram as letras que penetraram no seu pensamento e na sua imaginação, que o influenciaram através do seu movimento e que concentraram o seu pensamento em temas diferentes, embora ele não se aperceba disso», lê-se no livro do cabalista Abulafia, *Portas da Justiça*.

Nas teorias linguísticas europeias desde o século XVI até ao século XVIII, fortemente marcadas pela teologia e pelos seus derivados, o hebraico é a língua fascinadora, origem comum e cifra universal. Encontramos em Fabre d'Olivet a apoteose desta apologia da língua hebraica cuja verdadeira leitura permitiria, segundo o autor, uma compreensão autêntica da Bíblia que ele traduz com o título de *Sepner* ou *A Cosmogonia de Moisés* (cf. *La Langue hébraique restituée et le Véritable Sens des mots hébreux*, 1815). Considera que embora o hebraico não seja a língua-mãe da humanidade, como acreditavam muitos dos seus predecessores inspirados pela narrativa bíblica, pelo menos os seus princípios gramaticais podem «mais seguramente conduzir a essa origem (da fala) e desvendar os seus mistérios». Opondo-se à tese de W. Jones que distinguia três tipos fundamentais de línguas: o tártaro, o indiano e o árabe, Fabre d'Olivet propõe a tricotomia chinês-indiano-hebraico. E dentro do espírito comparatista do seu século, descreve assim os méritos do hebraico: «Afirmei que o chinês, isolado desde o seu nascimento, procedente das mais simples percepções dos sentidos, chegou de desenvolvimento em desenvolvimento até às mais altas concepções da inteligência; é exactamente o contrário do hebraico: este idioma formado por uma língua que tinha atingido o mais alto grau de perfeição, inteiramente composta por expressões universais, inteligíveis, abstractas, entregue nesse estado a um povo robusto, mas ignorante, caiu nas suas mãos de degenerescência em degenerescência e de restrição em restrição até aos seus elementos mais materiais; tudo o que era espírito tornou-se substância; tudo o que era inteligível tornou-se sensível; tudo o que era universal tornou-se particular». Estas reflexões, em que a pretensão científica recobre uma especulação ideológica que se inseriu muitas vezes no estudo da linguagem, são típicas, sobretudo no que diz respeito às línguas das grandes religiões.

VIII. A GRÉCIA LÓGICA

Estabelecendo as bases do raciocínio moderno, a filosofia grega forneceu também os princípios fundamentais segundo os quais a linguagem foi pensada até nossos dias. Com efeito, embora a linguística dos últimos anos e a teoria da significação em geral se afastem cada vez mais das noções tradicionais que dominaram a reflexão clássica sobre a linguagem, trata-se ainda de um fenómeno muito recente e pouco firme. Durante muitos séculos, os princípios aperfeiçoados pelos Gregos conduziram as teorias e as sistematizações linguísticas na Europa. E embora cada época e cada tendência tenha decifrado à sua maneira os modelos legados pelos Gregos, as conceptualizações fundamentais da linguagem, tal como as classificações de base permaneceram constantes.

Os Gregos foram os primeiros – depois dos Fenícios que eles consideram os seus mestres na matéria – a utilizar uma escrita *alfabética*. Tomando aos Fenícios o alfabeto consonântico e adaptando-o às características da língua grega (cujos radicais não são consonânticos como os das línguas semíticas), foram obrigados a introduzir marcas para as vogais. Cada letra recebeu um nome (alfa, beta, gama, etc.), marcando a letra o fonema inicial do seu nome: β – βετα.

Esta análise do significante nos seus componentes mínimos não é um fenómeno isolado na tentativa do conhecimento grego.

Os filósofos materialistas antes de Sócrates, nas suas teorias sobre o mundo físico, dividem até ao infinito «a substância primordial e infinita» para nela isolarem *elementos* que são os correlatos das *letras* da linguagem, quando não se confundem explicitamente com elas. Aquilo a que Empédocles (século V antes da nossa era) chama *elementos,* Anaxágoras (500-428 antes da nossa era), *homeomeros,* Leucipo (século V antes da nossa era) e Demócrito (século V antes da nossa era), *átomos,* e a que se chamará mais tarde στιχείόυ, são – num mesmo e único processo de conhecimento – o correspondente material das *letras* do acto significante. Portanto, entre os pré-socráticos a divisão infinita das coisas conduzia a uma massa de partículas, a uma *semente* que as possuía todas em germe: Anaxágoras falava de σπέρματα, e Demócrito via as grandes massas do universo como uma πανσπερμία. Estas teorias físicas insinuavam-se na *prática* da linguagem em certos pré-socráticos (entre os filósofos gregos só Parménides e Empédocles é que eram poetas; Lucrécio mais tarde acrescentou o seu nome a essa lista), tal como a *teoria* da linguagem, ainda em formação entre os pré-socráticos: Aristóteles considerava Empédocles como o inventor da retórica. Estes materialistas gregos, cujas teorias foram expostas mais tarde por Lucrécio, consideravam nitidamente as letras como átomos fónicos, como elementos materiais da mesma ordem que a substância material. Demócrito foi o primeiro a utilizar as letras do alfabeto como exemplos para ilustrar as demonstrações atomísticas. Do mesmo modo, Epicuro (341-270 antes da nossa era) afirmava que as coisas podiam ser decompostas em elementos ínfimos e invisíveis, condições da criação e da morte, assimiláveis às letras do alfabeto. A prova de que a ideia da correspondência se não da adequação entre os elementos corporais (átomos) e os elementos do encadeamento falado (letras) era corrente na Grécia, é-nos dada por uma observação de Possidónio, segundo a qual os primeiros atomistas teriam sido os Fenícios, os inventores do alfabeto.

Ora, apesar dos materialistas – últimos defensores da solidariedade da linguagem com o real (Heraclito, 576-480 antes da nossa era, afirmava que as qualidades das coisas se reflectiam no seu fonetismo, enquanto Demócrito pensava que essa correspondência se devia a uma convenção social) – o próprio tipo de escrita fonética, tal como, sem dúvida, as necessidades económicas e ideológicas da sociedade grega, sugeriam e acabaram por impor uma concepção da linguagem como idealidade que reflectia um exterior, e cuja única ligação com esse exterior era *conceptual.*

Com efeito, a escrita fonética dá testemunho de uma concepção analítica da substância fónica da linguagem. Aquilo que mais tarde se chamará o «significante» não só se encontra separado do referente e do significado, como também está dividido em elementos constituintes (fonemas) classificados em duas categorias: vogais e consoantes. Portanto, o pensamento grego entende a linguagem como um sistema formal, distinto de um exterior significado por ela (o real), e constituindo em si mesma um domínio próprio, um objecto de conhecimento particular, sem se confundir com o seu exterior material. Vemos realizar-se aqui plenamente o processo de separação da linguagem e do real, que já tínhamos observado ao percorrermos as teorias linguísticas das civilizações precedentes.

A linguagem não é já uma força cósmica que a escrita deva ordenar ordenando ao *mesmo tempo* o cosmos. O grego extrai-a da ganga unida e ordenada em que outros misturavam o real, a linguagem e os que a manejavam; entende-a como autónoma, e ao mesmo tempo entende-se como sujeito autónomo. A linguagem é em primeiro lugar uma *sonoridade*. Como se pode observar, a partir da tradição homérica, o *pensar* é descrito como *falar*, e localiza-se no coração, mas sobretudo nos pulmões, φρήγ ou φρένες, que eram considerados como um diafragma. Partindo desta concepção do pensamento como *fala vocal*, chega-se à noção de λόγος como equivalente de *ratio* (razão) e de *oratio* (oração). Sendo um vocalismo, a linguagem é ao mesmo tempo própria de um sujeito, é uma faculdade vocal subjectiva autenticada pelo nome próprio do indivíduo que fala. A *Ilíada* (I, 250) canta «Nestor de falas doces, o orador sonoro de Pylos. Da sua boca escorrem os acentos mais doces do que o mel...». Sistema *fónico* controlado pelo *sujeito*, a linguagem é por assim dizer um sistema secundário que não deixa de influenciar o real, mas que não consegue igualar-se à força material. O grego pensa-se como um sujeito que existe fora da sua linguagem, como um adulto que possui um real distinto do das palavras, em cuja realidade só as crianças acreditam. Exemplo, esta frase de Eneias a Peleido: «Não tentes assustar-me com palavras, como se eu fosse uma criança... Não nos hão-de ver voltar do combate tendo resolvido o nosso combate muito simplesmente, com palavras infantis...» (*Ilíada*, XX, 200-215).

As principais manifestações desta realização da separação real-linguagem são: a escrita alfabética e a teoria fonética platónica e pós-platónica; a constituição da gramática como «arte de bem escrever» ou ciência da linguagem como sistema formal; as discussões e as proposições referentes à relação da linguagem com a realidade (já conhecidas na Índia, chegam na Grécia à sua forma mais perfeita).

O célebre diálogo de Platão (429-347 antes da nossa era), *Crátilo,* dá testemunho destas discussões filosóficas que, considerando admitida a separação real/linguagem, se esforçam por estabelecer as modalidades da relação entre os dois termos. Este diálogo, muito diferente dos outros escritos de Platão, e que apresenta duas faces muitas vezes contraditórias da concepção socrática da linguagem (uma defendida perante Crátilo, a outra defendida perante Hermógenes, visivelmente discípulo de Heraclito), dá-nos uma concepção oscilante da linguagem, repondo-se constantemente em questão, e como que incapaz de enunciar qualquer coisa de científico sobre a língua: pois, a partir do momento em que chegamos à língua, ficamos presos a uma «inspiração» irracional. Platão parece responder às concepções dos sofistas para quem a linguagem não enuncia nada de fixo nem de estável, visto que ela própria está em pleno movimento: com efeito, Parménides (século VI antes da nossa era) afirmava que a linguagem – fluidez, inapreensível – aparecia no momento da dissolução da realidade imutável, e por conseguinte não podia exprimir o real. Platão responde facilmente a estas concepções na primeira parte de *Crátilo,* confessando todavia que tem dificuldades em explicar a linguagem dos poetas como Homero (392-393). Fica mais embaraçado quando o discípulo de Heraclito lhe propõe uma teoria segundo a qual o próprio mundo está em pleno movimento e em contradição, e, por conseguinte, o movimento da língua não faz mais do que corresponder à mobilidade real (440 a-d).

Se pudéssemos destacar *problemas centrais* nesta forma pouco legisladora de diálogo, insistiríamos em dois deles: em primeiro lugar, a posição platónica na polémica sobre o carácter θέσει (convencional) ou φύσει (natural) da linguagem – os nomes são dados às coisas por um contrato social, ou pelo contrário resultam da natureza das coisas? Em seguida, e por conseguinte, a sistematização platónica dos elementos e das partes da linguagem.

Platão opta pelo carácter φύσει da linguagem, mas dando uma significação mais precisa a este termo de que havia quatro interpretações nas discussões precedentes. Concilia as duas teses postulando que a linguagem é uma *criação* humana (e, neste sentido, convencional), mas que provém da essência das coisas que representa (e neste sentido esta criação é natural), e, por causa deste facto, torna-se uma obrigação, uma lei para a sociedade. O *nome,* νόμος, para Platão significa *lei, costume, uso.*

Falar é distinguir-se das coisas *exprimindo-as,* dando-lhes nomes. *Nomear* torna-se o *acto* diferencial que *dá lugar* à fala, pois *situa* essa fala (com o seu sujeito) face às coisas: «Ora nomear não será uma parte da acção de falar? Pois ao nomearmos, falamos... Se falar era um acto que se relacionava com as coisas, nomear será um acto?...»

O *nome* distinto da coisa «é um *instrumento* que serve para instruir, e para distinguir a realidade tal como a naveta faz o tecido». «Um bom tecelão serve-se da naveta como deve ser, e 'como deve ser' quer dizer: da maneira própria para a tecelagem; um bom instrutor serve-se do nome como deve ser, e 'como deve ser' significa: de maneira própria a instruir».

Portanto a linguagem tem uma função *didáctica,* é um instrumento do *conhecimento.* O próprio nome é já um conhecimento da coisa: «quando sabemos os nomes, sabemos também as coisas», diz Crátilo (435 d), «é impossível dizer coisas erradas» (429 d). Mas Sócrates distingue este conhecimento «já feito» (μαθεῖν) das coisas pelos nomes, da investigação pessoal filosófica sobre a verdade.

O nome é também um indicador da essência das coisas, porque se lhes assemelha. A relação nome/coisa é uma relação de *semelhança,* ou até mesmo de imitação: «Assim o nome é, segundo parece, uma forma de imitarmos pela voz aquilo que imitamos e nomeamos, quando nos servimos da voz para nomearmos aquilo que imitamos». O nome é um simulacro pela *voz,* diferente do simulacro pelo som e pela cor: «por meio das suas letras e das suas sílabas, o autor apodera-se do seu ser (das coisas), de maneira a *imitar a sua essência»* (424 a). Portanto o nome «parece possuir uma certa *exactidão natural,* e não compete a toda a gente saber aplicá-lo correctamente a qualquer objecto» (391 a). Para demonstrar esta exactidão natural das palavras, Platão faz um estudo «etimológico» de diversos tipos de palavras: nomes próprios, palavras compostas ou decompostas por Platão, palavras «primitivas» indecomponíveis para Platão. Muitas vezes duvidosa, esta etimologia demonstra o postulado platónico: a palavra é uma expressão do *sentido* de que está carregado o objecto nomeado.

Vemos que, na concepção platónica, não só a linguagem é extraída do real que nomeia e considerada como um objecto à parte que está *por criar*, como também o próprio significado é isolado do significante, e, mais ainda, colocado como existente *antes* dele. O significado precede o significante; distinto do referente e esquecendo-o quase, instala-se num plano dominador e privilegiado: o plano da *ideia*. Criar palavras consiste em encontrar um invólucro para essa ideia «já existente». *A linguagem é sobretudo um significado que tem de ser organizado lógica ou gramaticalmente.*

Observámos que certas teorias modernas, como as posições de Cassirer (*Philosophie des Symbolischen Formen*, I, *Die Sprache,* Berlim, 1923), seguem os postulados platónicos e continuam a privilegiar o *sentido* omitindo o *significante* na organização da linguagem. A palavra, para estas teorias, é um símbolo conceptual... Com estes antecedentes, aprecia-se ainda mais o papel de Saussure que deu especial relevo à *forma* do signo, e abriu assim caminho a um estudo do significante e ao mesmo tempo a uma análise realmente sintáctica (relações formais) da linguagem.

Portanto, para Platão, é o *legislador* que estabelece o *nome* conhecendo a *forma* ou a matriz *ideal* da *coisa*. «Não é a qualquer pessoa que compete estabelecer o nome, mas sim a um fabricante de nome; e este, segundo parece, é o legislador, isto é, o artesão que mais raramente se encontra entre os humanos» (389 a). O nome imposto pelo legislador não se aplica directamente à coisa, mas sim através de um intermediário: *a sua forma* ou *a sua ideia*. «O nosso legislador não deverá saber impor aos sons e às sílabas o nome que é naturalmente apropriado a cada objecto, e concentrar a atenção naquilo que é o nome em si, para criar e estabelecer todos os nomes, se quiser ter autoridade nessa matéria?» (389 d). «Não será ele bom legislador, aqui ou em qualquer outro lugar, enquanto imprimir a sílabas de qualquer natureza a forma de nome requerida por cada objecto?» (390 a). Há no entanto duas restrições que limitam a lei do legislador. Por um lado, é ao *dialéctico*, isto é, àquele que conhece a arte de interrogar e de responder, que compete julgar o trabalho do legislador. Por outro lado, por mais *natural* que o nome possa ser, «a convenção e o uso, de certa maneira, têm de contribuir necessariamente para a representação daquilo que temos no espírito quando falamos (435 a).

Como é que Platão sistematiza a linguagem assim criada? No conjunto linguístico distingue uma camada sonora e divide-a em *elementos* – στοιχεῖα. Aristóteles (384-322 antes da nossa era) define mais tarde o στοιχεῖον do seguinte modo: «*Elemento* diz-se do primeiro componente imanente de um ser e especificamente indivisível noutras espécies: por exemplo, os elementos da palavra são as partes que a compõem e nas quais ela se divide por último, partes que já não se podem dividir noutros elementos de uma espécie diferente da sua; mas se as dividíssemos, as suas partes seriam da mesma espécie como uma partícula de água é água, enquanto uma parte da sílaba não é uma sílaba...» «O elemento de cada ser é o seu princípio constitutivo e imanente» (*Metafísica*, Δ 3). O termo στοιχεῖον designa também os quatro elementos de Empédocles, tal como os termos, axiomas, postulados e hipóteses da geometria, e qualquer proposição matemática.

Quando lê o desenvolvimento platónico sobre os elementos fonéticos, o leitor moderno apercebe-se de que a teoria fonética de Platão, longe de ser puramente formal, provém da sua teoria do sentido, é em primeiro lugar semântica: «Visto que é com sílabas e com letras que se faz *a imitação da essência,* o processo mais correcto não será distinguir primeiro os elementos (στοιχεῖα)? É o que fazem aqueles que se ocupam do ritmo; começam por distinguir o *valor* dos *elementos,* depois o das sílabas, e então, mas só então, é que abordam o estudo dos ritmos».

Embora Platão admita a existência de um sentido antes da linguagem (a *essência*), não define claramente se o significante tem um papel na constituição desse sentido. Consoante os sítios, admite que «o mesmo sentido se exprime por estas ou aquelas sílabas, indiferentemente; acrescentar ou tirar uma letra também não tem importância, contanto que predomine a essência do objecto manifestado no nome» (393 d, cf. também 394 a, b); noutro ponto lembra que «a adição e a supressão de letras alteram profundamente o sentido das palavras, de tal modo que com mudanças minúsculas podemos fazê-las significar o contrário» (417 d).

O termo *elemento,* sinónimo de letra, oculta no *Crátilo* a noção de *fonema:* trata-se efectivamente do elemento mínimo do encadeamento sonoro. Platão distingue: as vogais, as consoantes e uma terceira categoria, «aqueles que, sem serem vogais, não são porém mudos» (424 c). Os elementos formam as *sílabas* para além das quais se pode encontrar o ritmo do enunciado (424 b).

Enquanto em Platão não se distinguem ainda os conceitos de *letra* e de *fonema,* mais tarde os sábios vão falar de *figura,* forma escrita da letra, e da sua *potestas* ou valor fónico (cf. Diógenes Laertes VII, 56; Prisciano I, 2, 3-1, 3, 8).

Em Platão as sílabas formam os *nomes* e os *verbos* com os quais se constitui «um grande e belo conjunto, como o ser vivo reproduzido pela pintura; nós vamos constituir aqui o discurso, através da arte dos nomes e da retórica, em suma, através da arte apropriada» (425 a).

Vemos enunciar-se aqui a *gramática,* γραμματική, a arte de escrever, indubitavelmente de origem escolar e praticada por Sócrates enquanto *estudo das letras* como elementos das palavras e do seu valor fonético, mas também já como estudo das *partes do discurso.* A primeira distinção gramatical foi visivelmente a dos *nomes* e dos *verbos*: ὄνομα e ῥῆμα (cf. Diógenes Laert. III, 25). Platão foi o primeiro que a estabeleceu definitivamente. Quanto aos adjectivos, geralmente, aparentados com os nomes, Platão considera-os como ρηματα quando são utilizados como predicados.

Assim se constitui a *teoria platónica do discurso,* teoria filosófica em que se misturam considerações linguísticas (referentes à sistematização das categorias linguísticas) e lógicas (referentes às leis do sentido e da significação), sem que estas distinções sejam puramente linguísticas ou puramente lógicas na acepção clara e nítida que estes termos têm actualmente (cf. *Steinthal, Geschichte des Sprachwissenschaft bei den Griechen und Römern...,* Berlim, 1863).

Separando o real do símbolo, Platão cria a área da ideia, e é aí que se move a sua teoria que Aristóteles mais tarde definirá como sendo de *ordem lógica:* «Se ele separou assim do mundo sensível o Um e os Números, contrariamente aos pitagóricos, e se introduziu Ideias, foi por causa das suas investigações de ordem lógica» *(Metafísica,* A 6, 987 b 32). Aristóteles está a pensar nessa filosofia do conceito que Sócrates foi o primeiro a praticar: não encarava as coisas do ponto de vista dos factos (ἔργα), mas do ponto de vista das noções e das definições (λόγοι). É este método dos λόγοι que Platão aplica também à sua análise da linguagem, do discurso, do λόγος.

A teoria pormenorizada deste discurso-*logos* encontra-se num outro filósofo grego, Aristóteles, dispersa na massa dos seus escritos, ou concentrada na sua *Poética*. O *logos*, para Aristóteles, é uma enunciação, uma fórmula, uma explicação, um discurso explicativo ou um conceito. *Lógica* torna-se sinónimo de conceito, de significação e de regras de verdade. Omite-se qualquer recurso à substância da linguagem e às especificidades da sua formação: «A linguagem não é encarada do ponto de vista dos factos», dizia Aristóteles, «mas do ponto de vista das noções e das definições». A relação *logos*/coisa é estabelecida do seguinte modo: «Só há quididade das coisas cuja enunciação é uma definição» (*Met.* Z 4, 1030 a 7); ou ainda: «Como a definição é uma enunciação, e como qualquer enunciação tem partes; por outro lado, como a enunciação está para a coisa na mesma relação da parte da enunciação para a parte da coisa, põe-se logo o problema de saber se a enunciação das partes deve ou não estar presente na enunciação do todo...» (Z 10, 1034, b 20), e finalmente: « Uma enunciação (λόγος) falsa é aquela que, enquanto falsa, exprime o que não é» (*Metafísica*, Δ 29, 1024 b 26). O *logos* [aqui talvez no sentido de «acto significante»] é também a *causa* das coisas, força motriz, equivalente da matéria: «Num primeiro sentido, entendemos por causa a substância formal (οὐσία) ou quididade (com efeito, a razão de ser de uma coisa reduz-se definitivamente à noção – λόγος – dessa coisa, e a razão de ser primeira é causa e princípio); num outro sentido, a causa é a *matéria* ou o substrato; num terceiro sentido, é o princípio donde parte o movimento; finalmente, num quarto sentido, que é o oposto do terceiro, a causa é a causa final ou o bem (pois o bem é o fim de qualquer geração e de qualquer movimento)» (*Met.* A, 3, 983, 25).

Mesmo se considerarmos como Steinthal que antes do período de Alexandria não havia na Grécia uma verdadeira gramática, isto é, um estudo das propriedades concretas da organização especificamente linguística, verificamos que Aristóteles já tinha formulado algumas distinções importantes de *categorias de discurso* e as suas definições. Aristóteles separa os *nomes* (com três géneros) dos *verbos*, que têm a propriedade maior de poderem exprimir o *tempo*, e das *conjunções* (σύδεσμοι). Foi o primeiro a estabelecer a diferença entre o sentido de uma palavra e o sentido de uma proposição: a palavra *substitui* ou *designa* (σημάινει) qualquer coisa, a proposição *afirma* ou *nega* um predicado ao seu sujeito, ou diz se o sujeito existe ou não.

Eis, a título de exemplo, algumas reflexões aristotélicas sobre as partes do discurso, tal como se apresentam na *Poética* (1456 b):

«Ora o que diz respeito ao pensamento deve caber nos tratados consagrados à retórica; porque o assunto é próprio dessa investigação. *Pertence ao pensamento tudo o que tem de ser estabelecido pela linguagem*. As suas partes são: demonstrar, refutar, excitar as paixões como a piedade, o medo, a cólera e todas as paixões esse género e além disso engrandecer e rebaixar...

«Pois qual seria a obra própria da personagem falante se o seu pensamento fosse evidente e não resultasse da sua linguagem?

«A *elocução* reduz-se às seguintes partes: a letra, a sílaba, a conjunção, o artigo, o nome, o verbo, o caso, a locução (λόγος).

«A *letra* é um som indivisível, não um som qualquer, mas apenas o som que possa gerar um som composto; pois os animais também emitem sons indivisíveis mas a esses não lhes dou o nome de letras (στοιχεῖον).

«A letra compreende a vogal, a semivogal e a muda. É vogal a letra que tem um som audível sem que a língua se aproxime dos lábios; é semivogal a letra que tem um som audível com essa aproximação; por exemplo: o Σ e o P (são as líquidas); é muda a letra que, mesmo com essa aproximação, não tem nenhum som por si mesma, mas que se torna audível quando está acompanhada pelas letras que têm um som, por exemplo: o Γ e o Δ.

«Estas letras diferem consoante as formas que a boca toma e consoante o ponto em que se produzem...

«A *sílaba* é um som desprovido de significação, composto por uma muda e por uma letra que tem um som...

«A *conjunção* é uma palavra desprovida de significação que não impede nem permite que vários sons componham uma só expressão significativa...

«O *artigo* é uma palavra desprovida de significação que indica o princípio, o fim ou a divisão da frase...

«O *nome* é um composto de sons significativo, sem ideia de tempo, que não tem nenhuma parte significativa em si mesma...

«O *verbo* é um composto de sons significativo, com ideia de tempo, e que não tem nenhuma parte significativa em si mesma, como nos nomes...

«O *caso* afecta o nome ou o verbo e indica a relação «de», «a» e outras semelhantes, ou a singularidade e a pluralidade, por exemplo «homens» e «homem», ou os modos de expressão da personagem que fala, por exemplo a interrogação ou a ordem: pois «dirá ele», «diz» são casos do verbo que seguem esta distinção.

«A *locução* (λόγος) é um composto de sons significativo em que várias partes têm um sentido em si mesmas (pois nem todas as locuções são compostas por verbos e por nomes, mas, por exemplo, na definição do homem pode haver locução sem verbo; no entanto tem de conter sempre uma parte significativa). Exemplo de uma parte significativa em si mesma: «Cleonte» em «Cleonte caminha». A locução pode ser una de duas maneiras: ou porque indica uma só coisa, ou porque é composta por várias partes ligadas umas às outras; é assim que a *Ilíada* é una pela ligação das suas partes, e a definição de homem é-o porque designa uma só coisa...»

Aristóteles estuda depois os tipos de nomes: nomes simples, nomes compostos, e também o transporte para uma coisa de um nome que designa uma outra: metáfora, metonímia, etc.

Foram os estóicos, discípulos de Zenão de Eleia (nascido entre 490 e 485 antes da nossa era), que elaboraram uma teoria completa do discurso que se apresentava como uma gramática pormenorizada sem por isso se distinguir da filosofia e da lógica. Reflectindo sobre o processo simbólico, os estóicos estabeleceram a primeira distinção clara entre *significante* e *significado* (τὸ σήμαινον/τὸ σημαινόμενον), entre significação e forma, entre interior e exterior. Debruçaram-se também sobre problemas de fonética e sobre a relação do fonético com a escrita. Ao analisarem as partes do discurso chamam-lhes στοιχεῖα em vez de μέρη (partes), que tanto se encontram no mundo físico como na linguagem (cf. R. H. Robins, *Ancient and Medieval Grammatical Theory in Europe,* 1951). Não vamos abordar aqui a lógica dos estóicos, que ocupa uma parte essencial da sua teoria da linguagem; indiquemos no entanto algumas das suas sistematizações puramente linguísticas. Distinguiam quatro partes do discurso:

1. *nomes* que significam qualidades (os estóicos distinguiam, como se sabe, as seguintes categorias: qualidade, estado, relação, substância) e se dividem em nomes *comuns* e nomes *próprios;*

2. *verbos* enquanto predicados (como os define Platão): o verbo fica incompleto sem sujeito; exprime quatro tempos: presente contínuo, presente realizado, passado contínuo, passado realizado;

3. *conjunções* (σύνδεσμοι);

4. ἄρορα – que incluem os pronomes pessoais tal como os pronomes relativos e o artigo.

Os estóicos distinguiam também as seguintes modalidades (ou categorias gramaticais secundárias): *o número, o género, a voz, o modo,* o *tempo,* o *caso,* cuja teoria foram os primeiros a fixar (Aristóteles, como já vimos, também falava de *caso,* mas compreendia sob este termo as derivações, as flexões verbais, etc).

Alexandria, centro de livros e de decifração de textos antigos, assistiu ao desenvolvimento de uma verdadeira *gramática* como estudo especializado, directamente orientado para a linguagem enquanto objecto organizado em si, rompendo todas as pontes que a ligavam à filosofia e à lógica. A Grécia decadente, perto da sua queda e no paroxismo das subtilezas mentalistas, cria os gramáticos: sábios meticulosos, embora, segundo Wackernagel, «sem grande estatura intelectual», professores conscienciosos que ensinavam às novas gerações o já difícil idioma de Homero, classificadores assíduos da língua como forma abstracta. Os mais célebres de entre eles foram Filetas de Cós, educador do filho de Ptolomeu; Aristarco, comentador de Homero; Crates de Malos que, instalando-se em Roma, transmitiu aos Romanos a ciência da gramática. O mais conhecido destes professores de gramática foi Dionísio da Trácia (170-90 antes da nossa era) de quem Fr. Thurot, na sua Introdução (1784) ao *Hermes ou Recherche philosophique sur la grammaire universelle,* de J. Harris, 1765, nos diz que era um «discípulo de Aristarco; depois de ter ensinado gramática em Rodes, onde Teofrasto chamado Tyrannion... tinha estudado com ele, veio dar a Roma lições da sua arte, sob o primeiro consulado de Pompeu».

Para Dionísio da Trácia a gramática é uma *arte*: define-a como «o saber empírico da linguagem dos poetas e dos prosadores». A sua fonética apresenta uma teoria das letras e das sílabas. A sua *morfologia* já distingue *oito* partes do discurso: *nome, verbo, particípio, artigo, pronome, preposição, advérbio, conjunção*. Falta-nos a sua sintaxe. Foi Apolónio Díscolo (século II da nossa era) que elaborou a primeira sintaxe, ao estudar a língua grega: essa sintaxe apresenta-se como um estudo mais filosófico do que linguístico.

Resumamos. Primeiro indistinta do atomismo geral e confundida numa vasta cosmogonia naturalista; depois isolada – não sem ambiguidade – como lógica, teoria das noções e das definições, sistematização do significado; por fim abstraída da filosofia para se constituir como *gramática*, isto é, ciência normativa de um objecto particular, só passando por estas diferentes etapas é que a linguagem se separou do real e se constituiu a «linguística» grega cujo gesto foi retomado pelos teóricos modernos para o precisarem.

IX. ROMA: TRANSMISSÃO DA GRAMÁTICA GREGA

Os gramáticos alexandrinos, durante a sua estadia em Roma, transmitiram aos Romanos o saber grego sobre a língua: tanto as teorias de ordem filosófica como a gramática. Por isso vemos Suetónio (cerca de 75-cerca de 160) na sua obra *De Grammaticis et de Rhetoribus* designar os primeiros autores latinos, gramáticos e filósofos, como *semigraeci*.

Os historiadores assinalam sobretudo a contribuição de Crates de Malos (168 antes da nossa era), enviado a Roma como embaixador do rei Átalo, que foi professor de gramática e criou assim a escola dos gramáticos romanos, entre os quais os mais célebres foram Varrão (século I antes da nossa era), Quintiliano (século I antes da nossa era), Donato (350 da nossa era) e Prisciano (500 da nossa era).

Os eruditos romanos, preocupados sobretudo com a elaboração de uma retórica, no domínio estritamente linguístico, limitaram os seus esforços à transposição das teorias e das classificações gregas para as necessidades da língua latina, sem procurarem elaborar proposições originais sobre a linguagem. Esta transposição fez-se por vezes de um modo puramente mecânico: considerando a língua grega como modelo universal da língua em geral, era necessário a todo o custo descobrir as suas categorias na língua latina. Vemos portanto que a ideia predominante no estudo da linguagem em Roma era a da universalidade das categorias lógicas, preestabelecidas segundo a língua grega e imutáveis nas outras línguas estrangeiras que todavia eram abundantes no império romano. César tinha necessidade de intérpretes na Gália, Ovídio tinha escrito um poema em língua goda, Aelius Stilo tinha empreendido um estudo das línguas itálicas, mas eram apenas casos isolados nos usos latinos, que não ultrapassaram os limites das próprias doutrinas linguísticas.

Varrão foi o primeiro dos gramáticos latinos que elaboraram a teoria mais completa da linguagem, na sua obra *De lingua latina*, dedicada a Cícero.

No que se refere aos problemas gerais da relação da linguagem com a realidade, Varrão toma partido na discussão, também transmitida pelos Gregos, sobre o carácter «natural» ou «convencional» da linguagem. Em Roma, esta controvérsia é conhecida sob o nome de querela entre *analogistas* e *anomalistas*. Os analogistas consideravam que o domínio não linguístico se reflectia no domínio gramatical, enquanto os anomalistas defendiam a tese inversa: para eles, existe uma diferença nítida entre as categorias reais e as categorias gramaticais. Varrão tenta conciliar as duas teses: para ele, a língua exprime a regularidade do mundo, mas ela própria possui irregularidades. Esboça-se assim uma teoria *normativa* da linguagem, herdada ainda dos Gregos. Trata-se de fazer uma gramática que postule as regras de um uso linguístico considerado *correcto* (isto é, geralmente conforme às categorias lógico-gramaticais gregas), em vez de fazer dessa gramática um estudo *descritivo* que descubra as particularidades de cada nova língua ou de cada novo estilo que aborda. Recorde-se nesta controvérsia entre analogistas e anomalistas a posição de César. O imperador interessava-se pela linguagem, e esse facto é sem dúvida uma das provas suplementares da autoridade e da importância dos estudos linguísticos em Roma. César é o autor de uma *Analogia* na qual defende o princípio da regularidade gramatical; contra a linguagem irregular, César propõe certas modificações das categorias linguísticas.

Os principais interesses de Varrão são de ordem *gramatical* – analisa e sistematiza primeiro a gramática como estudo da linguagem, depois as próprias categorias linguísticas. Restam-nos hoje em dia os livros V a X da sua obra *De lingua latina* (redigida de 47 a 45) em 25 volumes (segundo São Jerónimo), tal como 450 fragmentos de tratados diversos. Varrão define assim a gramática: «A gramática tem a sua origem no alfabeto;

o alfabeto representa-se sob a forma de letras, as letras juntam-se em sílabas; uma reunião de sílabas produz um grupo sonoro interpretável; os grupos sonoros interpretáveis juntam-se em partes do discurso, as partes do discurso pela sua soma formam o discurso; é no discurso que se desenvolve o bem falar; exercitamo-nos no bem falar para evitar os erros». Varrão considera a gramática como a base de qualquer ciência, e justifica esse lugar privilegiado através de uma etimologia totalmente inventada: gramática viria de «*verum boare*», *clamar a verdade*. Aderindo aos princípios dos estóicos segundo os quais a língua não é convencional, mas natural, portanto não analógica, mas anómala, Varrão sistematiza-a utilizando as aquisições dos gramáticos que o precederam.

O primeiro ramo da gramática que Varrão distingue é o que procura a relação das *palavras* com as *coisas*. Chama-lhe *etimologia* e faz investigações etimológicas cujo valor científico hoje em dia se considera nulo. Pretende encontrar as «palavras de origem», os elementos de base indispensáveis a qualquer língua e que devem exprimir as quatro categorias filosóficas de Pitágoras: o corpo, o espaço, o tempo e a acção. Fiel uma vez mais às concepções gregas sobre a linguagem, o gramático romano sistematiza a linguagem segundo as cordenadas de um sistema de *ideias* (sistema conceptual, filosófico), subordinando-a a esse sistema. Por outras palavras, é uma sistematização dos *significados* segundo uma certa doutrina filosófica que preside à classificação linguística, e o *significante* é esquecido. Talvez possamos dizer que os gramáticos gregos e romanos, tendo *entendido* o *significante* (a prova: a sua escrita fonética), o censuraram para o *compreenderem* como um *significado*: para o transformarem na manifestação de uma *ideia* que o transcende.

Eis dois exemplos de análise «semântica» em Varrão: o primeiro constitui um «campo semântico», o segundo apresenta-se como uma «etimologia»:

«Mas por onde se propagar a família de uma palavra, onde criar raízes fora do seu próprio domínio, nós persegui-la-emos. Pois muitas vezes as raízes de uma árvore que está na cercadura propagam-se sob a colheita do vizinho. Por isso, falando do lugar, não me enganarei se passar de *ager* (campo) a *agrarius homo* (camponês) e a *agricola* (lavrador).»

«*Terra* chama-se assim», escreve Aelius, «devido ao facto de ser pisada (*teritur*). É assim que nos *Livros dos Augúrios* se encontra *tera* escrita com um só R. Por isso o terreno, junto de uma cidade, que é deixado para o uso colectivo dos colonos chama-se *teritorium* porque o pisam (*teritur*) muito... O Sol (*Sol*) chama-se assim porque os Sabinos o denominavam assim, ou então porque é o único (*solus*) que brilha de tal maneira que desse deus (*deus*) emana a luz do dia (*dies*)».

A segunda parte da gramática de Varrão devia ocupar-se da formação e das flexões das palavras: é a *morfologia*. Distingue *palavras variáveis* e *palavras invariáveis*, e classifica-a em cinco categorias: *nomes*, *verbos*, *particípios*, *conjunções* e *advérbios*. Estuda igualmente as flexões dos nomes e estabelece *categorias secundárias* para examinar as outras partes do discurso. Assim, para o *verbo* estabelece a *voz* e o *tempo* (presente, passado e futuro). Aplicando o sistema dos casos gregos à língua latina, Varrão traduz os termos gregos que designam esses casos: um deles, αιτιατή significava o caso daquilo sobre que se age, ou o objecto; mas Varrão pensou que a palavra grega era αίτι-άομαι que significa *acusar*, e traduziu-a por *casus accusativus*. Varrão repartia assim as partes do discurso:

nominatus
1. vocabula (nomes comuns)
2. nomina (nomes próprios)

articuli
3. provocabula (pronomes e adjectivos interrogativos, indefinidos)
4. pronomina (outros pronomes)
5. dicandi *ou* pars quae habet tempora articuli (verbos)
6. adminiculandi *ou* pars quae habet neutrum (invariáveis)
7. inugendi *ou* pars in qua est utrumque (particípios)

Por fim, a terceira parte do estudo da linguagem devia ser uma *sintaxe*, que se ocupava das relações das palavras na frase. Esta parte não chegou até nós.

Um outro gramático latino, Quintiliano, que viveu no século primeiro e foi o autor da *Institutio Oratoria* (voltaremos a isto mais à frente), ficou célebre por ter examinado a categoria do *caso*. Em vez dos seis casos gregos propõe sete casos latinos, tendo assim em conta a diferença de sentido entre o *ablativo* e o *dativo* em latim. Pensava que a diferença de sentido entre os casos podia corresponder a uma diferença de «estrutura» entre as línguas em questão. Ora Quintiliano parece ter feito um erro, que Prisciano corrigiu mais tarde: reduziu o caso a uma única acepção, esquecendo que um caso pode ter várias e pode exprimir assim variações de modalidades sem que seja necessário introduzir um novo caso.

Juntamente a estas construções propriamente linguísticas, Roma conheceu a maior súmula materialista da Antiguidade, reunião de todas as teorias materialistas legadas pela Grécia. Foi o *De natura rerum* de Lucrécio (91-57 antes da nossa era) que, sob a forma de um poema herdeiro da tradição de Empédocles e de Epicuro, restabeleceu, expondo-as, as teorias atomistas e em geral materialistas de Leucipo, Demócrito, Epicuro. Nesta obra, facto capital para o nosso propósito, o poeta latino desenvolve explicitamente uma *concepção atomista* do funcionamento significante. Em primeiro lugar, a linguagem não é para ele uma convenção; para Lucrécio, como para Epicuro, os factores da formação da linguagem são a *natureza* e a *necessidade*: a fala não é um mérito do sujeito humano, é uma lei da natureza que os animais também possuem à sua maneira:

«Quanto aos diversos sons da linguagem, é a natureza que leva os homens a emiti-los, e foi a necessidade que fez nascer os nomes das coisas...

«Pensar então que um homem pode dar a cada coisa o seu nome, e que os outros aprenderam com ele os primeiros elementos da linguagem, é uma verdadeira loucura. Se aquele pode designar cada objecto pelo nome e emitir os diversos sons da linguagem, por que é que havemos de supor que os outros não o puderam fazer ao mesmo tempo que ele? Além disso, se os outros não tivessem também usado a fala entre si, donde é que lhes viria a noção da sua utilidade? De quem é que ele recebeu o primeiro privilégio de saber o que queria fazer e de ter uma visão clara disso? Do mesmo modo, um só homem não podia coagir toda uma multidão e, vencendo a sua resistência, fazê-la consentir em aprender os nomes de cada objecto; e, por outro lado, encontrar um meio de ensinar, de mostrar a surdos aquilo que é preciso fazer, também não é coisa fácil: nunca se prestariam a isso; nunca consentiriam por mais de uma vez que lhes arranhassem os ouvidos com os sons de uma voz desconhecida.

Por fim, o que há de tão estranho no facto de o género humano, na posse da voz e da língua, ter designado os objectos por nomes diversos, seguindo impressões diversas? Os rebanhos privados da fala e mesmo as espécies selvagens emitem gritos diferentes, consoante sentem o medo, a dor ou a alegria; como é fácil verificarmos através de exemplos familiares.» (V, 1028-1058).

Se a linguagem não é um dado divino nem uma convenção susceptível de interpretações supersticiosas, que Lucrécio combate, mas pelo contrário uma propriedade *natural*, que obedece às *necessidades* de uma comunidade humana, a sua composição reflecte a composição atomística da matéria. Com a diferença de que os átomos que fazem as coisas são muito mais numerosos, e de que, para a formação das palavras, a *ordem* tem uma importância capital. «Pois os mesmos átomos que formam o céu, o mar, as terras, os rios, o sol, formam igualmente as searas, as árvores, os seres vivos; mas as misturas, a ordem das combinações, os movimentos diferem. Assim, em qualquer ponto dos nossos próprios versos, vês uma multidão de letras comuns a uma multidão de palavras, e no entanto tens de reconhecer que versos e palavras diferem tanto pelo som como pelo sentido. Tão grande é o poder das letras apenas pela alteração da sua ordem. Quanto aos princípios das coisas, esses servem-se de muito mais meios para criarem os seres mais variados». (I, 823-829).

Verificamos que a reflexão sobre a construção linguística faz parte de uma teoria do conhecimento materialista para a qual a linguagem reflecte a realidade, e por conseguinte deve ser composta necessariamente por elementos equivalentes àqueles que a ciência da natureza isola como elementos mínimos da ordem natural: os átomos. Lucrécio explica o pensamento por *simulacros* compostos por átomos: portanto, o pensamento reflecte o exterior através de simulacros que são compostos por átomos tal como esse próprio exterior. A *linguagem* é concebida como materialidade sonora: Lucrécio encara as palavras como uma reunião de sons-átomos reais de que o materialista tem apenas de descrever o aperfeiçoamento pela boca, pela língua e pelos lábios, tal como a propensão física no espaço da comunicação. Não é apresentada nenhuma análise do sentido, através da *ideia* e das categorias ideais que a Grécia elabora com e depois de Platão: Lucrécio volta ao materialismo pré--platónico.

Insistamos sobretudo no facto de que a adopção da *linguagem poética* para uma exposição teórica *revela* a concepção da linguagem em Lucrécio. Estudos pormenorizados conseguiram demonstrar como é que a organização *significante* do poema se torna a prova da teoria linguística de Lucrécio, para quem, como vimos, as letras são átomos materiais, e os átomos letras: pois a função poética torna possível uma manifestação nítida da correspondência entre a coisa material e a substância fónica da linguagem. Assim, «alterando a sua posição, os mesmos átomos produzem o *fogo* e a *lenha*, *ignes* e *lignum*, tal como as duas palavras *ligna* e *ignis*, tendo os mesmos sons, se distinguem pelo seu sentido por ordenarem diferentemente esses sons», escreve Lucrécio (I, 907). Seguindo este princípio, Lucrécio demonstra implicitamente nos seus versos a «etimologia» das palavras – *materuum nomen* é composto pelos átomos signifcantes de *mater* e *terra*:

> «Linguitur ut merito *materuum* nomen adepta *terra* sit, e *terra* quoniam sunt cuncta creata (V, 795).
> «Quare etiam atque etiam: *materuum* nomen adepta *terra* tenet martto, quoniam genus ipsa creavit.» (V, 821).

Portanto há uma teoria da linguagem *implícita* na prática da língua em Lucrécio, e provavelmente em tudo aquilo a que se chama «poesia»: ele constrói as palavras como se as letras (sons) fossem, ao mesmo tempo, os átomos de uma substância que basta tirar antecipadamente a um objecto material para criar um novo conjunto, simultaneamente objecto e nome. As palavras não são entidades indecomponíveis (a ciência moderna também o demonstrou por sua vez; ver a primeira parte desta obra) unidas pelo sentido, mas reuniões de átomos significantes, fónicos e escriturais, que voam de palavra para palavra, criando assim relações insuspeitas, inconscientes, entre os elementos do discurso; e esta relacionação dos elementos significantes constitui uma *infra-estrutura significante* da língua que se funde com os elementos em relação ordenada do mundo material. M. Grammont escrevia a propósito destes fenómenos na linguagem poética: «Reconhece-se que os poetas dignos desse nome possuem um sentimento delicado e profundo do valor impressivo das palavras e dos sons que as compõem; para comunicarem esse valor àqueles que lêem, acontece-lhes muitas vezes terem de representar, em torno da palavra principal, fonemas que a caracterizam, de tal modo que essa palavra se torna de facto a geradora de todo o verso em que figura...» (*Traité de phonétique*, 1933; cf. sobre este assunto F. de Saussure, *Les Anagrammes*).

Depois deste sobressalto materialista na concepção da linguagem, tentando reduzi-la a uma cosmogonia materialista global, o declínio de Roma, tal como o declínio da Grécia, deu lugar a uma abundante especulação formal sobre a linguagem estudada como objecto em si para fins de ensino. Assim, alguns séculos depois de Lucrécio, o estudo da linguagem conheceu uma nova glória. Um dos gramáticos romanos tardios, Donato (século IV da nossa era) escreveu uma obra que se tornou célebre na Idade Média, *De partibus orationis Ars Minor*. Nessa época, a Roma decadente, semelhante a Alexandria e agitada pelo cristianismo, entrega-se aos estudos eruditos dos autores da sua idade de ouro (Cícero, Vergílio), favorecendo assim os estudos gramaticais com objectivos didácticos e pedagógicos. Donato procede a uma descrição minuciosa das letras que se torna um verdadeiro tratado de fonética. Dá também uma enumeração dos erros correntes que encontra nos seus alunos, tal como uma lista dos traços estilísticos dos autores clássicos.

O estudo da língua latina está já suficientemente avançado para que os sábios a possam distinguir da língua grega depois de a terem assimilado a esta. Macróbio (século IV da nossa era) faz o primeiro estudo comparado do grego e do latim.

Mas é com Prisciano (*Institutiones grammaticae*) que a gramática latina chega ao seu apogeu. Gramático latino de Constantinopla, empreendeu, a encomenda do cônsul Julião, a adaptação para o latim dos ensinamentos dos gramáticos gregos. O seu objectivo era apenas traduzir para latim os preceitos de Apolónio e de Herodiano, utilizando o saber dos primeiros gramáticos latinos. Mas o resultado do seu trabalho foi muito mais considerável.

A importância histórica de Prisciano consiste no facto de ele ter sido o primeiro na Europa a elaborar uma *sintaxe*. Esta concepção da sintaxe, exposta nos livros XVII e XVIII das suas *Institutiones*, inspira-se nas teorias lógicas dos Gregos e elabora-se segundo uma perspectiva lógica. Para Prisciano, a sintaxe estuda «a disposição que visa a obtenção de uma oração perfeita». Como observa J.-Cl. Chevalier (*La Notion de complément chez les grammairiens*, 1968), é um «estudo das formas e da sua ordem, numa perspectiva lógica, visto que a noção de *Oratio perfecta* é uma noção lógica».

Os dois livros de sintaxe de Prisciano reúnem-se a dezasseis livros de morfologia. Só este facto prova que Prisciano reconhece uma *morfologia* distinta e independente da sintaxe: portanto as palavras podem ter uma forma particular que é suficiente para lhes dar um sentido, independentemente das relações em que estejam no interior da frase.

Embora considere a palavra como uma unidade indivisível, Prisciano esboça uma «sintaxe» da palavra decompondo-a em partes significantes, sendo o todo o resultado dessas partes: *vires = vir* (cf. 1, R. H. Robins, *Ancient and Mediaeval Grammatical Theory in Europe*) Londres, 1951); observa que se trata de uma verdadeira teoria dos *morfemas*. Seguindo Dionísio da Trácia, Prisciano distingue oito partes do discurso que se diferenciam pelo seu sentido.

Ora, para que o sentido do conjunto enunciado fique claro, é necessário que cada forma tenha uma função (sintáctica) específica no contexto, sobretudo quando se trata de formas (género, número, caso, tempo) que só obtêm o seu sentido pleno no contexto (é o caso dos pessoais que não têm o género marcado: *me ipsum* e *me ipsam*). Nestes casos de «significações diferentes, a construção é absolutamente necessária para os tornar claros». Um exemplo: *amet* só, é imperativo; acompanhada por um advérbio (*utinam*), a palavra é optativa; com uma conjunção, é um conjuntivo. Em último lugar, e depois do reconhecimento da sua função sintáctica, o termo deve ser relacionado com o estudo das formas: «Com efeito, toda a construção a que os Gregos chamam sintaxe deve ser relacionada com a intelecção da forma.»

Portanto a ideia de Prisciano é equilibrar as contribuições da morfologia e da sintaxe no estudo gramatical, pois a verdadeira compreensão do enunciado depende tanto das categorias morfológicas das suas partes como da sua função sintáctica. «Não são tanto as formas nem as palavras que têm importância na repartição dessas palavras, mas sim a sua significação (significação quer dizer aqui *função na frase*).» Assim, embora os dois livros sintácticos sigam a ordem dos capitulos morfológicos (artigo, pronome, nome, verbo), o autor assinala numerosos casos de passagem – *substituição* – de uma categoria morfológica a outra, por causa da função sintáctica que lhe atribui implicitamente um morfema suplementar: «É necessário saber que, em certas partes do discurso, podemos entender outras partes: assim, se eu digo *Ajax*, subentendo imediatamente «um» graças ao número singular; se digo *Anquisíades*, entendo o genitivo singular do primitivo e o nominativo singular de *filius;* se digo *divinitus*, entendo um nome com a preposição *ex* (*ex diis*); se digo *fortior*, entendo *magis* e o primitivo no positivo. Os exemplos são inumeráveis e seria falso supor uma elipse como de *filius* a *Anquisíades*». Note-se que esta análise por *substituição* se aproxima das teorias distribucionais dos gramáticos americanos modernos (cf. p. 296 e seguintes).

Se a morfologia é completada pela sintaxe e a sintaxe não faz mais do que acrescentar-se à morfologia, este conjunto só se mantém na medida em que está submetido à *lógica*. A lógica, portanto, une e determina a gramática, obedecendo assim à tradição grega que colocou a linguagem (e as suas categorias) na posição de expressão do pensamento (e das suas categorias) transcendentes. Há dois conceitos lógicos, aliás vagos, que são necessários à reflexão linguística de Prisciano: o de *oração perfeita* (discurso com um sentido pleno e que se basta a si mesmo) e de *oração imperfeita* (conjunto de palavras que tem necessidade de ser completado para ter um sentido pleno: «Se eu digo: *accusat*, *videt*, *insimulat*, estes verbos são imperfeitos e temos de lhes juntar casos oblíquos para a perfeição do sentido»), e o de *transitividade* (há construção *intransitiva* quando o sentido diz respeito à pessoa falante, *transitiva* quando a acção passa para uma outra pessoa, e *absoluta* quando o verbo não precisa de nenhum caso oblíquo).

Uma última observação referente às teorias de Prisciano. Como escreveu Chevalier, Prisciano «parece fazer primeiro uma distinção entre as construções inerentes à categoria da palavra regente e as categorias inerentes ao sentido da palavra. Define assim dois tipos de relações». Estas concepções de Prisciano permitem ver nele o precursor de certas teorias modernas da linguagem, como as proposições distribucionais e gerativas (cf. pp. 245 e 256). Vamos dar aqui o exemplo «gerativo» citado por Chevalier: «O nominativo junta-se ao genitivo quando exprime uma coisa possuída e um possuidor: ponhamos em nominativo a coisa possuída e em genitivo o possuidor, como *Hector filius Priami*... Podemos 'interpretar' esta figura juntando um verbo que significa posse; a coisa possuída troca então o seu nominativo por um acusativo, o possuidor o seu genitivo por um nominativo, sob a pressão da natureza do verbo, visto que intransitivamente ela exige o nominativo e transitivamente o acusativo: '*Quid est enim filius Priami?*'; empregando o método de 'interpretação', dizemos: '*Hoc est Hectorem filium Priamus possidet*'.»

Por um lado, esta «interpretação» leva-nos a pensar que Prisciano – embora aceite como incontestável a tese da língua como sistema *lógico* – deve ter observado a diferença e a inadequação que subsistem entre as categorias lógicas (que permanecem sempre as mesmas) e a construção linguística (que, essa, varia): é precisamente nesse desvio entre as categorias lógicas e a construção linguística que pode ter lugar a interpretação de Prisciano, «interpretação» que não é mais do que uma descrição dos diversos constituintes significantes que correspondem a um mesmo significado. Mas esta inadequação não parece pôr em causa a validade do esquema lógico para a análise da língua, e não conduz o autor a uma teoria segundo a qual o significante modificaria por sua vez o significado lógico... Por outro lado, é interessante verificar até que ponto é que o princípio de interpretação de Prisciano, com a sua clareza e os seus limites, evoca a gramática transformacional moderna: com efeito, os modelos de Prisciano, tal como os de Chomsky, baseiam-se no princípio de um corte do pensamento em categorias estáveis, susceptíveis de tomarem expressões linguísticas diferentes, mas que podem ser interpretadas uma através da outra ou podem transformar-se uma na outra.

A gramática de Port-Royal será a primeira depois de Prisciano e de Sanctius a definir claramente os postulados destas categorias relacionais lógicas que subtendem as categorias linguísticas.

A gramática de Prisciano tornou-se o modelo de todos os gramáticos da Idade Média. Os eruditos franceses esforçaram-se por obedecer aos seus postulados e por pensar a língua francesa segundo os modelos de Prisciano considerados omnivalentes, embora com o tempo se tenham revelado incapazes de apreender as línguas novas.

X. A GRAMÁTICA ÁRABE

Entre as grandes aquisições para a reflexão sobre a linguagem na Idade Média, um lugar importante pertence à gramática árabe. Entendemos aqui por gramática árabe as reflexões linguísticas dos povos que, durante a Idade Média, permaneceram sob o domínio do califado.

Todos os especialistas da cultura árabe estão de acordo em reconhecer a importância atribuída à língua na civilização árabe. «A sabedoria dos Romanos estava no seu cérebro, a sabedoria dos Indianos na sua fantasia, a dos Gregos na sua alma, a dos Árabes na sua língua», diz um probérbio árabe. Vários pensadores árabes, de todos os tempos, exaltaram o valor da língua, e parece que essa exaltação era concebida simultaneamente como um dever *nacional* e como uma exigência *religiosa*. O livro sagrado do Islão, o *Alcorão*, é um monumento escrito da língua que é necessário saber decifrar e pronunciar correctamente para ter acesso aos seus ensinamentos.

Pretendeu-se muitas vezes interpretar as teorias linguísticas árabes como empréstimos tomados aos Gregos e aos Indianos, e com efeito há numerosos exemplos que testemunham nesse sentido: encontramos entre os Árabes as mesmas disputas entre os partidários do carácter *natural* e os partidários do carácter *convencional* da língua, e as categorias lógicas, aristotélicas, semelhantes às que já tínhamos encontrado entre os Gregos; por outro lado, a divisão dos sons em oito grupos segundo os processos de articulação fisiológica – *mahàrig* – corresponde aos oito *stana* de Panini. Todavia, admite-se hoje em dia que, embora haja empréstimos gregos ou indianos nas teorias linguísticas árabes, estes se referem geralmente à lógica, e a gramática é totalmente independente deles.

A partir do segundo século do Islão, encontramos os primeiros centros linguísticos árabes em Basra e um pouco mais tarde em Kúfa. Abu l-Aswad al-Du'ali (falecido em 688 ou em 718) é considerado o fundador da gramática árabe.

A teoria linguística árabe distingue-se por uma reflexão subtil sobre o fonetismo da língua. Os sons eram divididos em *šadid* e *rahw,* por um lado, e em *safir, takir* e *qalquala,* por outro. Esta teoria fonética estava intimamente ligada a uma teoria da música: o grande Halil al-Farahidi (provavelmente 718-791) foi não apenas um foneticista e um gramático erudito, mas também um eminente teórico da música. Um termo como *haraka,* movimento utilizado em fonética, provém da música. Por outro lado, grandes anatomistas, os Árabes, como Sibawayhi, foram os primeiros a elaborar descrições precisas do aparelho fonador, às quais juntavam descrições físicas do movimento do ar. A sua análise do sistema linguístico era tão subtil que já conseguiam diferenciar – e eram sem dúvida os primeiros – o elemento *significado,* o elemento *fónico* (*hart*) e o elemento gráfico (*alāma*) da língua. Distinguindo também as vogais das consoantes, identificavam a noção de vogal com a de *sílaba.* As consoantes foram consideradas como a *essência* da língua, as vogais como *acidentes.* Completavam a classificação fonética dos Árabes subclasses subtis de sons situadas entre as vogais e as consoantes, como a classe *huruf-al-qalquala,* dos sons ligeiros.

Este interesse pela composição fónica da língua é o corolário, se não a expressão, de um interesse muito acentuado pelo seu sistema escritural. Com efeito, é um traço específico da civilização árabe o interrogar a religião nos e através dos textos escritos. As exegeses do *Alcorão,* texto sagrado de uma escrita sagrada, são acompanhadas por uma explicação mística do valor de cada elemento gráfico: da letra. Pretendeu-se explicar esta preponderância concedida à escrita na civilização árabe através da necessidade económica e política em que se encontrava o império árabe de impor a sua língua, a sua religião e a sua cultura aos povos invadidos. Sem reduzirmos a especificidade de uma concepção da escrita a razões sociológicas temos de aceitar sem dúvida as duas interpretações (económica e religiosa) e de chamar a atenção para o desenvolvimento artístico e *ornamental* do sistema escritural árabe.

Com efeito, os primeiros espécimes de escrita árabe datam aproximadamente do século IV da nossa era e são empréstimos de signos gráficos tomados aos povos vizinhos, sem nenhum requinte ornamental: anotam muitas vezes com confusão os sons fundamentais da linguagem. A preocupação de embelezar os signos gráficos aparece a partir da constituição do Estado omíada. Esta escrita chamada «cúfica omíada», tão regular e cuidada, servia para fixar todas as obras dos soberanos desde o califa Abdal-Malik. Nas sociedades conquistadas pelo império árabe começa-se a aprender a língua, e a escrita árabe torna-se juntamente com o *Alcorão* o objecto de uma sacralização. Já não se escreve apenas para fixar uma fala: a escrita é um exercício ligado à prática da religião, é uma arte, e cada povo utiliza o seu estilo ornamental próprio na execução dessas grafias. Assim, ao lado dos tipos de grafias utilitárias, assistimos a uma florescência de *escritas decorativas*. Ao lado da caligrafia propriamente dita, observam-se adjunções e prolongamentos geométricos, florais, de elementos zoológicos, antropomórficos, etc. Depois de um período de desenvolvimento, esta escrita decorativa (a partir do século XII) começa a tornar-se mais sóbria, para desaparecer no fim da Idade Média com o declínio do Islão como religião conquistadora. No entanto, as tendências decorativas mantêm-se mesmo na escrita árabe moderna, e o seu papel continua a ser importante num mundo onde é a escrita que materializa a unidade étnica dos povos que falam dialectos diversos.

Mas voltemos à teoria linguística dos Árabes.

A lexicologia foi um ramo preponderante dessa teoria. Conhecem-se os estudos de Isa as-Sagafi (falecido em 766), grande leitor do *Alcorão* e autor de setenta trabalhos no domínio da gramática.

É com Halil al-Farahidi que os estudos fonéticos, lexicológicos e semânticos tomam uma forma ordenada e perfeita. Foi o inventor da métrica árabe e das suas regras; restam-nos apenas os versos que acompanhavam essas regras. Halil compôs o primeiro dicionário árabe, o *Livro Ayna*, em que as palavras estão dispostas não por ordem alfabética, mas segundo um princípio fonético-fisiológico que reproduz a ordem pela qual as gramáticas indianas dispunham os sons: guturais, palatais, etc. A classificação das matérias segue o princípio grego da distinção entre *teoria* e *prática*. Na classe *teoria* estão agrupadas as ciências da natureza (alquimia, medicina), as ciências matemáticas e a ciência de Deus. A gramática é colocada depois da teologia muçulmana e antes da jurisprudência, da poesia e da história.

O aluno de Halil, Sibawayhi, conduz ao apogeu a gramática árabe, de que a sua obra *Al-Kitāb* é a primeira grande sistematização.

Já foi assinalada a falta de uma teoria gramatical da frase nestes gramáticos árabes. Embora distingam uma frase nominal de uma frase verbal, não têm os conceitos de *sujeito* e de *predicado*. Na frase nominal indicam o que para nós é um sujeito através do termo *mubtada*, «aquilo por onde se começa», e na frase verbal através do termo *fa'il*, «agente». Note-se que ainda hoje em dia o termo «sujeito» não existe na terminologia gramatical árabe. É um dos numerosos sintomas que marcam a especificidade da gramática árabe, que se manteve afastada da lógica aristotélica, que não quis subordinar a análise da língua às suas categorias, e continua estreitamente ligada às teorias próprias do Islão. O conceito de *qiyās*, analogia, levou os gramáticos árabes a organizarem a língua árabe num sistema harmonioso em que tudo tem uma motivação. No entanto, os especialistas não podem deixar de observar que a gramática árabe é mais empírica do que a gramática grega e está mais ligada a considerações ontológico-religiosas. Halil, Sibawayhi e toda a geração seguinte de gramáticos árabes não trabalharam como filósofos, mas como leitores do *Alcorão* e como analistas daquilo que, na língua, podia corresponder ao seu ensino.

O centro de Kufa, depois do de Basra, foi mais nitidamente consagrado a leituras alcorânicas. O grande gramático de Kufa foi Al-Farra, inventor de uma nova terminologia cujo método original consiste em organizar o raciocínio gramatical citando versos.

A escola de Basra vai ter um desenvolvimento notável na geração que se sucede a Sibawayhi. É em Bagdade que se vão fixar estes novos filósofos.

A escola de Bagdade, por volta do século XI, apresenta uma verdadeira florescência de teóricos e de gramáticos que marcam um progresso considerável no estudo da linguagem. Podemos apenas citar alguns nomes: Al-Mubarrad fez do *Kitab* de Sibawayhi um livro fundamental para qualquer estudo da língua; o lexicógrafo Ta'lab foi o animador de grandes controvérsias gramaticais, etc. Um trabalho importante na via de uma sistematização da língua árabe foi efectuado por Osman ibn Ginni (941-1002), autor do livro *Sirr sinā'at āl'-i' rab, O Segredo da Arte* [da linguagem] em que define a essência e a função das letras em si mesmas e em relação às outras letras de uma palavra, tal como de *Hasa'is (Particularidades)* no qual expõe os princípios da gramática. Data do fim deste período a obra de Ibn Mālik (nascido em Espanha, em 1206, falecido em Damas, em 1274), autor de *Alfiyya* (publicado em francês por S. de Sacy: *L' Alfiyya ou la quintessence de la grammaire arabe*, 1833): poema didáctico em mil versos sobre a gramática. Mālik expõe nele uma teoria morfológica que distingue três partes do discurso: nome, verbo, partícula; mas a sua atenção orienta-se principalmente para o estudo das flexões, *israb,* que constitui já uma introdução à sintaxe.

Entretanto, e com estes diversos gramáticos, a Espanha torna-se uma das cenas importantes da elaboração gramatical árabe. Mas depois de Ibn Ginni a investigação não tem originalidade, e contenta-se em repetir e em organizar as fontes. Note-se que o único objecto destas investigações foi sempre a língua árabe dita *autêntica* ou do *deserto*, tal como está registada na poesia beduína e no *Alcorão*, mas nunca a poesia e a prosa ulteriores.

Os gramáticos europeus, com Lulle, mas também Scaliger, interessar-se-ão pelas aquisições dos gramáticos árabes. Pensa-se actualmente que as noções de *raiz* e de *flexão* foram tomadas das gramáticas árabes.

XI. AS ESPECULAÇÕES MEDIEVAIS

Há dois fenómenos que nos parecem marcar a concepção medieval da linguagem.

O primeiro é o despertar do interesse linguístico pelas línguas «bárbaras», interesse que se manifesta na elaboração de *alfabetos* para essas línguas, tal como de *tratados* que defendem o seu direito de existência, de *traduções* das Escrituras, e até de *gramáticas* que propõem as primeiras leis da sua construção.

O segundo é o desenvolvimento, a partir da base do cristianismo, da tradição greco-latina (platónica e neoplatónica) na teoria gramatical. Daí resulta uma concepção da linguagem como *sistema de significação:* os *modos de significar* tornam-se objecto da especulação medieval, preparando a lógica de Port-Royal e anunciando os debates modernos sobre o signo. A língua significa o mundo reflectindo-o (como o espelho: *speculum*), através do sentido: quais as modalidades dessa «especulação», eis o problema teórico da gramática da Idade Média.

Entre o século II e o século IV, os povos bárbaros começam a inventar a sua escrita. São criações autónomas, misturadas com empréstimos tomados à língua latina (ou grega); estes grafismos são *alfabéticos;* é o caso da *ogâmica* para os Celtas, da *rúnica* para os Germanos.

As runas são caracteres talhados na madeira, tendo cada um deles um traço vertical ao qual se acrescentam traços horizontais. No velho alfabeto germânico repartiam-se em três grupos de oito letras cada um; o alfabeto escandinavo é uma variante mais recente. As runas estiveram estreitamente ligadas às práticas divinatórias e a ritos mágicos.

No século VI aparece o alfabeto gótico, à base de escrita grega e rúnica: o bispo Wulfila (311-384), tradutor dos Evangelhos para a língua goda, foi o seu criador.

A escrita *ogâmica,* difundida na Irlanda Meridional e no país de Gales, data provavelmente do século IV, e representa uma série de entalhes em que cada grupo, que é uma letra, se diferencia dos outros pelo número de traços e pela sua direcção.

Os Eslavos produzem o seu alfabeto no século X. Este deve-se aos irmãos Cirilo (827-869) e Método (falecido em 885), monges bizantinos de origem eslava que foram encarregados de uma missão evangélica na Morávia em 864. Com efeito, os Eslavos da Morávia, para escaparem à dominação alemã e católica, dirigiram-se ao imperador bizantino para lhe pedirem uma evangelização ortodoxa em língua *eslava.* Para pregarem na língua do povo eslavo, os dois irmãos tinham necessidade de traduzir o Evangelho. Para criarem o alfabeto eslavo, dito *glagolítico,* serviram-se de uma antiga escrita encontrada entre os Khasars, tal como da escrita grega. A escrita *cirílica* é uma simplificação posterior da *glagolítica.*

Este período de invenção escritural, que se estende a todos os povos da Europa, dá testemunho de dois factos importantes que caracterizam a sua relação com a linguagem. Em primeiro lugar, começa a formar-se uma consciência da língua como atributo nacional, expressão de uma etnia e garantia da sua independência política. Dentro desta perspectiva, certos teóricos da época chegaram a ter a audácia de se oporem ao postulado da santidade das três línguas: o hebraico, o grego, o latim, e de exigirem o reconhecimento por pleno direito da sua própria língua. Assim, o escritor búlgaro do século IX, Khrabre, escreve no seu discurso *Das Letras:* «Os Helenos não tinham letras para a sua língua, mas escreviam o seu discurso com letras fenícias... Ora, os livros eslavos, foi São Constantino, dito Cirilo, que os criou sozinho em poucos anos: eles [os inventores do alfabeto grego] eram numerosos, sete pessoas que levaram muito tempo a criar as suas letras, e setenta pessoas para traduzirem [as santas Escrituras de hebreu para grego]. As letras eslavas são mais santas e mais distintas, pois foi um homem santo que as criou, enquanto foram os Helenos pagãos que criaram as letras gregas.

«Se perguntarmos aos letrados gregos: "Quem criou as vossas letras e traduziu os vossos livros ou em que época?", raros são os que o sabem. Ora, se perguntarmos aos alunos que aprendem o alfabeto eslavo: "Quem criou o vosso alfabeto e traduziu os vossos livros?", todos o sabem e todos responderão: "São Constantino, o Filósofo dito Cirilo, foi ele que criou o alfabeto e traduziu os livros, com o seu irmão Método..."»

Por outro lado, e no plano puramente linguístico, estes alfabetos são a prova de uma análise minuciosa do encadeamento sonoro em elementos mínimos, análise que por vezes é acompanhada por uma teoria fonética explícita que anuncia a fonologia moderna. É o caso da obra sobre o fonetismo islandês, a *Edda* de Suorri Sturluson (1179-1241), sobre a qual Pedersen (*The Discovery of Language*, 1924, trad. ingl. 1931) escreve que ela é «sob a forma de uma proposta de reforma da ortografia, um excelente trecho de fonética, uma descrição da pronúncia em nórdico antigo, que é altamente instrutiva para todos nós hoje em dia».

Quanto às especulações gramaticais propriamente ditas, referem-se principalmente à língua *latina*, e as tentativas de gramaticalização das outras línguas começam apenas no fim da Idade Média para só se realizarem efectivamente durante o Renascimento. Ao longo de toda a Idade Média, os eruditos comentam os textos de Donato e de Prisciano, ou decifram a *Vulgata*. Entre as gramáticas latinas, citemos a do inglês Aelfric, abade de Eynsham, que data do ano 1000; o resumo em hexâmetros da gramática latina por Pierre Hélie (1150) da Universidade de Paris, que defende que há tantos sistemas gramaticais como línguas; e a célebre obra de Alexandre de Villedieu, *Doctrinale puerorum* (1200) também escrita em hexâmetros.

Esta última gramática é exemplar na medida em que adapta o ensino gramatical às regras lógicas, e acentua assim o caminho que, desde Prisciano até Port-Royal, irá consagrar a subordinação do estudo linguístico aos princípios lógicos. Dentro desta óptica lógica, é necessário que o gramático privilegie, no seu estudo, a descrição das *relações* entre os termos. Trata-se essencialmente da *ordem das palavras* e da *forma das palavras*. A ordem determina o valor lógico. Assim: «A construção intransitiva exige que o nominativo seja suporte do verbo». Quando intervém uma negação, esta coloca-se diante do verbo. Se o lugar determina o valor lógico, as formas invariáveis não têm por isso menos importância. Alexandre de Villedieu reconhece duas sobre as quais se baseia a significação frásica: o *nome* e o *verbo*.

As relações nome-verbo, relações ditas *de regência*, dão lugar a uma descrição dos seis casos encarados no plano da sua significação, e não como um jogo formal gramatical. É uma verdadeira *semântica* que se edifica sobre a base desta concepção do paralelismo gramático-lógico. A sintaxe está baseada no conceito de *regência:* é a relação que se estabelece entre o princípio activo, o regente, e o princípio passivo, o regido, observa Chevalier. A análise sintáctica não encara unidades maiores do que o par binário nome/verbo... A influência do *Doctrinale* de Alexandre de Villedieu foi considerável até ao século XVI.

Já observámos que as gramáticas *especulativas* da Idade Média concebiam o estudo da linguagem como um espelho (*speculum*), que reflectia a verdade do mundo directamente inacessível. Portanto, foi através da procura dessa «*significância*» oculta que esses estudos se tornaram mais tarde tratados de *modi significandi*. Um dos seus objectivos principais é delimitar a tarefa da gramática distinguindo-a da da lógica. A diferença entre as duas é assim estabelecida: a lógica tende a distinguir o verdadeiro do falso, a gramática capta as formas concretas que o pensamento toma na linguagem, por outras palavras, a relação semântica entre o conteúdo e a forma. Qual é a organização desse sistema da linguagem encarregado de determinar os conceitos do pensamento (ou de os exprimir)? Está centrado em dois pontos de apoio: o *nome* e o *verbo*, exprimindo um a estabilidade, e o outro o movimento. O verbo tem o papel principal, primordial da frase. Para Pierre Hélie, é semelhante ao general das tropas: «O verbo rege a frase; reger é arrastar consigo uma outra palavra do discurso no interior de uma construção para a perfeição dessa construção». Portanto o nome e o verbo conjuntamente formam a frase, que é uma noção complexa e, como tal, objecto da *sintaxe*. Trata-se evidentemente de uma sintaxe completamente subordinada à morfologia: imitando a concepção aristotélica da *substância* e dos seus *acidentes*, a gramática lógica coloca a linguagem como uma conjunção de *palavras declináveis*, e a sintaxe é apenas o estudo dessa declinação.

A teoria dos *modi significandi*, falando com mais rigor, postula a existência da coisa com as suas propriedades (*modi essendi*) que causam, tal como o seu efeito, a sua própria intelecção ou compreensão (*modi intelligendi*). A este último modo segue-se o revestimento da compreensão ideal por um invólucro racional, o *signo*, que dá lugar ao *modus significandi*. Eis como o define Siger de Courtrai em *Summa modorum significandi* (1300): «O modo de significar activo é uma *ratio* dada à forma material pelo intelecto, de tal modo que uma certa forma material significa um certo modo de ser. O modo de significar passivo é o próprio modo de ser ele mesmo significado pela forma material, graças à operação do modo de significação activo, ou o modo de significado referido à própria coisa». O autor dá o seguinte exemplo: um objecto, por exemplo uma obra de marcenaria de cor vermelha que enfeita uma tasca, chega à inteligência e o homem designa-o pela fala: «painel vermelho». A inteligência confere a essa palavra uma certa função, a de designar aquilo que visa formalmente; a palavra (*dictio*) expressa por meio da fala *(vox)* só indica este ponto de vista do designador. À fala-voz está indissoluvelmente ligada a significação, pois a inteligência confere um sentido ao signo verbal que exprime uma parte do ser. O vermelho do painel, nas condições em que está colocado, graças à intervenção do intelecto, é significativo do produto vermelho que é o vinho. A este elemento de ordem intencional que envolve a palavra chamam os gramáticos *modus significandi*... (cf. Q. Wallerand, *les Oeuvres de Siger de Courtrai*, Lovaina, 1913).

Estabelecendo assim a relação voz-conceito como núcleo do modo de significar da fala, Siger de Courtrai funda uma teoria do signo discursivo.

O modo de significar divide-se em: 1. *absolutus* e *respectivus* que fundamentam a sintaxe; 2. *essentialis* (geral e especial) e *accidentalis*. Com as suas combinações obtêm-se as partes do discurso e as suas modalidades.

As teorias medievais referentes ao signo e à significação são pouco estudadas e pouco conhecidas hoje em dia. Esta falta de informação, devida parcialmente à complexidade dos textos, mas talvez sobretudo à sua estreita relação com a teologia cristã (como as teses de Santo Agostinho) priva-nos provavelmente dos mais ricos trabalhos que o Ocidente produziu sobre o processo da significação, antes de terem sido censurados pelo formalismo que se impôs com o advento da burguesia (cf. o capítulo seguinte).

Actualmente, a *semiótica* é a herdeira da tradição linguística científica, mas também do imenso trabalho teórico e filosófico sobre o signo e a significação que se acumulou ao longo dos séculos. Retoma e reinterpreta os conceitos de *modos de significação*, de *significância* (nos trabalhos de Jakobson, Benveniste, Lacan), etc. Destacando estes conceitos do seu fundamento teológico, põe-se o problema de termos acesso hoje em dia – depois de séculos de esquecimento ou de rigoroso positivismo – a essa zona complexa onde se elabora a significação, para nela destacarmos os modos, os tipos, os processos. Os livros de *grammatica speculativa* e de *modi significandi*, com a condição de serem reinterpretados (se não destruídos e colocados numa base materialista), podem ser considerados, dentro deste domínio, como precursores.

Citemos entre os outros «modistas» Alberto, *o Grande* (1240), Tomás de Erfurt (1350), etc.

Os desenvolvimentos destes teóricos não transformaram radicalmente as proposições de Donato e de Prisciano referentes à gramática. Trouxeram apenas uma visão *lógica* mais profunda da linguagem, e a *semântica* que daí resultou preparou, no fundo, uma via para o estudo da construção linguística como um conjunto formal.

Alguns destes tratados de *grammatica speculativa* e de *modi significandi* tornaram-se semânticas altamente elaboradas, como a combinatória semântica de Raymond Lulle (1235-1309) que mais tarde foi retomada por Leibniz na sua *Característica universal*. Sabe-se que R. Lulle, antes de se ter tornado franciscano, passou a sua juventude na corte de Tiago de Aragão, e parece ter estado em contacto com os métodos cabalísticos de Abulafia. De qualquer maneira, a sua obra ressente-se disso, quanto mais não seja pela definição que aí encontramos da sua arte: *combinar os nomes que exprimem as ideias mais abstractas e mais gerais segundo os processos mecânicos com o fim de avaliar assim a justeza das proposições e de descobrir verdades novas*. O seu interesse pelas línguas orientais e a sua preocupação em as difundir são também muito significativos.

Não podemos falar das teorias linguísticas da Idade Média sem recordarmos a base filosófica sobre a qual elas se desenvolviam, isto é, a célebre discussão entre *realistas* e *nominalistas* que marcou essa época.

Os realistas, representados por Duns Escoto (1266-1308), defendiam a tese de Platão e de Santo Agostinho da realidade do ser infinito de que as coisas são apenas a exteriorização. Quanto às palavras, estão numa relação intrínseca com a ideia ou o conceito, e o conceito existe a partir do momento em que há uma palavra.

Os nominalistas, representados por Guilherme de Occam (de 1300 a 1350 aproximadamente), mas também por Abelardo e por São Tomás, defendiam a existência real das coisas particulares, e consideravam que o universal só existia na alma dos sujeitos cognoscentes. No plano da linguagem, punham em dúvida a equivalência da ideia e da palavra. As palavras correspondem aos indivíduos; na frase «O homem corre», quem corre não é a palavra (*suppositio materialis*) nem a espécie humana (*suppositio simplex*), mas sim a pessoa concreta individual: esta suposição chama-se *suppositio personnalis*. É a partir dela que o occamismo constrói a sua doutrina da função das *palavras* ou *termos* no discurso, e daí o nome dessa doutrina: *nominalismo* ou *terminalismo*.

O fim da Idade Média é também marcado por um novo elemento na concepção da linguagem. À defesa das línguas nacionais que se observava desde o século X acrescenta-se a preocupação de elaborar gramáticas apropriadas às suas especificidades. Foi o caso da primeira gramática francesa de Walter de Bibbesworth, *L'Aprise de la langue française,* do século XIV, e do *Leys d'amour* (1323-1356), código da poesia dos trovadores, em que uma das partes é uma gramática da língua de oc. Em 1400 vários clérigos conhecedores compuseram o *Donat français,* gramática completa do francês da época. A estes factos junta-se, como observa G. Mounin *(Histoire de la linguistique des origines au XXe siècle,* 1967), uma nova concepção *histórica* da linguagem, embora esteja ainda longe de tomar a forma filológica ou comparativa que surge mais tarde no século XIX. Assim, em Dante (1265-1321), *De vulgari eloquentia,* a defesa da língua nacional é acompanhada por um ataque contra o latim, considerado como língua artificial. Em contrapartida, o poeta verifica o parentesco do *italiano,* do *espanhol* e do *provençal* e afirma – pela primeira vez – a sua origem comum. A apologia da língua vulgar, em Dante, é na realidade uma apologia não apenas do italiano falado contra o latim, mas ainda uma apologia de um fundo linguístico primitivo, lógico ou natural, de qualquer modo universal, que os séculos futuros hão-de querer destacar e preservar. Eis como o próprio Dante o define (a tradução francesa é de 1856), e notam-se já, nestes propósitos, os acentos dos cartesianos e dos enciclopedistas:

«Por língua vulgar, entendemos a linguagem com a qual os orientadores formam as crianças, no momento em que elas distinguem as palavras, e, mais resumidamente, aquela de que nós nos apropriamos, sem nenhuma regra, imitando a nossa ama. Há depois uma linguagem de segunda formação, a que os Romanos chamaram gramática: linguagem possuída por eles, pelos Gregos e por outros povos; só um pequeno número é que consegue chegar a ela, visto que se consome necessariamente um grande labor de tempo e de estudos para regulamentar e filosofar uma língua.

«A mais nobre das duas linguagens é a língua vulgar, quer por ter sido a primeira intérprete do género humano, quer por imperar em todo o nosso globo, embora se divida em sintaxes e em vocabulários diferentes, quer finalmente por nos ser natural...

«Foi preciso que o homem, para comunicar as suas concepções aos seus semelhantes, tivesse um signo completamente racional e sensível; racional, porque tinha qualquer coisa a receber da razão e para lhe transmitir; sensível, porque a inteligência, na nossa espécie, não se pode comunicar, a não ser por intermédio dos sentidos. Ora, esse signo é a nossa matéria própria, a linguagem vulgar; sensível pela sua natureza como som, e racional pela sua significação interna como ideia.»

Assim, nos finais da Idade Média, as bases do latim como língua-mãe são abaladas e o interesse desloca-se para as línguas nacionais, nas quais se continua a procurar um fundo comum, natural ou universal, uma língua vulgar e fundamental. Paralelamente, o ensino destas novas línguas abre novas perspectivas e suscita novas concepções linguísticas durante o Renascimento.

XII. HUMANISTAS E GRAMÁTICOS DO RENASCIMENTO

O Renascimento orienta definitivamente o interesse linguístico para o estudo das línguas modernas. O latim continua a ser o molde segundo o qual todos os outros idiomas são pensados, mas já não é o único, e além disso a teoria que é estabelecida a partir dele sofre consideráveis modificações para poder adaptar-se às especificidades das línguas vulgares.

O estudo destas línguas vulgares é justificado, como em Dante, pela sua origem e pelo seu fundo lógico comuns. J. du Bellay (1521-1560), na sua *Défense et Illustration de la langue française*, depois de ter atribuído a Torre de Babel à inconstância humana, verifica que as diferentes línguas «não nasceram por si mesmas à maneira de ervas, raízes e árvores: umas enfermas, e débeis nas suas espécies; outras sãs e robustas, e mais aptas a carregarem o feixe das concepções humanas», para declarar: «Isto (segundo me parece) é uma grande razão pela qual não se deve louvar assim uma língua, e censurar outra, visto que provêm todas de uma mesma fonte e origem: a fantasia dos homens; e foram formadas por um mesmo juízo, com um mesmo fim: para significarem entre nós as concepções, e a inteligência do espírito». Esta vocação lógica de qualquer língua justifica pois aquilo que du Bellay queria demonstrar, «que a Língua Francesa não é tão pobre como muitos pensam», e a sua recomendação «para se amplificar a língua francesa através da imitação dos antigos autores gregos e romanos».

O alargamento do campo linguístico traz necessariamente uma acentuação da concepção *histórica* que já aparecia no fim da Idade Média. É o caso das obras de G. Postel, *De Originibus seu de Hibraicae linguae et gentis antiquitate, atque variarum linguarum affinitate* (Paris, 1538), e de G.-B. Baliander, *De ratione communi omnium linguarum et litterarum commentarius* (Zurique, 1548), em que o autor estuda doze línguas para encontrar uma só origem comum: o hebraico. Nascem várias teorias fantasistas desta abertura das fronteiras linguísticas: Giambullari *(Il Gello,* 1546) «prova» que o florentino descende do etrusco que nasceu do hebraico; Johannes Becanus (*Origines Antwerpinae*, 1569) «demonstra» que o flamengo é a língua-mãe de todas as línguas, etc. Algumas destas excursões linguísticas têm o objectivo de demonstrar o valor da língua vulgar estudada pelo autor, comparando-a com os méritos das línguas indiscutivelmente perfeitas como o grego ou o latim. É o caso, por exemplo, de Henri Estienne (*Traité de la conformité du français avec le grec*, 1569). Numa perspectiva mais comparativista, e estabelecendo classificações tipológicas dos termos, Joseph-Just Scaliger, filho do gramático, escreve *Diatriba de europearum linguis* (1599). Além disso, a orientação do estudo gramatical para línguas como o hebraico ou para as línguas modernas coloca o sábio frente a particularidades linguísticas (ausência de caso, ordem das palavras, etc.) cuja explicação devia modificar sensivelmente o próprio raciocínio linguístico.

Um outro traço específico da concepção linguística do Renascimento foi sem dúvida o interesse pela *retórica* e por qualquer *prática de linguagem* original, elaborada e poderosa, que pudesse igualar as letras clássicas, ou até mesmo ultrapassá-las. Por outras palavras, a linguagem na tradição humanista não é considerada unicamente como um objecto de erudição, mas como tendo uma vida real, ruidosa e colorida, tornando-se assim a verdadeira carne na qual se *pratica* a liberdade corporal e intelectual do homem do Renascimento. Evoquemos aqui o riso de Rabelais (1494-1553) em relação à erudição escolástica dos «sorbonnards», e a sua fascinação pela linguagem popular, que desobedece às regras dos gramáticos, para oferecer a sua cena às narrativas oníricas, aos trocadilhos, às farsas, aos jogos de palavras, aos discursos de feira, ao riso do Carnaval... Erasmo (1467-1536), com o seu *Elogio da Loucura* e toda a sua época, tentando ouvir o «discurso louco», é um sintoma maior dessa convicção, já estabelecida, de que o funcionamento da linguagem oferece uma complexidade de que os códigos da lógica e da escolástica medieval não suspeitavam.

Mas o que sem dúvida marca mais profundamente a *concepção* da linguagem é que durante o Renascimento ela se torna – e de um modo agora generalizado – objecto de *ensino*. Já observámos que num determinado período e em certas civilizações a linguagem, indiferenciada do corpo e da natureza, era o objecto de uma cosmogonia geral. Tornou-se em seguida um objecto de *estudo* especificado e distanciado do exterior por ela representado. Ao mesmo tempo, e principalmente entre os Gregos, começou-se a *ensinar* a linguagem: a inculcar as suas normas àqueles que a utilizavam. Na dialéctica desse processo entre *objecto a ensinar* e *método de ensino*, este último acabou por modelar aquilo que inicialmente se propunha conhecer. As necessidades didácticas, ditadas elas mesmas por um mundo em plena evolução económica burguesa, a saber: clareza, sistematização, eficácia, etc., acabam por levar a melhor; refreiam as especulações medievais e sobredeterminam uma reformulação da ciência greco-romana da linguagem.

As necessidades pedagógicas expostas por Erasmo, que desconfiava do raciocínio e favorecia o *uso* e as *estruturas formais* como princípio de base dos educadores, orientam o estudo da linguagem para um *empirismo:* as pessoas agarram-se aos factos, ao uso, e ocupam-se muito pouco da teoria. «Não há nenhuma disciplina que exija menos razão e mais observação do que a gramática», escreve G. Valla. «Não se deve explicar a razão de tudo», insiste Lebrixa. Mas ao mesmo tempo, os processos pedagógicos, como as tabelas, os inventários, as simplificações, etc., introduzem um *formalismo* que não tardará a manifestar-se.

Os princípios do século XVI são marcados por algumas obras gramaticais deste tipo: Vives (1492-1540), discípulo de Erasmo, *De disciplinis libri XII*; Despautère, *Syntaxis* (1513); Erasmo, *De octo orationis partium constructione* (1521), etc. A língua francesa já se torna objecto privilegiado dos gramáticos, como o provam as obras *Principes en Françoys*, *Nature des verbes*, etc. (cerca de 1500). Em 1529, Simon de Colines e Lefevre d'Étaples publicam *Grammatographia* cujo objectivo definem assim: «Tal como graças a essas descrições gerais do mundo a que chamamos cosmografias, qualquer pessoa pode rapidamente aprender a conhecer o mundo inteiro, enquanto lendo os livros talvez não o conseguisse, mesmo dedicando muito tempo a isso, do mesmo modo, esta *Grammatographia* permite-nos ver toda a gramática em pouco tempo.»

Um traço importante destas gramáticas empiristas do século XVI: são principalmente *morfologias*. Estudam os termos da proposição: nome, verbo, etc., mas, observa Chevalier, essas palavras são estudadas «em situação» e a gramática estabelece cuidadosamente as *coordenadas formais* dessa situação. A ordem das palavras, as relações de regência (termo regido, termo regente, regência única, regência dupla, etc.) acabam por estabelecer verdadeiras *estruturas* frásicas para as quais, no entanto, se procura imediatamente o equivalente em relações lógicas.

É evidente que, no quadro desta rápida exposição, não nos podemos deter em todas as obras importantes dos gramáticas do Renascimento. Esta tarefa, que resulta da erudição, mas que tem incontestavelmente uma importância capital para a elaboração de uma epistemologia da linguística que está ainda por fazer, não entra no quadro deste trabalho cujo objectivo limitado é esboçar, em termos gerais, os principais momentos da mutação da concepção da linguagem. Por isso detemo-nos apenas em alguns gramáticos cujos trabalhos, sem grandes diferenças entre si, preparam o corte importante no estudo da linguagem que foi a gramática de Port-Royal no século XVII. Note-se, nas linhas que se seguem, como uma concepção *morfológica* da língua evolui para uma *sintaxe*.

Jacques Dubois, dito Sylvius, considerado como um Donato francês, é o autor de uma gramática dita *Isagoge – Grammatica latino-gallica*. Nessa obra latino-francesa tenta transpor as categorias da morfologia latina para francês. Para isso, divide os enunciados não só em palavras, mas também em segmentos maiores e procura os correspondentes de uma língua para outra. Donde podemos deduzir que há, para Sylvius, um fundo de universais lógicos comuns a todas as línguas e que subtende as diversas construções de cada língua. Nos esquemas lógicos assim estabelecidos, Sylvius aplica o método aristotélico (exposto no *Organon*) de hierarquização das partes do discurso: a mais importante é a parte que possui mais modos de ser significados (assim, o nome e o verbo em relação à preposição e à conjunção). No quadro destes segmentos equivalentes em latim e em francês, Sylvius sublinha os *signos* que constituem, que ligam o conjunto: artigo, pronome, preposição. Estabelecendo assim uma equivalência *funcional* – que é ao mesmo tempo *lógica* – entre os termos de um segmento no francês e os termos do mesmo segmento no latim, Sylvius *mantém a declinação* em francês: «Entre nós, como entre os Hebreus, a quem a tomámos por empréstimo, a declinação é particularmente fácil; para termos o plural, basta juntarmos um 's' ao singular e conhecermos os artigos, cujo número é muito limitado, e que nós fomos buscar aos pronomes e às preposições». Querendo estabelecer forçosamente a equivalência com a gramática latina – por uma preocupação de equivalência lógica entre as duas línguas – Sylvius continua a utilizar a noção de *declinação* para descrever a gramática francesa, sublinhando a diferença entre esta última e a gramática latina: é assim levado a valorizar o papel da *preposição* e sobretudo do *artigo* como agente desse sistema francês de declinação.

Antes de abordarmos a obra daquele que, continuando o esforço de Sylvius, acabou por impor uma verdadeira atitude teórica e sistemática no estudo da linguagem, remediando assim os defeitos do empirismo, temos de mencionar a gramática publicada em Inglaterra por Palsgrave, *L'esclarcissement de la langue françoyse* (1530). Esta obra é a herdeira da tradição de autores como Linacre *(De emendata structura),* Erasmo, Gaza, e visa definir as leis de ordenação de uma língua que está ainda longe de estar estabilizada.

Mas é efectivamente a obra de J.-C. Scaliger, *De causis linguae latinae* (1540) que marca a segunda metade do século XVI. Embora consagrada unicamente à língua latina, esta obra ultrapassa a sua época, e inscreve-se entre os mais belos exemplos de rigor linguístico do seu tempo. Como o título indica, trata-se para o gramático de descobrir as causas (*lógicas*) da organização linguística que pretende sistematizar. Como todos os humanistas, preocupa-se sobretudo com o uso e fia-se nos dados e nos factos; mas não se preocupa menos com a razão que subtende e determina esses factos. Pelo contrário, todo o seu trabalho tem como objectivo teórico principal demonstrar o bem-fundamentado, a *ratio* que precede e comanda a forma linguística. «O vocábulo é o signo das noções que estão na alma», esta definição traduz bem essa concepção da linguagem, segundo Scaliger, que representa conceitos inatos, dirão mais tarde os cartesianos.

Embora defenda que «a gramática é a ciência que permite falar de acordo com o *uso*», Scaliger também insiste no facto de que «ainda que o gramático dê importância ao significado [*significatum*] que é uma espécie de forma [*forma*], não o faz por sua própria conta mas para transmitir o resultado àquele cujo ofício é procurar a verdade». Trata-se efectivamente do lógico e do filósofo, e compreende-se que, para Scaliger como para toda a tradição gramatical, o estudo da língua não seja um fim em si, e não tenha autonomia, mas faça parte de uma teoria do conhecimento à qual está subordinado. Mas este gesto de Scaliger é acompanhado por um outro que tenta limitar o campo da gramática, insistindo primeiro no facto de que ela não é uma arte, mas uma *ciência*. Inserindo-a implicitamente num processo lógico, ele diferencia-a da ciência lógica excluindo da gramática a ciência do juízo. Diferencia-a também da retórica e da interpretação dos autores, para a construir por fim como uma gramática normativa, correcção da linguagem, com duas partes (aspectos): estudo dos elementos componentes (morfologia) e da sua organização (sintaxe).

Como é que se constrói mais precisamente esta gramática assim concebida? «O vocábulo», escreve Scaliger, «comporta três modificações: a concessão de uma forma, a composição e a verdade. A verdade é a adequação do enunciado à coisa de que ele é signo; a composição é a conjunção dos elementos segundo as proposições correspondentes; a forma dá-se por criação [*creatio*] e por derivação [*figuratio*]» ([1]). Portanto seria lógico que houvesse três tipos de explicações [*rationes*] na gramática: «a primeira relativa à forma, a segunda à significação, a terceira à construção».

Uma constante preocupação de sistematização, inspirada pela lógica de Aristóteles, preside à obra. É necessário que a análise comece pelas *partes* para chegar à composição do *todo;* este método é melhor «porque segue a ordem da natureza; é melhor porque valoriza a superioridade de espírito do mestre [*tradentis*] e porque é necessário ter disposto todos os elementos numa ordem bem estabelecida antes de pôr o espírito a trabalhar sobre eles».

---

[1] Queremos agradecer a M. J. Stefanini por nos ter arranjado a tradução francesa inédita do difícil texto de Scaliger.

Dentro desta ordem de ideias Scaliger divide os elementos linguísticos em categorias: em primeiro lugar os que compõem a palavra (podem ser simples como as letras, e compostos como as sílabas), em seguida ele pensa visivelmente numa unidade discursiva superior à palavra, a frase e os seus subconjuntos, pois distingue no interior dessa unidade superior *nomes* e *verbos*. «Mas não vos posso mostrar quais são os elementos que se aglutinam para formarem aquilo a que se chama um nome: trata-se de elementos que são classificados num género, seguindo por assim dizer um dado universal.» Vê-se que Scaliger renuncia a analisar as partes do discurso em função do seu papel e da sua posição, mas diferencia-as segundo o seu alcance lógico («dado universal»).

Ora, e trata-se de uma brecha na qual se instala o raciocínio sintáctico subjacente à morfologia, se o dado lógico for facilmente definível, o mesmo não se passa com o dado linguístico que aliás nem sempre recobre essa categoria lógica (essa causa) inicialmente admitida como determinante. Na diferença assim estabelecida instala-se a análise das *substituições*, das *modificações*, das *transições*, em que se esboça mais nitidamente do que nos gramáticos precedentes uma sintaxe ainda muito misturada com a morfologia, aqui dita etimologia, ciência das derivações, declinações, conjugações. Estas análises são uma prova do interesse de Scaliger por um estudo das funções dos termos no conjunto linguístico, contra a definição morfológica prévia e preestabelecida: «Como a ciência perfeita não se contenta com uma só definição mas exige igualmente o conhecimento das modalidades de que o objecto se reveste [*affectus*], vamos ver o que os antigos autores disseram sobre as modalidades de cada um dos elementos e aquilo que nós pensamos sobre isso». Ou então: «Não há ninguém menos favorecido pela sorte do que o gramático que gosta de definição».

A ordem seguida pela exposição de Scaliger é a ordem hierárquica dos gramáticos do Renascimento:

1) *O som:* divide os fonemas nos seus constituintes:

Z = C+D, e segue a mutação das letras (vogais e consoantes) no momento da passagem do grego ao latim e ao longo da evolução da língua latina.

2) *O nome:* definido primeiro semanticamente, na sua *causa* lógica, é «signo da realidade permanente», «como se consti-

tuísse por si mesmo uma causa do conhecimento». Comparado depois com as outras partes do discurso, como o pronome, o nome acaba por se revelar completamente à luz das suas modificações: espécie, género, número, pessoa e caso. O problema do caso dá lugar a considerações já de ordem sintáctica, referentes aos problemas de regência e ao papel funcional do nome – distinto da sua carga semântica – no conjunto linguístico.

3) *O verbo* seria «o signo de uma realidade encarada do ponto de vista do tempo». O conjunto dos verbos divide-se em dois grupos: uns designam a acção, outros a paixão, mas os dois grupos podem substituir-se entre si para exprimir o mesmo significado. Scaliger estuda o tempo, os modos, as pessoas e o número do verbo. Verifica entre outras a possibilidade de substituição de uma categoria verbal por uma outra, baseando-se sempre na mesma razão (ideia) lógica. Assim: *Caesar pugnat* → *Caesar est pugnans* → *Caesar est in pugna,* é apenas um dos numerosos exemplos que preparam a gramática de Port-Royal e nos quais as gramáticas transformacionais modernas encontram um antecedente.

4) *O pronome:* «Não difere do nome pela sua significação, mas pela sua maneira de significar [*modus significandi*]».

Recorrendo constantemente aos *modi significandi* e construindo assim o seu raciocínio sobre uma base semântica, Scaliger procura a *lógica vocis ratio* – ou a razão de cada vocábulo. Ao mesmo tempo, a sua visão da linguagem não é fragmentadora, mas opera sobre vastos conjuntos cuja sintaxe se esboça, «pois a verdade reside no enunciado e não na palavra isolada». A obra de Scaliger, escrita num estilo de contestação violenta das teorias dos seus predecessores e que põe constantemente em questão os contemporâneos, pretende ser, no dizer do seu autor, «um livro muito inovador». É efectivamente exemplar como *síntese* das teorias semânticas e formais, e como *precisão* das construções em número limitado (junção e substituição sobre um fundo lógico) nas quais se organiza a língua.

A gramática francesa é depois marcada pelas obras de Maigret, Estienne, Pillot, Garnier, para chegar ao ponto culminante com as obras de Ramus, *Dialectique* (1556) e *Gramere* (1562).

A preocupação metodológica fundamental de Ramus é situar a sua tentativa em relação, por um lado, à razão universal (aos princípios do fundamento lógico da construção linguística) e, por outro lado, à experiência ou «indução singular», como ele diz, e que define assim: «experimentar através do uso, observar através da leitura dos poetas, oradores, filósofos e, em resumo, de todos os homens excelentes». Portanto o raciocínio de Ramus efectua-se no vaivém constante da razão para o uso, dos princípios filosóficos para a observação da linguagem. «Se o homem é sábio na arte e ignorante na prática, será, diz ele [Aristóteles] o Mercúrio de Passon, e não se saberá se a ciência está no exterior ou no interior» (*Dialectique*).

A *Dialectique* e a *Grammaire* são por assim dizer paralelas: a primeira ocupa-se do pensamento que transcende a língua, a segunda examina o modo como esse pensamento é transcendido. Como a lógica e a gramática são inseparáveis, a gramática desenvolve-se sobre uma base de lógica. «As partes da Dialéctica são duas, Invenção e Juízo. A primeira declara as partes separadas que compõem qualquer frase. A segunda mostra as maneiras e as espécies de as dispor, e assim a primeira parte da *Gramática* ensina as partes da oração e a Sintaxe descreve a sua construção». Chevalier verificou-o excepcionalmente bem: para se construir, a sintaxe tira proveito da lógica que se supõe estar na base da língua como organização do fundo comum, da razão universal; mas esse «proveito» não vai longe, pois impede a sintaxe de se tornar autónoma: vai obrigá-la a referir-se constantemente às definições semântico-lógicas dos termos, isto é, à morfologia.

A gramática formal é ameaçada pelos seus próprios princípios.

Um ponto importante na concepção ramusiana da relação pensamento/linguagem: assimilando-os um ao outro, Ramus encara o pensamento segundo a imagem que tem do discurso, isto é, como uma *linearidade*. Consequentemente, «apresenta como moldes fundamentais da enunciação três tipos diferentes substituíveis: a frase com um verbo pleno – a frase com o verbo 'ser' – a frase negativa», estabelecendo assim três tipos canónicos com possibilidade de substituição. A análise do *juízo* e do *silogismo* fornece os elementos constitutivos do pensamento e a sua ordenação, que guia a reflexão gramatical e fundamenta o método. Mas esta vai ter necessidade de uma observação precisa da própria enunciação para se construir definitivamente. Eis a definição ramusiana dessa dialéctica entre a lógica e a gramática que funda um método fiel à «natureza»:

«Admitamos que todas as definições, distribuições, regras de Gramática tenham sido encontradas e que cada uma tenha sido verdadeiramente julgada, e que todos estes ensinamentos estejam escritos em diversas tabuinhas que estejam todas juntas, confusamente voltadas e baralhadas dentro de qualquer recipiente, como no jogo de azar. Aqui eu pergunto qual é a parte da Dialéctica que me poderia ensinar a dispor estes preceitos tão confusos e a reduzi-los a uma ordem. Em primeiro lugar não haverá necessidade dos locais de invenção pois tudo está já descoberto: cada enunciação particular está provada e julgada. Não haverá necessidade do juízo da enunciação primeiro nem do silogismo depois. Resta apenas o método, e via certa de colocação. Portanto o dialéctico escolherá à luz do método natural nesse recipiente a definição de Gramática, pois isso é o mais geral e colocá-la-á em primeiro lugar. 'Gramática é doutrina de bem falar'. Depois, procurará no mesmo recipiente a partição da Gramática e colocá-las-á em segundo lugar. 'As partes da Gramática são duas: Etimologia e Sintaxe'. Consequentemente, nesse mesmo vaso separará a definição da primeira parte e colocá-la-á em terceiro lugar depois das precedentes. Assim definindo e distribuindo, descerá até aos exemplos mais especiais e colocá-los-á em último lugar. E fará o mesmo para a outra parte, como nós nos esforçámos até aqui por dispor os preceitos de Dialéctica, o mais geral primeiro, os subalternos em seguida, por último os exemplos mais especiais»

As teorias estritamente gramaticais de Ramus estão expostas nas suas *Scholae grammaticae* (1559), tratado teórico, tal como nas suas gramáticas latina, grega e francesa. O seu princípio está já anunciado na *Dialectique*: trata-se de gramáticas *formais* que partem de bases lógicas e que, para provarem a sua verdade, voltam a essa base. As construções gramaticais passam de uma a outra por substituição ou transformação, de acordo com as regras do contexto e com as particularidades das formas. O sentido é banido da reflexão explícita, a gramática apresenta-se como *um sistema de marcas*. Uma gramática deste tipo, escreve Chevalier, «é incapaz de destacar relações que permitam mostrar qualquer coisa de diferente do seu próprio funcionamento. Este sistema de correspondências internas estende-se à investigação das línguas aparentadas; é toda a gramática modelo que se torna um quadro das outras gramáticas; não podemos falar aqui de universalismo, mas de um imperialismo, se quisermos falar em termos de valor, ou de uma impossibilidade de sair do seu próprio sistema, se quisermos traçar os limites do método formal. É exactamente o mesmo processo que se impõe para a descrição do francês: se adoptamos o sistema formal do latim, é por necessidade de método; as transformações formais necessárias no interior de uma língua também são necessárias para passar de uma língua a outra; se o arsenal dos processos de redução à norma estiver bem apetrechado, essa operação será fácil. Por isso devemos procurar nas preposições, nos artigos ou nas elipses o *material de conversão*, tal como o fazemos quando falamos dos nomes *monoplata* ([1]) ou dos verbos impessoais...»

Na análise da gramática francesa, Ramus estabelece primeiro os princípios formais e as distinções formais entre as partes do discurso: «Nome é uma palavra com número e com género». «Alguns nomes são vulgarmente chamados pronomes e parecem ter alguns casos», etc. Para além das marcas morfológicas, é a *ordem* que define os termos. Assim, pode ler-se no capítulo "De la convenance du nom avec le verbe" (edição de 1572 da *Gramática* francesa): «E parece que o que alegam os nossos críticos é muito fraco, é que segundo a opinião de Aristóteles as palavras transpostas devem significar uma mesma coisa. Pois nós já demonstrámos que o Francês tem uma certa ordem na sua oração, que nunca se pode mudar». Depois das marcas morfológicas e da ordem, é a preposição que se torna objecto de estudo como elemento sintáctico importante. Opera a mutação de uma construção para uma outra; é o agente formal de uma transformação que, aliás, longe de resultar de uma concepção dinâmica da linguagem, a fixa numa representação da língua como coexistência de estruturas paralelas e estáveis correspondentes entre si. É o caso deste exemplo de substituição de um «sintagma verbal» por um «sintagma nominal»: «Ora as três preposições De, Du, Des são tão eficazes, que um nome nunca governa outro nome ou um verbo passivo, a não ser por meio delas: como, *La vile de Paris, Le pale' de Roe, La doctrine des Ateniens, Tu es eime de Dieu, du môde, des omes*».

([1]) Nomes que possuem um único caso.

Mas este formalismo só aparece para restabelecer as considerações lógicas sobre o conteúdo; os métodos lógicos de classificação, de juízo, de identificação dos elementos, etc., preenchem o quadro formal,

É evidente que a gramática de Ramus, ganhando um avanço considerável de ordenação e de rigor lógico, de sistematização e de formalização, pára no limiar da análise sintáctica por não poder definir as *relações* que funcionam entre as marcas formais e que dispõem o enunciado numa ordem estrita. Por isso podemos dizer como Chevalier que «a gramática de Ramus é a primeira tentativa... de uma gramática formal, mas é já o primeiro insucesso».

Depois de Ramus, autores como Henri Estienne, *Hypomneses de Gallica lingua peregrinis eam discentibus necessariae,* 1582, e *Conformité du langage français avec le Grec,* 1565, tal como Antoine Cauchie, *Grammatica gallica,* 1570, continuam o esforço de formalização da língua francesa cada vez mais liberta dos esquemas da gramática latina.

Segue-se um período de declínio da teoria gramatical francesa. As grandes obras são elaboradas a partir do latim – preocupação de universalismo própria do Renascimento aparentemente nacionalista – por autores espanhóis como Sanctius, alemães ou holandeses como Scioppius, Vossius, etc. O culto da razão instala-se cada vez mais firmemente (o uso é colocado entre parênteses). Temos por exemplo a célebre obra de Sanctius, *Minerve, seu de causis linguae latinae* (Salamanca, 1587), que tem como título o nome da célebre deusa da razão. É interessante sublinhar que para Sanctius o seu último *Minerve* se opõe ao título *Mercurius* de um anterior gramático rival. É pois conscientemente que Sanctius substitui o deus do comércio e da mudança pela deusa da razão, ou por outras palavras, a concepção da linguagem como fluidez e como comunicação pela concepção da linguagem como organização lógica e susceptível de descrição rigorosa. Portanto a língua é pensada como a expressão da natureza, isto é, da razão; os elementos linguísticos representam os termos lógicos e as suas relações. Sanctius inspira-se em Ramus, mas transpõe para um nível mais abstracto a reflexão ramusiana totalmente presa à observação dos factos linguísticos. A língua para Sanctius torna-se já um *sistema:* a preocupação de sistematização lógica domina a de estruturação formal e em resumo morfológica de Ramus. «*Usus porrosine ratione non movetur*», escreve Sanctius, e orienta a sua reflexão para o sentido mais do que para a forma.

Impõe-se uma conclusão sobre este desenvolvimento da reflexão linguística no século XVI. A ciência da linguagem liberta-se das disciplinas aferentes e embora se baseie nelas – na lógica principalmente – deixa de ser uma especulação para se tornar uma observação. O empirismo junta-se à metafísica para a moderar, para a transformar em lógica e iniciar a elaboração de uma tentativa positivo-científica. A antiga controvérsia herdada dos Gregos, entre a concepção da língua como natural ou como convencional, é deslocada e substituída por uma outra: a controvérsia entre a concepção segundo a qual a língua é uma *ratio* e aquela segundo a qual a língua é um *uso*. *Physis/ /thesis* torna-se razão ou natureza/uso. Mas os dois termos da dicotomia não se excluem, como acontecia no tempo de Platão: sobrepõem-se e atravessam verticalmente a linguagem que, desse modo, se desdobra em: fundo lógico (racional, necessário, regulado) e enunciação propriamente linguística (variada, irredutível ao seu fundo, a captar nas suas diversas manifestações no interior de uma mesma língua ou de uma língua para outra). Bacon vai dizê-lo mais tarde (*De dignitate*, 1623): «E para dizer a verdade, as palavras são os vestígios da Razão». A preocupação da gramática será sistematizar essa diversidade--vestígio que recobre um fundo racional: era o objectivo de Ramus e de Sanctius.

A esta transformação de método acrescenta-se uma modificação de processo do discurso gramatical: de morfológico que era a princípio encaminha-se lentamente para a sintaxe simultaneamente permitida e dificultada pela lógica.

O estudo da linguagem não se tornou ainda «ciência piloto», modelo de qualquer pensamento que se ocupe do homem, como acontece hoje em dia. Mas no seu esforço para se sistematizar, para se esclarecer, para se racionalizar e para se especificar, a gramática torna-se uma disciplina autónoma e indispensável a quem quiser conhecer as leis do pensamento. Bacon irá formulá--lo com muita precisão: a gramática é «aos olhos das outras ciências como um viajante que na verdade não é grandemente notável, mas é grandemente necessário».

Agora, seguir a mudança da concepção linguística é seguir

a mutação minuciosa de um discurso em vias de se tornar científico: o discurso lógico-gramatical. Quer dizer que daqui em diante a concepção da linguagem fica nitidamente ligada a essa mutação a que é submetido o conhecimento separado da metafísica medieval e das sucessivas transformações que aí se vão desenhar, através de todas as manifestações simbólicas da sociedade (a filosofia, as diversas ciências, etc.), incluindo o estudo da linguagem.

XIII. A GRAMÁTICA DE PORT-ROYAL

Depois das interessantes obras de Scaliger e de Ramus, os estudos da língua aparecidos no fim do século XVI e no princípio do século XVII têm pouca envergadura. São obras com um objectivo pedagógico que não trazem nenhuma inovação teórica, mas que se esforçam por simplificar as regras da língua para serem mais bem compreendidas pelos alunos. Um traço positivo, apesar de tudo: como aumenta o número das línguas aprendidas, as gramáticas tornam-se polilinguísticas; confronta-se o inglês, o francês, o alemão, o italiano, e os quadros impostos pelo latim ficam cada vez mais desacreditados.

A preocupação de regulamentar a língua é sentida, tanto no plano político como no retórico. Malherbe (1555-1628) ocupou-se em disciplinar o francês, purgando-o de todos os neologismos, arcaísmos ou provincianismos. Encontra-se a mesma exigência em Richelieu quando funda em 1635 a Academia francesa: «A principal função da Academia será trabalhar com o máximo cuidado e diligência para dar regras certas à nossa língua e para a tornar pura, eloquente e capaz de tratar das artes e das ciências», lê-se nos estatutos da Academia de 1634.

Regularização, sistematização, descoberta de leis de modo a que a língua francesa possa atingir a perfeição dos falares clássicos, eis o tom dos debates do século.

A arte de bem falar torna-se moda em França: as pessoas da corte aprendem-na no livro de Vaugelas, *Remarques sur la langue française,* 1647. Utilizando as ideias de Scaliger e imitando o estilo de Valla, cujo *De Elegantia* retoma numa perspectiva preciosa o ensino de Prisciano, Vaugelas apresenta sob uma forma cortês e agradável a língua francesa «harmoniosa» reduzida a algumas regras. Oudin, na sua *Grammaire française* (1634), dedica-se a desenvolver a gramática do seu predecessor Maupas, mas no fundo não fez mais do que acumular subtis observações de pormenor em vez de expor grandes sínteses teóricas. O principal objectivo destas obras é adaptar as propriedades de uma língua moderna, o francês, à velha máquina latina, baseada no par nome-verbo: é preciso inserir nela os artigos, as preposições, os auxiliares, etc. Tenta-se demonstrar que uma expressão com preposição em francês é igual a uma expressão com genitivo ou dativo em latim. Vaugelas observa que no exemplo «Uma infinidade de pessoas tomaram...», «uma infinidade» é nominativo e «pessoas» é genitivo. Reconhece noutros exemplos a existência do ablativo e completa assim a declinação francesa.

Para a dignidade da língua moderna é absolutamente necessário provar que ela tem as categorias do latim: portanto esforçam-se por a reduzir a este. Bacon escreve: «E não é uma coisa digna de observação, ainda que hoje em dia isso pareça estranho, que as línguas antigas estavam cheias de declinações, de casos, de conjugações, de tempos e de coisas semelhantes, e que as modernas não tendo nada de semelhante fazem entrar negligentemente várias coisas através de preposições e através de palavras tomadas por empréstimo? E para dizer a verdade é a partir daí que podemos conjecturar facilmente, por mais que nos lisonjeemos a nós próprios, que os Espíritos dos séculos passados foram muito mais agudos e muito mais subtis do que os do presente». (*Neuf Livres*, VI, 389, trad. franc. de 1632.)

Prevê-se aqui o impasse da gramática formal do Renascimento. Esta tinha provado que as construções linguísticas latinas tinham *causas*, isto é, eram lógicas e portanto naturais. As línguas modernas só têm de seguir essas mesmas causas; as suas estruturas, baseadas na mesma lógica, são apenas quadros formais que correspondem entre si. O pensamento sobre a linguagem encontra-se assim bloqueado: limita-se a estabelecer os correspondentes formais de um esquema lógico já estabelecido, sem poder descobrir as novas leis que regem as línguas modernas.

A saída do impasse é proposta pela *Gramática de Port-Royal* (1660) de Lancelot e Arnauld baseada nos princípios aperfeiçoados por Descartes.

Sabe-se que, num gesto idealista, Descartes admite a existência de um pensamento extralinguístico e designa a linguagem como «uma das causas dos nossos erros». Como o universo está dividido em «coisas» e «ideias», a linguagem é excluída dele, e torna-se estorvo, um intermediário inútil e supérfluo. «De resto, porque ligamos as nossas concepções a determinadas palavras para as exprimirmos oralmente, e porque só nos lembramos mais depressa das palavras do que das coisas, só conseguimos perceber algo distintamente se separarmos completamente aquilo que concebemos das palavras que escolhemos para o exprimir. Assim, a maioria dos homens presta mais atenção às palavras do que às coisas, e por conseguinte frequentemente aceitam termos que não entendem; e nem sequer se preocupam muito em entendê-los, quer porque julgam tê-los já ouvido, quer porque crêem que aqueles que lhos ensinaram conheciam o seu significado, e que assim o apreenderam igualmente.» (*Princípios da Filosofia*, I, 74, Lisboa, Edições 70, 1997, pp. 56-57.)

Se esta formulação define objectivamente o estado a que conduz a teoria do conhecimento cartesiana, ela parece colocar-se como um obstáculo a qualquer tentativa séria de estudar a linguagem como formação material específica. Isto não impediu que as concepções de Descartes sobre o entendimento humano, os seus princípios do raciocínio (*Discurso do Método*), etc. guiassem os solitários de Port-Royal e os seus sucessores na sua investigação sobre as leis da linguagem. É um fenómeno paradoxal que uma filosofia, a de Descartes, passando além da linguagem, se torne – é isso até aos nossos dias – o fundamento do estudo da linguagem. Tendo em vista a sua origem, a linguística cartesiana é uma contradição nos termos (a suspeita cartesiana da linguagem é tomada como garantia da realidade absoluta de uma normalidade gramatical sustentada pelo sujeito), que ilustra bem as dificuldades futuras da tentativa científica no domínio das ciências humanas, tentativa tomada desde a sua origem nas malhas da metafísica.

À primeira vista, a gramática de Port-Royal não se distingue sensivelmente das que a precederam, as gramáticas formais do Renascimento, excepto sem dúvida pela sua clareza e pela sua concisão. Com efeito, encontramos nela as mesmas correspondências entre os casos latinos e as construções da língua francesa. Ora, há duas inovações metodológicas fundamentais que renovam completamente a visão da língua proposta pelos solitários de Port-Royal.

Em primeiro lugar, tendo em conta o estado actual da gramática, reintroduzem a teoria medieval do *signo* que os humanistas-formalistas tinham esquecido, ou pelo menos ocultado. A língua é efectivamente um sistema, como Sanctius tinha mostrado, mas é um *sistema de signos*. As palavras e as expressões linguísticas recobrem ideias que remetem para objectos. A relação lógica ou natural, que revela a verdade das coisas, joga-se ao nível das ideias: é o nível lógico. A gramática estuda um objecto, a *língua,* que é apenas o *signo* dessa dimensão lógica e/ou natural: assim, depende da lógica, embora tenha uma autonomia. Eis o acto de violência metodológico que permite admitir como *fundo* da língua uma *ratio* comum e necessária, na qual, em relação com ela mas também à distância dela, se joga o jogo dos signos – das formas – propriamente linguísticos, e na qual se podem especificar as leis de uma nova construção linguística.

A *Grammaire* de Lancelot e Arnauld é indissociável da *Logique* (1662) que se deve ao mesmo Arnauld, desta vez em colaboração com Nicole. Os projectos – gramatical e lógico – recortam-se e correspondem entre si: a gramática está baseada na lógica, e a lógica não faz mais do que examinar a expressão linguística. Lancelot reconhece no seu prefácio à gramática que os «verdadeiros fundamentos da arte de falar» lhe foram ditados por Arnauld, o futuro co-autor da *Logique*. Para ele, a Lógica, embora se negue a ocupar-se das formas linguísticas e vise apenas uma «sintaxe dos elementos da concepção», não esquece as palavras: «Ora é certo que é de alguma utilidade para o objectivo da lógica, que é *pensar bem*, entendermos os diversos usos dos sons destinados a significarem as ideias, e que o espírito costuma ligar tão estreitamente a estas que não se concebem uns sem as outras de tal modo que a ideia da coisa excita a ideia do som, e a ideia do som a da coisa.

«Sobre este assunto podemos dizer em geral que as palavras são sons distintos e articulados de que os homens fizeram signos para marcar o que se passa no seu espírito.

«E como o que se passa no espírito se reduz a conceber, julgar, raciocinar e ordenar, como já dissemos, as palavras servem para marcar todas essas operações...» (*Logique*, II, I, p. 103-104).

O facto de a publicação da *Grammaire* ter precedido em alguns anos o aparecimento da *Logique* (ainda que os dois livros pareçam ter sido redigidos no mesmo movimento) é sem dúvida um sintoma que demonstra como é que o próprio estudo da linguagem se tornou, para a epistemologia do século XVII, o ponto inicial e determinante da reflexão.

Qual é a teoria do signo que a refundição da lógica e da gramática coloca na base da *Grammaire générale*?

Os modistas, como já se disse, distinguiam três modos de simbolização: *modi essendi, modi intelligendi* e *modi significandi*. Como é que Port-Royal retoma esta teoria? A *Grammaire* começa com a seguinte declaração:

«A gramática é a arte de falar.

«Falar é explicar os pensamentos através de signos que os homens inventaram com esse objectivo.

«Descobriu-se que os mais cómodos desses signos eram os sons e as vozes.»

A *Grammaire* não dá mais pormenores sobre o «modelo do signo». Encontramo-los na *Logique*, em que a carta geográfica é proposta a título de exemplo: a ideia que eu tenho dessa carta remete para um outro objecto (a região real que a carta representa) de que posso ter uma ideia por intermédio da ideia que me é dada pelo signo-carta. O signo, matriz com quatro termos, é assim definido pela *Logique* (I, 4): «Assim o signo contém duas ideias, uma da coisa que representa, outra da coisa representada, e a sua natureza consiste em provocar a segunda através da primeira».

Esta teoria do signo (que Michel Foucault explicitou na sua *Introduction à la Grammaire de Port-Royal*) supõe evidentemente uma crítica do raciocínio de tipo aristotélico (isto é, através de objectos e categorias definidos de antemão) e implica uma passagem a uma tentativa lógica que examine as ideias e os juízos recobertos pelos signos. Pois sob os signos linguísticos esconde-se toda uma lógica das ideias e dos juízos que é necessário captar para «fazer por ciência aquilo que os outros fazem apenas por hábito». O facto de ver na língua um sistema de signos provoca uma tripla consequência teórica que Foucault sublinhou. Em primeiro lugar, daí resulta – consequência de um processo iniciado há um século – que o discurso elaborado sobre a língua se coloca a um nível diferente do seu: fala-se das formas (linguísticas) falando da forma do conteúdo (lógico). Isto quer dizer que a língua é delimitada como domínio metodológico: «A Língua como domínio epistemológico não é aquela que podemos utilizar ou interpretar; é aquela cujos princípios podemos enunciar numa língua que pertence a um outro nível». Por outro lado, a *Grammaire générale* «só definia um espaço comum a todas as línguas na medida em que abria uma dimensão interior a cada uma: era apenas aí que a devíamos procurar». E, por fim, essa racionalização da língua era uma ciência do raciocínio, mas não uma ciência da língua como objecto específico. «A gramática geral é mais uma maneira de encarar uma língua do que a análise de um objecto específico que seria a língua em geral.»

No entanto, com as suas vantagens e diferenças, o método de Port-Royal forneceu a sua contribuição para a elaboração de uma abordagem científica da linguagem.

Para a *Grammaire générale,* a palavra signo não é apenas uma forma que recobre um conteúdo semântico. Port-Royal retoma a tríade medieval *modi essendi – modi signandi – modi significandi;* acentua a diferença entre *modi signandi* (a ideia) e *modi significandi* (o signo) e orienta a gramática para uma sistematização das relações entre ambos, e por consequência das relações com o objecto. A gramática já não é um inventário de termos ou de correspondências formais de construções, mas um estudo das *unidades superiores* (juízo, raciocínio). A língua já não é uma reunião, uma justaposição de termos, mas um organismo, uma «criação».

Esta teoria do signo não está explicitada na *Grammaire*. Está como que latente, mas a teoria das diversas formas de significação das palavras revela-a claramente. Depois de ter descrito o aspecto fónico da fala [«aquilo que ela tem de material»], a *Grammaire* (em: *Que la connaissance de ce qui se passe dans notre esprit est nécessaire pour comprendre les fondements de la Grammaire; et que c'est de là que dépend la diversité des mots qui composent le discours.*) prossegue do seguinte modo:

«Até aqui, só consideramos na fala aquilo que ela tem de material, e que é comum, pelo menos pelo som, aos homens e aos papagaios.

«Falta-nos examinar o que tem de espiritual, que é uma das maiores vantagens do homem em relação a todos os outros animais, e que é uma das maiores provas da razão: é o uso que dela fazemos para significar os nossos pensamentos, e essa invenção maravilhosa de compormos a partir de vinte e cinco ou trinta sons essa infinita variedade de palavras que, não tendo nada de semelhante em si mesmas com o que se passa no nosso espírito, não deixam de revelar aos outros todo o seu segredo, e de fazer entender àqueles que nele não podem penetrar, tudo o que concebemos e todos os diversos movimentos da nossa alma.

«Assim podemos definir as palavras, sons distintos e articulados, de que os homens fizeram signos para significarem os seus pensamentos.

«É por isso que não podemos compreender perfeitamente as diversas espécies de significação que estão encerradas nas palavras, sem antes termos compreendido bem o que se passa nos nossos pensamentos, visto que as palavras só foram inventadas para os darem a conhecer.

«Todos os filósofos ensinam que há três operações do nosso espírito: CONCEBER, JULGAR, RACIOCINAR.

«CONCEBER não é mais do que um simples olhar do nosso espírito para as coisas, quer de um modo puramente intelectual, como quando eu conheço o ser, a duração, o pensamento, Deus; quer com imagens corporais, como quando eu imagino um quadrado, um círculo, um cão, um cavalo.

«JULGAR é afirmar que uma coisa que nós concebemos é assim ou não é assim: como quando depois de ter concebido o que é a Terra e o que é redondez, eu afirmo da Terra que ela é redonda.

«RACIOCINAR é servir-se de dois juízos para fazer um terceiro: como, quando depois de ter decidido que toda a virtude é louvável, e que a paciência é uma virtude, eu concluo que a paciência é louvável.

«Donde se vê que a terceira operação do espírito é apenas uma extensão da segunda; e assim basta-nos considerar as duas primeiras, ou o que da primeira está contido na segunda; pois os homens não falam apenas para exprimir o que concebem, mas quase sempre para exprimirem os juízos que fazem sobre as coisas que concebem.

«O juízo que fazemos sobre as coisas, como quando eu digo a Terra é redonda, chama-se PROPOSIÇÃO; e assim, qualquer proposição contém necessariamente dois termos; um chamado sujeito, que é aquele de que se afirma, como *Terra*; e outro chamado atributo, que é o que se afirma, como *redonda*: e, além disso, a ligação entre esses dois termos: *é*.

«Ora é fácil ver que os dois termos pertencem propriamente à minha primeira operação do espírito, porque se trata daquilo que concebemos, e do que é objecto do nosso pensamento; e que a ligação pertence à segunda, da qual podemos dizer que é propriamente a acção do nosso espírito e a maneira como pensamos.

«E assim, a maior distinção do que se passa no nosso espírito é afirmar que podemos considerar nele o objecto do nosso pensamento, e a forma ou o modo do nosso pensamento, de que o juízo é o principal: mas devemos ainda acrescentar-lhe as conjunções, disjunções e outras operações semelhantes do nosso espírito, e todos os outros movimentos da nossa alma, como os desejos, a ordem, a interrogação, etc.

«Donde se conclui que, como os homens têm necessidade de signos para marcar tudo o que se passa no seu espírito, é também necessário que a mais geral distinção das palavras seja que umas significam os objectos dos pensamentos, e as outras a forma e o modo dos nossos pensamentos, embora muitas vezes não a signifiquem apenas a ela, mas juntamente com o objecto, como havemos de ver.

«As palavras da primeira espécie são aquelas a que chamámos *nomes*, *artigos*, *pronomes*, *particípios*, *preposições* e *advérbios*; as da segunda são os *verbos,* as *conjunções* e as *interjeições*; que são todos obtidos, por uma sequência necessária, da maneira natural com que exprimimos os nossos pensamentos, como iremos mostrar.»

A leitura atenta deste capítulo mostra como é que, sendo a linguagem-signo sustentada pelo fundo da ideia e do juízo, se produz uma consequência da máxima importância para a distribuição e para a organização das categorias gramaticais. Chegamos assim à segunda novidade que a *Grammaire générale* nos traz.

A lógica aristotélica propunha uma hierarquia das partes do discurso em que o nome e o verbo tinham posições iguais. Ora, seguindo a criação do juízo e do raciocínio, a *Grammaire générale* conseguiu distinguir por um lado as partes do discurso que são os signos dos «objectos do nosso pensamento» (a conceber): *nome, artigo, pronome, particípio, preposição, advérbio*; e por outro lado «a forma ou a matéria do nosso pensamento»: *verbo, conjunção, interjeição*. As partes do discurso são portanto encaradas como se participassem numa operação, num processo. É assim que desde as primeiras páginas, e contrariamente ao que se afirmou, a *Grammaire* anuncia o seu projecto de elaborar uma *construção:* sobre um fundo lógico orientado para a descrição do sistema de sentido que (para o Renascimento) subtende a reunião arbitrária das palavras, os solitários servem-se da alavanca do *signo* para proporem uma *sintaxe*. A sintaxe do juízo (sintaxe lógica) encaminha-se para uma sintaxe linguística.

Pois é a *proposição* que se torna o elemento de base da reflexão gramatical. Os componentes-chave da proposição são evidentemente o *nome* e o *verbo,* mas o verbo é que é o eixo determinante. Os *nomes* que compreendem os *substantivos* e os *adjectivos* designam «os objectos dos nossos pensamentos» que podem ser quer as coisas como a *terra,* o *sol,* a *água,* a *madeira,* aquilo a que vulgarmente chamamos *substância»*, quer «a maneira das coisas, como ser *redondo,* ser *vermelho,* ser *duro,* ser *sábio*, etc., aquilo a que chamamos *acidente»*. No primeiro caso estes nomes são *substantivos;* no segundo, *adjectivos*. Entre as modalidades dos nomes, é o caso que chama particularmente a atenção da *Grammaire générale*. Isto porque o caso exprime as *relações* dos termos no conjunto que é a proposição, e porque, por outro lado, estas relações são marcadas no francês por meios diferentes da declinação: a preposição, por exemplo. «Se considerássemos sempre as coisas separadamente umas das outras, só teríamos dado aos nomes as duas alterações que acabámos de marcar: a saber, do número para qualquer espécie de nomes, e do género para os adjectivos; mas como muitas vezes as consideramos com as diversas relações que mantêm entre si, uma das invenções de que se serviram certas línguas para marcarem essas relações foi darem ainda aos nomes diversas terminações, a que chamaram *casos*, do latim *cadere*, 'cair', como se fossem as diversas quedas de uma palavra.

É certo que, de todas as línguas, talvez só a grega e a latina tenham propriamente casos. No entanto, visto que há poucas línguas que não tenham quaisquer espécies de casos nos pronomes, e *que sem isso não se poderia compreender bem a ligação do discurso*, que se chama *construção*, é quase necessário, para aprender qualquer língua, saber o que se entende por esses casos...»

Ora, embora os nomes e em geral todas as partes do discurso que designam os objectos *concebidos* sejam indispensáveis à *construção* do juízo, e portanto da proposição, o seu eixo, como já dissémos, é o verbo. Para os gramáticos de Port-Royal, o verbo é o que *afirma*, e já não o que marca o tempo (como o era para Aristóteles) ou a duração (como o era para Scaliger). Por outras palavras, qualquer verbo comporta implicitamente o sema *é*, ou qualquer verbo é em primeiro lugar o verbo *ser*.

No capítulo sobre o verbo, a *Grammaire générale* expõe uma concepção sintáctica da língua, em cuja base se encontra a sintaxe do juízo. Por outras palavras, a partir da base da sintaxe do juízo, esboça-se uma concepção da sintaxe da proposição. Os termos já não estão isolados, formam um complexo centrado na relação nome/verbo que se torna relação *sujeito/predicado*. «Este juízo chama-se proposição e é fácil ver que esta tem de ter dois termos: um, de quem se afirma, ou de quem se nega, a que chamamos *sujeito*; e outro que se afirma, ou que se nega, a que chamamos *atributo* ou *praedicatum*». (*Logique*, II, IV, p. 113).

Mas como o núcleo frásico fica assim bloqueado e fechado sobre si mesmo, a sintaxe linguística, anunciada pela sintaxe do juízo, fica suspensa. A *Grammaire générale* só propõe quatro páginas de sintaxe, às quais se juntam duas páginas de *Figures et constructions*. O gramático, que é sobretudo filósofo do juízo, para analisar as relações propriamente linguísticas que ultrapassam a matriz do juízo tem de introduzir *suplementos* analisáveis através de uma sintaxe das regências. Ora, a *Grammaire générale* admite apenas a sintaxe de *concordância*, mas não a de regência: «A sintaxe de regência, pelo contrário, é quase toda arbitrária, e por isso é muito diferente em todas as línguas; pois umas fazem as regências pelos casos, e as outras, em vez dos casos, só se servem de pequenas partículas que os substituem, e que marcam apenas poucos desses casos, como em francês e em espanhol em que só temos *de* e *à* que marcam o genitivo e o dativo; os Italianos acrescentam *da* para o ablativo. Os outros casos não têm partículas, mas apenas o artigo, que aliás nem sempre aparece». Vemos como é que a impossibilidade de formalização das regências propriamente linguísticas obriga o filósofo a retomar a concepção latina, morfológica, da organização do discurso.

Ora, seria inexacto pensarmos que o alcance sintáctico da *Grammaire générale* não ultrapassa os limites das relações sujeito/predicado.

O capítulo "Du pronom appelé relatif" dá testemunho de uma reflexão que abrange conjuntos linguísticos bastante vastos e constrói esquemas sintácticos ultrapassando a simples proposição, mas organizando proposições complexas (a segunda observação só é acrescentada na edição de 1664 e a sua importância talvez não tenha sido suficientemente apreciada):

«O que ele [o pronome relativo] tem de próprio pode ser considerado de duas maneiras:

«A primeira é que ele está sempre relacionado com um outro nome ou pronome, a que chamamos antecedente, como em *Deus que é Santo*. *Deus* é o antecedente do relativo *que*. Mas este antecedente algumas vezes está subentendido e não é expresso, sobretudo na língua latina, como fizémos notar na *Nouvelle Méthode*, para essa língua.

«A segunda coisa que o relativo tem de próprio e que eu julgo que ainda não foi observada por ninguém, é que a proposição na qual ele entra (a que podemos chamar incidente) pode fazer parte do sujeito ou do atributo de uma outra proposição, a que podemos chamar principal.»

Os quadros do raciocínio linguístico alargam-se primeiro para além dos termos para encontrarem a proposição; depois os segmentos analisados tornam-se maiores do que a simples proposição, e a análise ocupa-se das relações interfrásicas; por fim a noção de *complementaridade* dos termos parece acrescentar-se à de *subordinação*, de tal modo que a linguagem já não é uma *oratio*, conjunto formal de termos, mas um sistema cujo núcleo principal é a proposição subtendida pela afirmação de um juízo. Estas são, em resumo, as aquisições permitidas pela concepção *lógica* da *Grammaire générale*, e que vão ser devolvidas para se tornarem um dia ciência propriamente linguística das relações linguísticas. Note-se que a tentativa lógica de Port-Royal marcou de tal forma o estudo da linguagem, e até aos nossos dias, que os linguistas vão ter grande dificuldade em separar a sua análise da dos componentes lógicos, e a linguística vai oscilar entre um formalismo empirista (descrição das estruturas formais) e um logicismo transcendental (divisão do conteúdo em categorias tomadas à lógica).

Embora a *Grammaire générale* tenha dominado o século XVII, não deixou de se desenvolver sobre um fundo de actividade linguística intensa. Há várias obras que são consagradas à articulação dos sons e à ortografia, como o estudo de Petrus Montanus (Holanda), *Spreeckonst (Art de la Parole,* 1635); de Al. Hume, *Of the ortographie and congruitie of the Briton Tongue,* 1617. Uma vasta escola de fonética trabalha em Inglaterra: provam-no as obras de Robert Robinson, *The Art of Pronnonciation,* 1617; W. Holder , *Elements of Speech, an Essay of Inquiry into the Natural Production of Letters,* 1669; Dalgrano, *Didoscalocophus, or the Deaf and Dumb Man's Lector,* 1680, etc. O *Traité de physique* de Rohault (1671) e *De corpore animato* (1673) de Du Hamel são considerados como os primeiros passos para uma fonética científica, à base de experimentação e de análise anatómica do aparelho fonatório.

Uma outra particularidade do estudo da língua no século XVII é o interesse pelas línguas estrangeiras e pela constituição de teorias históricas da linguagem. Citemos entre essas obras poliglotas: *Thesaurus polyglottus* de J. Mégiser (1603), tal como várias gramáticas do russo (de H. G. Ludolf, Oxford, 1696), do turco (Mégiser, Leipzig, 1612), os trabalhos dos jesuítas sobre a China, as investigações de Kircher sobre o egípcio, etc.

A investigação lexicográfica é intensa: depois de *Le Trésor de la langue française* de Nicot, em 1606, e da publicação do *Dictionnaire français* de Fr. Richelet em Genebra, 1679-1680, Furetière publica o *Dictionnaire universel contenant généralement tous les mots français, tant vieux que modernes, et les termes de toutes les Sciences et les Arts* (Haia, Roterdão, 1690). O *Dictionnaire de l'Académie* aparece em 1694 sob a assinatura de Vaugelas e de Mézeray, o seu suplemento, o *Dictionnaire des Arts et des Sciences* de Thomas Corneille, tem uma importância considerável.

A partir da base da diversidade linguística esforçam-se ou por estabelecer uma origem comum das línguas (cf. Guichard, *Harmonie étymologique des langues, ou se démontre que toutes les langues descendent de l'hébraique,* 1606), ou por elaborar uma língua universal (Lodwick, *A Common Writing,* 1647; Dalgrano, *Essay Towards a Real Caracter*, 1668, etc.). A pluralidade das línguas assusta; esforçam-se por encontrar-lhes um equivalente geral: não era este o estímulo fundamental da *Grammaire générale*? O mesmo desejo de encontrar uma razão da língua francesa inspira sem dúvida Ménage no seu dicionário etimológico *Origine de la langue française* (1650), tal como as suas observações sobre a língua francesa (1672). O autor «demonstra», enganando-se na maior parte das vezes, a etimologia das palavras francesas fazendo-as derivar de uma palavra latina ou grega.

As obras dos grandes retóricos como *Rhétorique* ou *Art de parler* do padre Lamy (1670), *Génie de la langue française* de Aisy (1685), *De oratione discendi et docendi* (sobre o método e o ensino linguístico) do padre Jouvency (1692), etc., que surgem na sequência das *Remarques* de Vaugelas, de Bonhours e de Ménage, conduzem, muitas vezes com subtileza e com o mesmo objectivo de busca de um fundamento comum a todas as línguas, à obra monumental e ecléctica de François-Séraphin Régnier-Desmarais, secretário vitalício da Academia francesa, *Traité de la grammaire française,* 1706. Está-se longe do rigor e da orientação teórica da *Grammaire générale de Port-Royal*: a reflexão de Régnier está ligada à palavra e ao que a rodeia, sem encarar o conjunto da proposição e das relações que regem os seus componentes.

XIV. A ENCICLOPÉDIA: A LÍNGUA E A NATUREZA

O século XVIII é o herdeiro da concepção racionalista da linguagem que os solitários de Port-Royal e os seus sucessores lhe legaram. A linguagem é concebida como uma diversidade de idiomas que têm todos na base as mesmas regras lógicas que constituem uma espécie de constante: *a natureza humana*. Ora, o número das línguas estudadas e ensinadas nas escolas aumenta progressivamente; ao mesmo tempo o progresso das ciências da natureza prepara uma alteração epistemológica que orienta os estudos para observações concretas: é a era do empirismo. O resultado disto no domínio da linguagem é que os filósofos e os gramáticos procuram – mais do que anteriormente – esclarecer as particularidades específicas de cada objecto (língua), libertando-o completamente do impacto do latim, por um lado, e, por outro, em larga medida, da dependência lógica, sem no entanto lhe tirarem o fundamento universal a que agora chamam *natural* em vez de *lógico*.

No plano filosófico, esta concepção da linguagem provoca teorias sobre a *origem* das línguas. A diversidade das línguas deve ser remetida para uma fonte comum, natural, em que se articulam os universais linguísticos. Para fundamentar a relação entre esta *linguagem natural*, os objectos reais e a sensação, é proposta uma *teoria do signo*.

No plano gramatical, aliás inseparável do plano filosófico, porque qualquer filósofo do século XVIII se ocupa da língua e qualquer gramático é filósofo, a particularidade das relações estritamente linguísticas, diferenciadas das leis (lógicas) do pensamento, é explicitada, e leva a uma descrição *sintáctica* das relações frásicas e interfrásicas: a gramática da *Enciclopédia* vai explicitar pela primeira vez com clareza este esforço de elaborar uma sintaxe ([1]), comum a todos os gramáticas desse século.

Em primeiro lugar vamos apresentar as teorias filosóficas sobre a linguagem, para destacarmos em seguida, no seu fundo, as concepções gramaticais (esta ordem obriga-nos evidentemente a não respeitarmos as datas de publicação das obras).

Os filósofos e os gramáticos do século XVIII que se debruçaram sobre a origem e sobre a evolução da linguagem tinham um ilustre predecessor que, sem partilhar a visão lógica dos cartesianos e mais tarde dos enciclopedistas, propôs um quadro geral da história da linguagem com base nas investigações precedentes, quadro cujos temas principais vamos encontrar nos sensualistas, nos ideólogos e nos materialistas. Trata-se de J.--B. Vico (1668-1744) e da sua *Scienza Nuova*.

Segundo ele, «a linguagem começou por ser mental, na época em que o homem não conhecia ainda o uso da fala (*tempi mutoli*)...; essa linguagem primitiva, que precedeu a linguagem articulada, deve ter sido composta por signos, gestos, ou objectos que tinham relações naturais com as ideias». Esta língua primeira a que Vico chama *divina* deixa-se entrever, segundo ele, nos «gestos dos mudos que constituem o princípio dos *hieróglifos* (cf. mais à frente os mesmos temas em Diderot, tal com as pp. 39 e 74) de que todas as nações se serviram para se exprimirem nas épocas primitivas da sua barbárie». A esta segue-se a língua *poética ou heróica:* «Os primeiros autores que encontramos nos orientais, nos Egípcios, nos Gregos e nos Latinos, os primeiros escritores que se serviram das novas línguas na Europa quando a barbárie fez a sua reaparição, foram os poetas». Vico consagra a sua investigação ao que ele chama «a lógica poética» – os seus emblemas, as suas figuras, os seus tropos: a metáfora, a metonímia, a sinédoque. A palavra poética

---

([1]) No que ficou para trás e naquilo que se segue, esboçamos este esforço referindo-nos sobretudo ao trabalho já várias vezes mencionado de J.-Cl. Chevalier: *La notion de complément chez les grammairiens*, Genebra, Droz, 1968.

é para ele um «*carácter*» ou mesmo uma «*palavra mitográfica*», «qualquer metáfora pode ser tomada por uma curta fábula». Em último lugar vem a língua «epistolar», «obra da massa». Vico examina as diferentes línguas conhecidas na sua época (o grego, o egípcio, o turco, o alemão, o húngaro, etc.) e as suas escritas, para as repartir nas três categorias que acabámos de mencionar. As suas investigações sobre a linguagem poética vão influenciar até ao nosso século a ciência da linguagem poética, e mesmo os seus sucessores imediatos irão retomar as teses da língua primitiva não articulada, gestual ou de surdos-mudos, da influência das condições naturais sobre a formação das línguas, dos tipos de linguagem (como a linguagem poética) diferentes, etc. O século XVIII examina estes problemas com um rigor positivista que corta com o estilo romanesco de Vico.

Com efeito, o estudo da linguagem não escapa ao espírito de classificação e de sistematização que invade as ciências do século. A *geometria* parece ser o modelo sobre o qual se tentam construir as outras ciências. «A ordem, a clareza, a precisão, a exactidão que predominam nos bons livros de há um tempo para cá, podem muito bem ter a sua primeira origem nesse espírito geométrico que se difunde mais do que nunca.» (R. Mousnier, *Histoire générale des civilisations,* t. IV, p. 331.) O gramático Buffier escreve que todas as ciências incluindo a gramática «são susceptíveis de uma demonstração tão evidente como a da geometria».

O primeiro efeito desta tentativa geométrica no domínio da linguagem é a tendência para a sistematização da multiplicidade das línguas, embora tentem reduzir todos esses diversos tipos a uma língua original comum, universal e consequentemente «natural». Leibniz no seu *Brevis designatio meditationem de originibus dictus potissimum ex indicium linguarum* (1710) divide as línguas conhecidas em dois grupos: *semítico* e *indo-germânico,* sendo este último composto, por um lado, pelas línguas itálicas, célticas e germânicas, e, por outro, pelas línguas eslavas e pelo grego. A língua original a que Leibniz chama «língua adâmica» estaria na base dessa diversidade, e poderíamos reencontrar esse estado do falar humano criando uma língua artificial, puramente racional.

Em Inglaterra, James Harris publica *Hermes or a Philosophical Inquiry concerning Universal Grammar* (1751), obra que pretende estabelecer os princípios universais e racionais de uma gramática geral válida para todas as línguas. As ideias de Berkeley, Shaftesbury, etc., estão na base destas tentações lógicas.

A linguagem aparece como um sistema de funcionamento, como uma mecânica cujas regras se podem estudar como as de qualquer objecto físico. O presidente de Brosse publica o seu *Traité de la formation mécanique des langues et des principes de l'étymologie* (1765), em que a língua é apresentada como um sistema de elementos formais, susceptível de se modificar sob a influência das condições geográficas. O termo «mecânica» torna-se frequente na descrição linguística. Um autor de gramática escolar, o abade Pluche, intitula o seu livro *La Mécanique des langues* (1751), enquanto Nicolas Beauzée (1717-1789) define o termo «estrutura» no mesmo sentido: «Ora, pergunto eu, não será a palavra *estrutura* rigorosamente relativa ao mecanismo das línguas, e não significará a disposição artificial das palavras, permitida por cada língua para atingir o fim que aí se propõe, que é a enunciação do pensamento? Não será igualmente do mecanismo próprio de cada língua que nascem os idiotismos?» (artigo "Inversion" na *Enciclopédia*).

O estudo do mecanismo das línguas permite aproximações e tipologias que prefiguram o comparatismo do século XIX. Estabelecem-se semelhanças no mecanismo de diversas línguas, o que constitui uma prova para a tese da *natureza comum* das línguas, que na sua *evolução* se reveste de expressões múltiplas. Vemos como é que o princípio de uma *língua natural,* confrontado com a multiplicidade das línguas reais, se pôde tornar o princípio de uma *língua comum* a partir da qual se teriam desenvolvido as outras, e conduziu assim inevitavelmente à teoria evolucionista da linguagem. Os primeiros germes deste comparatismo encontram-se no relatório de 1767 do padre Coeurdoux, missionário em Pondichéry, em que ele descobre analogias entre o sânscrito, o grego e o latim. Antes dele o holandês Lambert Ten Kate tinha publicado em 1710 um estudo no qual estabelecia o parentesco das línguas germânicas. William Jones (1746-1794) inaugura sem dúvida de uma forma decisiva a futura linguística comparada quando descobre as correspondências entre o sâncrito, o persa, o grego, o latim, o gótico e o céltico.

Ora, é a filosofia sensualista e empirista que fornece o fundamento teórico a partir do qual se constrói a descrição gramatical do século. Locke e Leibniz, e em França os «ideólogos» com Condillac à cabeça, propõem a *teoria do signo* como princípio geral dessa língua comum que se manifesta em várias línguas concretas. Retomam assim as teorias do signo da Grécia, da Idade Média e da lógica cartesiana embora as transformem: se, para os filósofos do século XVIII, o pensamento é uma articulação dos signos que são os elementos linguísticos, o problema é o de definir a *via* pela qual se vai da *sensação para o signo* linguístico.

Para Locke (1632-1704), as palavras «são signos das ideias que também se encontram nos outros homens com quem se fala»; não deixam no entanto de estar relacionadas com «a realidade das coisas». Mas Locke é formal: o *signo* não deve ser obstruído pela relação que possa ter com o real. «É perverter o uso das palavras e dificultar a sua significação com uma obscuridade e uma confusão inevitáveis, o fazê-las servirem para a expressão de qualquer outra coisa para além das ideias que temos no espírito.» A definição saussuriana do signo está aqui esboçada, quando Locke supõe a relação arbitrária entre aquilo a que se chamará «referente» e aquilo a que se chamará «significante-significado»: «As palavras significam apenas as ideias particulares dos homens, e isto por uma instituição totalmente arbitrária». (*Ensaio sobre o Entendimento Humano*, livro III: "As palavras"). Note-se que, embora Locke considere as palavras como signos e estude a sua diversidade (termos gerais, nomes de ideias simples, nomes de ideias mistas, etc.), não se detém nelas, mas considera o *conjunto* do discurso como uma *construção*, e estuda o papel das *partículas*, por exemplo, para ligarem as ideias entre si, para mostrarem a sua relação, para servirem de signos de uma «acção do espírito». É a partir da base desta concepção «construtivista» do funcionamento da linguagem que a gramática pode elaborar uma abordagem sintáctica da língua.

Nos seus *Novos Ensaios sobre o Entendimento Humano*, 1765, Leibniz retoma e desenvolve as ideias de Locke. As palavras (livro III), para ele, «servem para representar e até para explicar as ideias». Embora considere que todas as línguas, por mais diferentes que sejam materialmente, se desenvolvem sobre o mesmo fundo *formal*, isto é, que há uma «significação que é comum às diferentes línguas», Leibniz não despreza por isso a especificidade *significante* de cada língua, a sua organização material particular. Assim escreve:

«Filaleto. – Acontece muitas vezes que os homens apliquem mais os seus pensamentos às palavras do que às coisas; e porque aprendemos a maior parte dessas palavras antes de conhecermos as ideias que as significam, existem não só crianças mas também adultos que falam como papagaios. No entanto os homens pretendem vulgarmente marcar os seus próprios pensamentos; e além disso atribuem às palavras uma secreta relação com as ideias dos outros e com as próprias coisas. Pois se os sons estivessem ligados a uma outra ideia para aquele com quem falamos, isso seria falar duas línguas; é certo que não nos detemos muito tempo a examinar quais são as ideias dos outros, e supomos que a nossa ideia é aquela que o comum e as pessoas aptas do país ligam à mesma palavra. O que acontece particularmente em relação às ideias simples e aos modos; mas quanto às substâncias, pensamos especialmente que as palavras significam também a realidade das coisas.

«Teófilo. – As substâncias e os modos são igualmente representados pelas ideias, e as coisas, tal como as ideias, num e noutro caso, são marcadas pelas palavras; assim, não vejo aí nenhuma diferença, a não ser que as ideias das coisas substanciais e das qualidades sensíveis são mais fixas. De resto, por vezes acontece que as nossas ideias e os nossos pensamentos sejam a matéria dos nossos discursos e constituam a própria coisa que queremos significar, e as noções reflexivas entrem mais do que se julga nas das coisas. Por vezes fala-se materialmente das palavras, sem que nesse ponto precisamente se possa substituir a palavra pela significação ou pela relação com as ideias ou com as coisas; o que acontece, não só quando se fala como gramático, mas ainda quando se fala como dicionarista, dando a explicação do nome.»

Evocando Locke, Condillac (1715-1780) supõe que os primeiros humanos, servindo-se de gritos que se tornaram signos de paixões, criaram primeiro «naturalmente a linguagem de *acção*». «No entanto como estes homens adquiriram o hábito de ligar algumas ideias a signos arbitrários, os gritos naturais serviram-lhes de modelo para elaborarem uma nova linguagem. Articularam alguns sons novos; e, repetindo-os várias vezes e acompanhando-os com qualquer gesto que indicasse os objectos que queriam fazer notar, acostumaram-se a dar nomes às coisas. Os primeiros progressos desta linguagem foram todavia muito lentos...» (*Essai sur l'origine des connaissances humaines, ouvrage où l'on réduit à un seul principe tout ce qui concerne l'entendement humain,* 1746-1754). Criou-se assim uma narrativa, uma fábula evolucionista que é o fundamento ideológico da teoria dos signos linguísticos e do seu desenvolvimento através dos tempos e dos povos. «Houve pois um tempo em que a conversa era mantida por um discurso entremeado de palavras e de acções. O uso e o costume, tal como aconteceu com a maior parte das outras coisas da vida, transformaram depois em ornamento o que se devia à necessidade: mas a prática subsistiu ainda muito tempo depois de a necessidade ter cessado; singularmente entre os orientais, cujo carácter se adaptava naturalmente a uma forma de conversa que expressava tão bem a sua vivacidade pelo movimento, e que a satisfazia com uma representação perpétua de imagens sensíveis.» (*Essai sur les hiéroglyphes,* §§8 e 9.) Condillac considera como linguagens formas de expressão e de comunicação que não são verbais, como por exemplo a *dança*, ou a linguagem gestual em geral, ou o *canto*, anunciando deste modo a moderna ciência dos sistemas significantes, a *semiologia*. A *poesia* é também para Condillac um tipo de linguagem que imita a linguagem de acção: «Se, na origem das línguas, a prosódia se aproximou do canto, o estilo, a fim de copiar as imagens sensíveis da linguagem de acção, adoptou todas as espécies de figuras e de metáforas, e tornou-se uma verdadeira pintura.» Condillac insiste todavia no facto de que foi a *linguagem dos sons* que teve o desenvolvimento mais favorável para poder «aperfeiçoar-se e tornar-se por fim a mais cómoda de todas». Estuda a sua *composição*, isto é, o carácter das palavras enquanto diferentes partes do discurso, tal como a *ordem*, a combinação, para concluir no capítulo «Du génie des langues» que cada povo, ao ter um carácter específico determinado pelo clima e pelo governo, tem também uma língua específica. «Tudo confirma pois que cada língua exprima o carácter do povo que a fala.» Assim se admitiu o princípio da *diversidade* das línguas e da sua *evolução*, que assenta num mesmo e único fundamento, o dos signos. É deste modelo teórico que a gramática se vai ocupar para elaborar a sua descrição minuciosa que será a sua confirmação. Com efeito, lê-se nos *Principes généraux de Grammaire*: «Como a organização, embora seja a mesma na base, é susceptível, consoante os climas, de muitas variedades, e como as necessidades variam igualmente, não é de espantar que os homens, colocados pela natureza em circunstâncias diferentes, tenham seguido caminhos que se afastam uns dos outros».

A teoria proposta por Condillac do signo natural e universal, cujas variações nas diferentes línguas seriam devidas às condições naturais e sociais, tem o grande mérito de se propor, sob uma forma de ficção (que ele não ignora), como a ideologia da descrição linguística que há-de ser feita pelos gramáticos: «Talvez toda esta história seja tomada por um romance: mas pelo menos não lhe podemos negar verosimilhança. Custa-me a crer que o método que segui me tenha feito cair muitas vezes em erros: pois tive o objectivo de não afirmar nada senão a partir da suposição de que uma linguagem foi sempre imaginada a partir do modelo daquela que a precedeu imediatamente. Vi na linguagem de acção o germe das Línguas e de todas as Artes que podem servir para exprimir o pensamento; observei as circunstâncias que favoreceram o desenvolvimento desse germe; e não só vi nascer essas Artes, como também segui os seus progressos, e expliquei as suas diferentes características. Numa palavra, segundo penso, demonstrei de uma maneira perceptível que as coisas que nos parecem mais singulares foram no seu tempo as mais naturais, e que só aconteceu o que tinha de acontecer».

Este postulado da necessidade natural de tudo, inclusive das línguas e do seu desenvolvimento, vai ser orquestrado pelos ideólogos sucessores de Condillac. Dentro desta óptica, Destutt de Tracy propõe nos seus *Éléments d'idéologie* (1801-1815) uma teoria das linguagens como sistemas de signos. «Todos os nossos conhecimentos» diz ele, «são ideias; essas ideias só nos aparecem quando estão revestidas de signos.» A partir deste ponto de partida, considera a gramática como «a ciência dos signos... Mas eu gostaria mais que se dissesse, e sobretudo que sempre se tivesse dito, que ela é a continuação da ciência das ideias». Sem se limitar à linguagem verbal, Destutt de Tracy verifica que «qualquer sistema de signos é uma linguagem:

acrescente-se agora que qualquer emprego de uma linguagem, qualquer emissão de signos é um discurso; e façamos com que a nossa gramática seja a análise de todas as espécies de discursos». Note-se a tentativa universalista desta semiótica «ideológica», que pretende ordenar qualquer discurso segundo as regras comuns das ideias: uma certa tendência moderna da semiótica pode encontrar aqui o seu antecedente. Por outro lado, dentro do espírito sintáctico da gramática do século XVIII, Tracy observa que «os nossos signos já não têm apenas o valor próprio de cada um deles; a este acrescenta-se o valor que resulta do lugar que eles ocupam».

A preocupação dos ideólogos é evidente: é necessário justificar histórica e logicamente a pluralidade das línguas que é constantemente confirmada pela observação gramatical. Portanto é preciso desenvolver teoricamente o postulado da origem lógica que se encontraria obrigatória e implicitamente sob cada uma dessas variáveis. Condillac afirma que a língua *original* nomeava aquilo que era dado directamente aos sentidos: em primeiro lugar as *coisas*, depois as *operações*; em primeiro lugar «fruto», depois «querer», finalmente «Pedro». O latim seria o exemplo deste tipo de língua. Aparecem depois as línguas analíticas que começam a frase com o sujeito e a terminam com o que dele se quer dizer. Estas duas categorias de línguas são susceptíveis de evolução e de transformação, devido a dois factores: o clima e o governo. Parece insinuar-se aqui a ideia de que as condições sociais influem no carácter da língua, mas Condillac exalta muito mais o papel do indivíduo genial do que o do organismo social. A sua teoria não deixa por isso de ser materialista. Pois, embora a língua seja um sistema rigoroso de signos, que Condillac não hesita em comparar com os signos matemáticos (e nesse sentido considera que o extremo rigor é a condição de sobrevivência e de futuro para uma determinada língua), não é uma abstracção ideal dada definitivamente. A língua está duplamente enraizada no real: primeiro porque são as sensações que informam o signo linguístico, depois porque o desenvolvimento das nossas sensações e dos nossos conhecimentos vai influenciar o aperfeiçoamento da própria língua. O realismo e o historicismo baseados na percepção do sujeito-fundamento da ideia encontram-se ligados na concepção de Condillac. «Portanto seria preciso colocarmo-nos primeiro nas circunstâncias sensíveis, a fim de fazermos signos para exprimirem as primeiras ideias que se adquiririam pela sensação e pela reflexão e, logo que reflectíssemos sobre estas, adquiriríamos outras novas, faríamos novos nomes cujo sentido se determinaria colocando os outros nas circunstâncias em que nos tínhamos encontrado, e obrigando-os a fazer as reflexões que nós tínhamos feito. Então as expressões suceder-se-iam sempre às ideias: seriam claras e precisas porque só dariam conta daquilo que cada um tivesse experimentado sensivelmente.» Assim, com a sua *percepção*, o *sujeito* produz a *ideia* que se exprime na *linguagem*: o desenvolvimento e o aperfeiçoamento deste processo constituem a *história* do conhecimento.

Uma das obras capitais que se colocam na sequência das ideias de Condillac é o livro de Court de Gébelin, *le Monde primitif analysé et comparé avec le monde moderne* (1774--1782).

A esta concepção da linguagem que se pode definir como um sensualismo racional e determinista, opõem-se as teorias de Rousseau (1712-1778) no seu *Essai sur l'origine des langues où il est parlé de la mélodie et de l'imitation musicale* (escrito em 1756, publicado em 1781). É certo que Rousseau atribui as propriedades comuns a todas as línguas ao facto de elas terem um papel social, enquanto a sua diversidade seria devida à diferença das condições naturais em que elas se produzem: «A fala, sendo a primeira instituição social, só deve a sua forma a causas naturais». Ora, para Rousseau, o que é comum às línguas não é um *princípio de razão*, mas uma *necessidade pessoal dos sujeitos*. Opondo-se ao princípio de que a razão molda o fundo de qualquer língua, assim como à tese de Condillac de que são as necessidades que formam a linguagem, Rousseau declara que «a primeira invenção da fala não provém das necessidades mas das paixões». «Apresentam-nos a linguagem dos primeiros homens como línguas de geómetras, e nós vemos que foram linguagens de poetas...»; «...a origem das línguas não se deve às primeiras necessidades dos homens; seria absurdo que da causa que os afasta viesse o meio que os une. Donde pode pois vir esta origem? Das necessidades morais, das paixões. Todas as paixões aproximam os homens a quem a necessidade de procurar viver obriga a fugir. Não foi a fome, nem a sede, mas o amor, o ódio, a piedade, a cólera, que lhes arrancaram as primeiras vozes...e é por isso que as primeiras línguas foram cantantes e apaixonadas, antes de serem simples e metódicas...»

É em Diderot (1713-1784), o inspirador da *Enciclopédia*, que encontramos uma concepção materialista da linguagem que influenciou indubitavelmente os trabalhos científicos dos gramáticos da época enciclopedista. Diderot retoma os grandes temas desenvolvidos pelos sensualistas e pelos ideólogos: o signo e a sua relação com a ideia e com a realidade sensível; os tipos de línguas na história; o desenvolvimento da linguagem; o alfabetismo e a escrita hieroglífica; os tipos de sistemas significantes como linguagens (as artes: a poesia, a pintura, a música), etc. Coloca definitiva e decididamente numa base rigorosamente materialista os esboços dos ideólogos e dos sensualistas, propondo assim uma das primeiras sínteses materialistas modernas referentes à teoria do conhecimento, e por conseguinte do funcionamento linguístico.

Diderot insiste no papel dos «objectos sensíveis» na formação da linguagem. «Os objectos sensíveis foram os primeiros a impressionar os sentidos; e aqueles que reúnem simultaneamente várias qualidades sensíveis foram os primeiros a ser nomeados; os diferentes indivíduos é que compõem esse universo. Depois distinguiram-se as qualidades sensíveis umas das outras; atribuíram-se-lhes nomes; são a maior parte dos adjectivos. Por fim, abstraindo destas qualidades sensíveis, encontrou-se ou julgou-se encontrar algo de comum em todos estes indivíduos, como a impenetrabilidade, a extensão, a cor, a figura, etc., e formaram-se os nomes metafísicos e gerais, e quase todos os substantivos. A pouco e pouco, acostumámo-nos a crer que esses nomes representavam seres reais; as qualidades sensíveis passaram a ser encaradas como simples acidentes...» (*Lettre sur les sourds et muets*). Ao processo de abstracção ideal Diderot opõe a tese segundo a qual o pensamento está longe de ser autónomo em relação à língua: «Os pensamentos oferecem-se ao nosso espírito, não sei através de que mecanismo, com a forma aproximada que vão ter no discurso, e, por assim dizer, completamente vestidos». Para captar o verdadeiro mecanismo da linguagem eliminando os pressupostos gramaticais legados pelo estudo das línguas clássicas ou modernas, Diderot propõe-se examinar o discurso gestual dos surdos e dos mudos em relação com a mesma mensagem transmitida em língua verbal.

Acaba por estabelecer a razão de ser da ordem das palavras da língua francesa – a sua lógica natural – para concluir que esta tem «vantagens em relação às línguas antigas».

Note-se finalmente a intuição genial de Diderot que considera os sistemas das artes como sistemas de signos, preconizando a necessidade de estudar a particularidade de cada um desses sistemas de signos (em música, em pintura, em poesia): «O pintor mostra a própria coisa; as expressões do músico e do poeta são apenas hieróglifos dela». Esta teoria de certos sistemas significantes como *sistemas hieroglíficos*, que ganha hoje um certo peso depois dos trabalhos de Freud (cf. pp. 267 e segs.), é já indicada por Diderot: «Sempre que o hieróglifo ocidental apareça – quer num verso, quer num obelisco; umas vezes obra da imaginação e outras do mistério – ele exige, para ser entendido, ou uma imaginação ou uma sagacidade pouco comuns. Como toda a arte de imitação tem os seus hieróglifos particulares, eu gostaria que algum espírito instruído e delicado se ocupasse um dia a compará-los entre si».

Os outros enciclopedistas, na sequência de Diderot, não podiam deixar de dar uma grande importância aos problemas da linguagem. O economista Turgot escreve o artigo "Étymologie" do t. VI da *Enciclopédia* (1756). Voltaire (1694-1718) interessa-se pela gramática, e, nos seus *Commentaires sur le théâtre de Corneille* (1764), estabelece, ou antes, defende algumas regras gramaticais que acabam por se impor graças à autoridade do escritor: eu creio + indicativo; eu não creio + conjuntivo; crêem vocês + indicativo ou conjuntivo, conforme o sentido, etc. Voltaire trabalha no *Dicionário da Academia* e projecta uma obra colectiva que seria uma *Enciclopédia Gramatical*. As suas observações linguísticas (recolhidas principalmente nos seus comentários sobre o teatro de Corneille) revelam um espírito lógico que considera que a ordem linguística correcta e natural é a ordem analítica, conforme a «essa lógica natural com que nascem todos os homens bem organizados». De facto, nenhuma língua «pôde atingir um plano absolutamente regular, visto que nenhuma foi formada por um conjunto de lógicos»; mas «as menos imperfeitas são como as leis: aquelas em que a arbitrariedade é menor, são as melhores» (*Dict. phil.*, art. "Langues").

As teorias propriamente gramaticais prolongam e transformam as concepções de Port-Royal. A mudança radical consiste na orientação para a expressão propriamente linguística, agora claramente distinta do conteúdo lógico. O padre Buffier, nas suas *Remarques* (publicadas em *Mémoires de Trévoux*) Outubro de 1706), sublinha que «como facto da linguagem é a própria expressão que se procura, muito mais do que a razão da expressão». As línguas têm uma especificidade que se não deve confundir, mesmo que o seu fundo lógico seja comum»: «Pela disposição das frases e das expressões, que constituem o próprio carácter de uma língua, o Francês é tão diferente do Latim como de qualquer outra língua, e em particular do Alemão». (*Grammaire françoise sur un plan nouveau*, 1709). No entanto, é a razão que se deve ocupar de todos estes factos linguísticos diversos e organizá-los em sistema: «Encontra-se essencialmente em todas as línguas o que a Filosofia aí considera, encarando-as como as expressões naturais dos nossos pensamentos; porque, do mesmo modo que a natureza pôs uma ordem necessária nos nossos pensamentos, ela pôs, por uma infalível consequência, uma ordem necessária nas línguas.» O projecto de Buffier é pois o de Ramus e o da *Grammaire générale:* a análise lógica é um método de sistematização de dados linguísticos variados.

A *teoria da proposição* de Buffier aproxima-se da dos solitários, mas completa-a, ao distinguir em primeiro lugar tipos de frases: «*completas*, aquelas em que há um nome e um verbo nas suas funções próprias», «*incompletas*, aquelas em que o nome e o verbo apenas servem para formar uma espécie de nome, composto de várias palavras, sem que se afirme nada, e que se poderia exprimir numa só palavra» (exemplo: «o *que é verdadeiro*»). Por outro lado, a gramática de Buffier descreve mais pormenorizadamente a construção da proposição: os nomes e os verbos recebem vários *modificativos* cuja diversidade é especificada, mas que exprime uma única relação de *complementação*: «Reservámos o termo *modificativo* para as palavras que só têm a função de indicar as circunstâncias do nome e do verbo». Os elementos modificativos referentes ao verbo podem ser *absolutos* (quando particularizam a acção do verbo) e *respectivos* (em relação aos quais se produz a acção do verbo). Exemplo: *é necessário sacrificar a vaidade* (absoluto) *ao repouso* (respectivo). Existem ainda os *modificativos circunstanciais* que marcam a circunstância.

Por seu lado, a obra de Du Marsais, *Méthode raisonnée pour apprendre la langue latine* (1722) anuncia os princípios de ensino que se vão juntar à mutação produzida por gramáticos como Buffier, para preparar a *Gramática* da *Enciclopédia*. Estes princípios pedagógicos consistem numa *dialéctica* dos princípios da *ratio* e do *uso*, isto é, das regras lógicas e da observação estritamente linguística, tal como das análises filosóficas e das análises formais. Isto permite ao gramático destacar, sob as categorias gramaticais herdadas do latim, *relações* entre os *termos* linguísticos. Assim, Du Marsais escreve: «Põe-se no dativo a palavra que significa aquilo a que ou a quem se dá ou se atribui qualquer coisa; é o caso da atribuição, e é por isso que esse caso se chama dativo, do verbo *dare*, 'dar': *date quietem senectuti*. Põem-se assim neste caso as palavras que são consideradas sob relações semelhantes à de dar e mesmo de receber: como a relação de fim, *finis cui*. O que é ensinado pelo uso e pelos exemplos».

Depois da gramática do abade Fremy, *Essay d'une nouvelle méthode pour l'explication des auteurs* (1722), e sob a influência crescente de Descartes por um lado, mas também de Locke e dos sensualistas, por outro, o ensino do francês é admitido no curso universitário como o prova o *Traité des Études*, «De l'étude de la langue française, de la manière dont on peut expliquer les auteurs français», de Charles Rollin (1726-1728). A partir daí, torna-se urgente a necessidade de encontrar uma *metalinguagem* específica e nova para dar conta das particularidades das relações nas línguas modernas, sem se abandonar por isso o domínio das relações universais, mas sem se deixar também o da língua. Os *Principes généraux et raisonnés de la langue françoise* (1730) de Pierre Restaut procuram demonstrar a necessidade desta junção entre os princípios do raciocínio e o conhecimento empírico das relações linguísticas (gravadas na memória): «Só o raciocínio não basta para o estudo de uma língua. Também é preciso que a memória se carregue e seja preenchida por um grande número de palavras e de combinações diferentes, cujo conhecimento só se adquire através de um exercício contínuo, e não pode ser da competência de nenhuma mecânica».

Restaut tem o génio de ligar numa mesma análise os termos, já utilizados separadamente antes dele, *sujeito* e *objecto*, para desenhar assim uma estrutura mais completa da construção frásica. Os critérios que presidem à definição destes termos continuam a ser semânticos: «Chama-se sempre *sujeito*, como já dissemos, ao nominativo de um verbo qualquer que ele seja. O *objecto* é a coisa na qual se termina uma acção intelectual ou uma acção produzida pela alma; como quando eu digo, *Eu amo Deus*». Mas Restaut acrescenta: «Quando uma acção é sensível e produz um efeito sensível, chama-se também sujeito à coisa na qual ela se termina. Por isso nestas frases: *Eu rasguei* o *meu livro*, *Caim matou Abel*, '*o meu livro*' e '*Abel*' são os sujeitos aos quais se destinam as acções de rasgar e de matar, e não podemos dizer que são os seus objectos».

Situando-se assim dentro dos esquemas das gramáticas formais, Restaut dá as correspondências semânticas de cada forma: assim, o genitivo «marca a relação de uma coisa que pertence a uma outra por produção ou usufruto, ou de qualquer outro modo». Finalmente, em lugar dos processos formalistas de substituição, Restaut destaca uma *relação* designada por um pronome interrogativo, precedido ou não por uma preposição: «Para encontrar a regência de um verbo activo, coloca-se *quê* ou *quem* em interrogação depois do verbo ou da preposição», para os complementos indirectos coloca-se «em interrogação *de quê*, ou *de quem*, *para quê* ou *para quem*». É justamente este tipo de análise que ainda perdura no ensino tradicional da gramática.

A partir de 1750 a actividade de formalização da língua francesa vai desenvolver-se em torno da *Enciclopédia:* primeiro com Du Marsais, e depois da sua morte, em 1756, com Douchet e Beauzée. A ideia dominante é indubitavelmente a da língua natural: cada língua possui uma ordem natural, *ordo naturalis*, quando se aproxima dos modelos do pensamento. Du Marsais escreve: «Tudo está na ordem natural, ordem conforme à nossa maneira de conceber pela fala e ao hábito que adquirimos naturalmente desde a infância, quando aprendemos a nossa língua natural ou qualquer outra; ordem por fim que deve ter sido a primeira no espírito de Cícero quando começou a sua carta por *raras tuas* [*Raras tuas quidem, fortasse enim non perferuntur, sed suaves accipio litteras*], pois como é que poderia ter dado a essas duas palavras a terminação do género feminino, se não estivesse a pensar em *litteras*? E por que é que lhes teria dado a terminação do acusativo se não tivesse querido fazer ver que essas palavras se relacionavam com *Eu recebo agora uma das das suas cartas; você escreve-me muito raramente, mas elas dão-me sempre grande prazer?*» Para encontrar esta ordem natural, recoberta pela preocupação tardia de elegância e de retórica, o gramático tem de «fazer a anatomia das frases», diz Du Marsais.

Com um objectivo semelhante – observação da diversidade das línguas e da sua redução à ordem natural – o abade Girard (*Les Vrais Principes de la langue française ou la parole réduite en méthode conformément aux lois de l'usage*, 1747) estabelece uma tipologia das línguas segundo o tipo de *construção das proposições*. Embora cada língua tenha o seu génio próprio, diz o abade, «estas podem todavia ser reduzidos a três espécies». Por um lado as línguas *analíticas* (que obedecem à ordem natural): o francês, o italiano, o espanhol. «O sujeito agente aparece em primeiro lugar, em seguida a acção acompanhada pelas suas modificações, e depois aquilo que constitui o seu objecto e o seu termo.» Em segundo lugar aparecem as línguas *transpositivas* (que não seguem a ordem natural) como o latim, o esclavónio e o moscovita, «que tanto fazem preceder o objecto, como a acção, como a modificação e a circunstância». E em terceiro lugar, as línguas *mistas* ou *anfibológicas*, o grego e o teutónico. Esta tipologia, como se vê, está baseada numa análise sintáctica que se torna o fenómeno marcante do pensamento linguístico da segunda metade do século.

Os componentes da proposição são sempre definidos de maneira semântica, mas também pelas relações dos elementos. A proposição *é um sistema de complementação* com o auxílio da preposição, e já função definida em termos lógicos. Portanto a preposição «consiste na indicação de uma relação determinativa, por meio da qual uma coisa afecta outra. A preposição anuncia sempre aquilo que afecta, que se chama o complemento da relação, e que por essa razão está sob a sua regência». As frases são: «incompletas, quando se limitam aos membros essenciais, Subjectivo e Atributivo»; «completa é aquela na qual, além do Subjectivo e do Atributivo, se encontram ainda os três seguintes, Objectivo-Terminativo-Circunstancial...» Eis pois o quadro completo da sintaxe da proposição com as suas sete partes «que podem ser admitidas na estrutura da frase, para daí se fazer o quadro do pensamento. Penso que em primeiro lugar é preciso um sujeito e uma atribuição para esse sujeito; sem isto não se pode dizer nada. Em seguida julgo que a atribuição pode ter, além do seu sujeito, um objecto, um termo, uma circunstância modificativa, uma ligação com uma outra, apenas para servir de apoio a qualquer destas coisas, ou para exprimir um movimento de sensibilidade ocasionado na alma daquele que fala».

Du Marsais vai servir-se desta admirável síntese do abade Girard, que conseguiu juntar Port-Royal aos gramáticos formalistas, para destacar uma análise das funções e das formas que as exprimem. Chevalier observa que a inovação de Girard consiste na introdução de um maior rigor lógico para precisar o conteúdo do termo *complemento* e para estabelecer a diferença entre *concordância* e *regência*. As teorias de Du Marsais sobre a origem da linguagem, sobre o seu carácter de *signo* e sobre a sua dependência do clima, teorias herdadas dos ideólogos, estão desenvolvidas nos seus *Fragments sur les causes de la parole*, tal como na sua *Logique* (edição póstuma). Expõe as suas ideias quanto à organização da proposição, principalmente no capítulo "De la construction grammaticale" dos seus *Principes de grammaire* e no artigo "Construction" da *Enciclopédia*. Distingue os dois planos da análise, gramatical e lógico: «Quando se considera gramaticalmente uma proposição, só se deve ter em conta as relações recíprocas que existem entre as palavras; pelo contrário, na proposição lógica, só se tem em conta o sentido total que resulta da reunião das palavras». A gramática ocupa-se da «disposição das palavras no discurso», e a sintaxe vai abordar as leis constantes dessa disposição, sem se fechar nos quadros estreitos da afirmação lógica, mas encarando qualquer enunciado afirmativo ou negativo tal como a enunciação de «certos pontos de vista do espírito».

O verdadeiro eixo da sintaxe torna-se a natureza do *complemento* que se destaca através e por meio da distinção identidade//determinação. A relação de identidade diz respeito ao nome e ao adjectivo. A relação de determinação «regula a construção das palavras». «Uma palavra deve ser seguida por uma ou por várias outras palavras determinantes sempre que, por si mesma, constitua apenas uma parte da análise de um sentido particular; o espírito vê-se então obrigado a esperar e a perguntar a palavra determinante para conhecer todo o sentido particular, que a palavra determinante só lhe anuncia em parte». Há um exemplo que específica esta noção de determinante-complemento: «Alguém me disse que o rei *deu*. Esta palavra *deu* é apenas parte do sentido particular; o espírito não fica satisfeito, fica apenas impressionado. Espera-se ou pergunta-se, 1.º *o que é que o rei deu?* 2.º *a quem é que deu?* Responde-se, por exemplo, à primeira pergunta que o *rei deu um regimento*; eis o espírito satisfeito em relação à coisa dada: portanto *regimento* é neste caso o determinante de *deu*. Pergunta-se em seguida, *A quem é que o rei deu o regimento?* Responde-se: *ao senhor N.* Assim, a preposição *a*, seguida do nome que a determina, forma um sentido parcial que é o determinante de *deu* em relação à pessoa *a quem*».

Uma vez feita esta análise das relações das partes do discurso, a declinação, mantida durante muito tempo a partir do modelo latino, desaparece definitivamente. São as *preposições* que se encarregam de articular as relações na frase, sem que sejam necessárias marcas formais correspondentes aos seis casos. «Por exemplo, a preposição *para* marca o motivo, um fim, uma razão; mas em seguida é preciso enunciar o objecto que é o termo desse motivo, e é aquilo a que se chama o *complemento da preposição*. Por exemplo, *ele trabalha para a pátria*: *a pátria* é o complemento de *para*...»

Embora tenhamos podido seguir aqui a elaboração do conceito sintáctico de *complemento* em Du Marsais, procuraríamos em vão uma teoria gramatical no artigo "Complément" da *Enciclopédia*. Beauzée observará mais tarde, no artigo, que, no artigo "Gouverner", só se insinuou que «seria preciso dar o nome de *complemento* àquilo a que se chama *regência*», mas que «no entanto é preciso não confundir estes termos como sinónimos; vou determinar a noção precisa de um e de outro em dois artigos separados; e assim suprirei o artigo "Complément" que M. Du Marsais omitiu no seu lugar, embora utilize frequentemente esse termo». No entanto a história da linguística considera Du Marsais como o inventor desta análise, e Fr. Thurot di-lo claramente na sua "Introdução" ao *Hermes* de Harris: «Du Marsais foi, segundo creio, o primeiro a considerar as palavras deste ponto de vista».

Na sua *Grammaire générale* (1767), Beauzée vai desenvolver e pormenorizar a análise dos complementos, depois da

Grammaire Françoise de De Wailly (1754). As descrições passam do logicismo ao semantismo ou voltam às categorias aristotélicas, mas o quadro do estudo sintáctico fica fixado, e ficá-lo-á até aos nossos dias para as gramáticas escolares. A burguesia tinha conseguido elaborar uma arma ideológica segura: encerrar a linguagem num quadro lógico que lhe tinha sido legado pelo classicismo, concedendo-lhe uma maleabilidade e uma relativa autonomia quando desvia ligeiramente a análise para os «factos» linguísticos. Universalismo e empirismo, interpenetrando-se, modelam esta concepção da construção frásica que a gramática do século XVIII conseguiu elaborar a partir do fundo de uma concepção «natural» da linguagem. Citemos, para terminar, o artigo "Langage" da *Enciclopédia* que condensa, sob a sua forma ideológica, aquilo que os gramáticos fizeram no plano da descrição «científica»:

«*Artigo III. Análise & comparação* das línguas. Todas as *línguas* têm um mesmo objectivo, que é a enunciação dos pensamentos. Para o conseguirem, todas empregam o mesmo instrumento, que é a voz: é como que o espírito & o corpo da linguagem; ora, até um certo ponto, passa-se o mesmo nas línguas assim consideradas e nos homens que as falam.

«Todas as almas humanas, se acreditarmos na escola cartesiana, são absolutamente da mesma espécie, da mesma natureza; têm as mesmas faculdades no mesmo grau, o germe dos mesmos talentos, do mesmo espírito, do mesmo génio, e só têm entre si diferenças numéricas & individuais: as diferenças de que depois nos apercebemos devem-se a causas exteriores; à organização íntima dos corpos que elas animam; aos diversos temperamentos que as conjunturas aí estabelecem; às ocasiões mais ou menos frequentes, mais ou menos favoráveis, para nelas excitar ideias, para as aproximar, combinar, desenvolver; aos pressupostos mais ou menos felizes que recebem pela educação, pelos costumes, pela religião, pela política, pelas ligações internas, civis & nacionais, etc.

«Passa-se quase o mesmo com os corpos humanos. Formados da mesma matéria, se se considerar a figura nos seus traços principais, ela parece, por assim dizer, tirada pelo mesmo molde: no entanto, talvez nunca tenha acontecido um homem ter tido com um outro uma semelhança exacta de corpo. Qualquer que seja a conexão física que exista entre homem & homem, a partir do momento em que há diversidade de indivíduos há diferenças mais ou menos sensíveis de aspecto, para além das que estão no interior da máquina: estas diferenças são mais marcadas em proporção da diminuição das causas convergentes para os mesmos efeitos. Assim, todos os indivíduos de uma mesma nação têm entre si diferenças individuais com os traços da semelhança nacional. A semelhança nacional de um povo não é a mesma que a semelhança de um outro povo vizinho, embora haja entre ambos caracteres de aproximação: esses caracteres enfraquecem-se & os traços diferentes aumentam à medida que os termos de comparação se afastam, até que a enorme diversidade dos climas & outras causas que dele mais ou menos dependem, já só deixa subsistir os traços de semelhança específica sob as diferenças de Brancos & Negros, de Lapões & Europeus meridionais.

«Distingamos igualmente nas *línguas* o espírito & o corpo, o objecto comum que se propõem & o instrumento universal de que se servem para o exprimir, numa palavra, os pensamentos & os sons articulados da voz; isolaremos aí o que elas têm necessariamente de comum & o que têm de próprio sob cada um destes pontos de vista, & pôr-nos-emos em condições de estabelecer princípios racionais sobre a geração das línguas, a sua afinidade & o seu mérito respectivo.

«O espírito humano... conseguiu distinguir partes no seu pensamento, embora ele seja indivisível, separando por meio da abstracção as diferentes ideias que constituem o seu objecto & as diversas relações que têm entre si em virtude da relação que todas mantêm com o pensamento indivisível com o qual são encaradas. Esta análise, cujos princípios provêm da natureza do espírito humano, que é sempre o mesmo, deve mostrar sempre os mesmos resultados, ou pelo menos resultados semelhantes, fazer encarar as ideias da mesma maneira & estabelecer nas palavras a mesma classificação.

«Eis pois o que se encontra universalmente no espírito de todas as *línguas*; a sucessão analítica de ideias parciais que constituem um mesmo pensamento, & as mesmas espécies de palavras para representar as ideias parciais encaradas sob os mesmos aspectos. Mas admitem todas, sobre estes dois objectos gerais, diferenças provenientes do génio dos povos que as falam, & que constituem simultaneamente os principais caracteres do génio dessas *línguas*, e as principais fontes de dificuldades que existem para traduzir exactamente de uma para a outra.

«1.º – Em relação à ordem analítica, há dois meios pelos quais ela pode ser tornada sensível na enunciação vocal do pensamento. O primeiro é colocar as palavras na elocução segundo a mesma ordem que resulta da sucessão analítica das ideias parciais; o segundo, é dar às palavras declináveis inflexões ou terminações relativas à ordem analítica, & regular em seguida a sua disposição na elocução por outros princípios, capazes de acrescentar qualquer perfeição à arte da fala. Daí resulta a divisão mais universal das *línguas* em duas espécies gerais que o abade Girard (*Princ. disc. I tom j. página* 23) chama *análogas & transpositivas*, e para as quais conservarei os mesmos nomes, porque me parecem caracterizar muito bem o seu génio distintivo.

«As *línguas análogas* são aquelas cuja sintaxe está submetida à ordem analítica, porque a sucessão das palavras no discurso segue a gradação analítica das ideias; o percurso destas *línguas* é efectivamente análogo & de algum modo paralelo à do próprio espírito, de que segue passo a passo as operações.

«As *línguas transpositivas* são aquelas que na elocução dão às palavras terminações relativas à ordem analítica, & que adquirem assim o direito de as fazer seguir no discurso um percurso livre e completamente independente da sucessão natural das ideias. O francês, o italiano, o espanhol, etc., são *línguas* análogas; o grego, o latim, o alemão, etc., são *línguas* transpositivas.

«Apresenta-se aqui uma questão muito natural. A ordem analítica & a ordem transpositiva das palavras supõem pontos de vista totalmente diferentes nas línguas que os adoptaram para regular a sua sintaxe: cada uma dessas duas ordens caracteriza um génio diferente. Mas como houve inicialmente apenas uma língua sobre a *terra*, será possível determinar de que espécie era, se era análoga ou transpositiva?

«Como a ordem analítica é o protótipo invariável das duas espécies gerais de *línguas*, & o fundamento único da sua comunicabilidade respectiva, parece bastante natural que a primeira *língua* se tenha agarrado escrupulosamente a ela, & que a ela tenha submetido a sucessão das palavras...»

XV. A LINGUAGEM COMO HISTÓRIA

O fim do século XVIII marca uma mudança que tanto se manifesta na ideologia como na filosofia e nas ciências que irão desenvolver-se no século XIX. À descrição dos *mecanismos* (incluindo o da língua) e à *sistematização* dos tipos (incluindo os das diversas línguas), sucede-se a concepção evolucionista, *histórica*. Já não basta formular regras de funcionamento ou correspondências entre os conjuntos estudados: é preciso abrangê-los com um só olhar que os coloca em linha ascendente. O *historicismo* vai ser a marca fundamental do pensamento do século XIX, e a ciência da linguagem não lhe conseguirá escapar. Donde é que ele aparece?

Considera-se geralmente como primeira formulação global do historicismo o livro de Herder, *Ideias sobre a Filosofia da História da Humanidade* (1784-1791). Herder propõe-se construir «uma filosofia e uma ciência daquilo que mais particularmente nos diz respeito, da história da humanidade em geral». Entre os motivos que fazem com que ele designe o domínio do «humano» como objecto de ciência, Herder cita os progressos da física, a formação da história natural («fazer um mapa-múndi antropológico, a partir do plano daquele com que Zimmermann enriqueceu a zoologia»), mas em primeiro lugar «a metafísica e a moral», «e finalmente a religião acima de tudo o resto». Que esta confissão de Herder não é um acaso, mas o verdadeiro fundamento ideológico do seu historicismo, é isto que os seus comentadores demonstram. Na "Introdução" de Edgar Quinet a *Ideias sobre a Filosofia da História da Humanidade* (1827), o leitor vê claramente que a tentativa de Herder é uma reacção transcendental às transformações sociais radicais vividas pelo século XVIII: a queda dos impérios, a transformação dos Estados sob o golpe da Revolução. «O pensamento já não repousava em cada uma delas isoladamente. Para cumular o vazio, eram acrescentadas umas às outras; eram todas abrangidas por um mesmo olhar. Não havia já indivíduos que se sucediam uns aos outros, mas seres colectivos que ficavam encerrados em estreitas esferas. Depois, vendo que mesmo isso só servia para manifestar o nada, as pessoas empenharam-se em investigar se não haveria pelo menos, no seio dessa instabilidade, uma ideia permanente, um princípio fixo em torno do qual se sucederiam os acidentes das civilizações numa ordem eterna...» O desintegrar das estruturas sociais coloca o pensamento diante da vertigem do nada, do vazio que ele se esforça por preencher: «De resto, se alguma vez esta filosofia da história se tornar um recurso na aflição pública ou privada...» (*ibid.*). O historicismo da ideia permanente, o princípio fixo da evolução, é o meio através do qual o idealismo reage contra o materialismo da Revolução Francesa. Encarrega-se de apagar o vazio em que se encontra o pensamento idealista desenraizado dos seus refúgios pela brecha que a Revolução opera no universo estático de «uma lógica natural». O historicismo estabelece a sua *razão* para a *ruptura* para encontrar uma continuidade depois da fragmentação. Herder (1744-1803) vai formular os seus princípios, precursores da dialéctica hegeliana: «O encadeamento dos poderes e das formas nunca é retrógrado nem reaccionário, mas sempre progressivo»; a *organização* é apenas «a escala ascendente que conduz (as formas) a um estado mais elevado»; «qualquer destruição é uma metamorfose, o instante da passagem a uma esfera de vida mais elevada».

Mas onde é que se pode encontrar essa *razão* ou essa *lógica* que explica o motivo da ruptura revolucionária e materialista, retomando-a no princípio fixo e tranquilizador da evolução? No ponto em que a lógica se produz, no ponto em que a encontramos quando pretendemos prová-la: na *linguagem*.

Enquanto os gramáticos de Port-Royal tinham demonstrado que a linguagem obedece aos princípios da lógica do juízo, enquanto os enciclopedistas queriam ver nela a lógica da natureza sensível e a confirmação da influência das circunstâncias materiais (clima, governo), o século XIX pretende demonstrar que a linguagem também tem uma evolução para basear nela o princípio da evolução da ideia e da sociedade.

Na descoberta do *sânscrito* e no parentesco das línguas indo-europeias, a ideologia evolucionista encontra o corolário linguístico indispensável à sua instalação. A sociedade é pensada a partir do modelo da linguagem visto como uma linha evolutiva; melhor ainda, a partir do modelo da *evolução fonética*, isto é, da alteração da forma significante destacada do seu conteúdo significado. Admirável junção da Ideia e da Voz em evolução, separadas em Platão para se reencontrarem em Hegel e se confirmarem uma à outra. O evolucionismo chega a tomar por empréstimo os *termos linguísticos* para «precisar» estas operações suspensas no inacabamento de um acto falhado, interrompido no «tempo eterno»: Edgar Quinet fala de uma «harmonia das idades»: «Cada povo que cai no abismo é um acento da sua voz; cada cidade é apenas uma palavra interrompida, uma imagem quebrada, um verso inacabado desse poema eterno que o tempo se encarrega de desenrolar. Ouvem este imenso discurso que roda e cresce com os séculos, e que, sempre retomado e sempre suspenso, deixa cada geração na incerteza da fala que se vai seguir? Tem, como os discursos humanos, os seus circunlóquios, as suas exclamações de cólera, os seus movimentos e os seus repousos...»

É a partir deste fundo ideológico que vai nascer e desenvolver-se a *linguística comparada* e a *linguística histórica*. Esta bebe nos princípios gerais do romantismo e do evolucionismo alemão, mas destaca daí a sua autonomia, e consegue desenvolver-se como uma ciência objectiva, independente da exploração ideológica que dela vai ser feita. Serve-se do pensamento romântico para reagir contra aquilo a que M. Bréal chamará «a simplicidade um pouco nua, a abstracção um pouco seca dos nossos enciclopedistas do século XVIII». Em lugar da ordenação sintáctica dos gramáticos do século XVIII, a linguística do século XIX propõe a visão *genealógica* das línguas, que ela agrupa em famílias, fazendo derivar cada membro de uma fonte inicial.

Neste trabalho, a linguística do século XIX serve-se sobretudo da descoberta, feita pelos linguistas do século precedente, do *sânscrito* e dos seus parentescos com certas línguas europeias. Com efeito, o conhecimento da Pérsia e da Índia atrai o interesse dos sábios. Forma-se uma Sociedade Asiática em

Calcutá que publica trabalhos sobre a língua indiana. Sabe-se que em 1767 o padre Coeurdoux tinha enviado um memorial intitulado: «Question proposée à M. l'abbé Barthélémy et aux autres membres de l' Académie des Belles-Lettres et Inscriptions: D'ou vient que dans la langue samscroutane il se trouve un grand nombre de mots qui lui sont communs avec le latin et le grec, et surtout avec le latin?» A Academia deixa sem resposta esta questão essencial sobre o parentesco linguístico.

Entrementes a tradução de textos literários indianos progride: William Jones traduz *Sakountala,* e verifica, em 1786, que existe um parentesco entre o sânscrito, o grego e o latim que «não pode ser atribuído ao acaso».

Nesta atmosfera de crescente interesse pela Índia, pela sua língua e pelas relações que mantém com as línguas europeias, organiza-se em Paris no princípio do século XIX um círculo de sanscritistas com a participação de Al. Hamilton, membro da Sociedade de Calcutá, do padre Pons, de Frederico Schlegel, do indianista Chézy, de Langlês, de Fauriel, do arabista Sylvestre de Sacy, e mais tarde de Augusto-Guilherme Schlegel. Adelung publica o seu *Mithridate* (1808), primeira súmula global do saber sobre numerosas línguas.

Por outro lado, o ensino de Leibniz e de Mercier, que anunciavam a necessidade e a possibilidade de fazer da gramática uma ciência, vai acrescentar-se ao interesse histórico para dar origem à *ciência linguística histórica.*

Mas é a Índia que suscita o entusiasmo dos filólogos e dos linguistas: como «origem perdida», como «língua materna» abandonada, que é preciso retomar para animar o saber em ruínas. «Possam os estudos indianos», escreve Frederico Schlegel (*Sobre a Língua e a Sabedoria dos Indianos,* 1808), «encontrar alguns desses discípulos e desses protectores, como a Itália e a Alemanha, nos séculos XV e XVI, viram erguer-se subitamente em tão grande número para os estudos gregos e realizar em tão pouco tempo tão grandes coisas! O renascimento do conhecimento da Antiguidade transforma e rejuvenesce imediatamente todas as ciências: podemos acrescentar que rejuvenesce e transforma o mundo. Os efeitos dos estudos indianos, ousamos afirmá-lo, não seriam hoje menores nem teriam um alcance menos geral, se fossem empreendidos com a mesma energia e introduzidos no círculo dos conhecimentos europeus.»

Considera-se como data do nascimento da linguística comparada, e consequentemente da linguística histórica e geral, a publicação em 1826 pelo alemão Franz Bopp (1791-1867) do seu memorial *Do Sistema de Conjugação da Língua Sânscrita, Comparado com o das Línguas Grega, Latina, Persa e Germânica*. A este trabalho, ao qual havemos de voltar, acrescentam-se as investigações do dinamarquês Rasmus Rask (1787-1832) sobre o parentesco das línguas europeias, assim como a descoberta feita por Jacob Grimm em 1822 na sua *Deutsche Grammatik* das leis fonéticas de *Ablaut* (alternância vocálica) e de *Umlaut* (mudança de timbre de uma vogal por influência de uma vogal vizinha fechada), tal como as regras de mutação consonântica, *Lautverschiebung* (às consoantes germânicas *f, p, h* correspondem as consoantes gregas π, τ, κ e as latinas *p, t, k*, etc.).

Deixemos por agora a ordem cronológica destas descobertas, e examinemos em primeiro lugar a contribuição de Rask. Pois o linguista dinamarquês, embora seja, com Bopp e Grimm, um dos fundadores do método histórico em linguística, permanece, pelas suas concepções e pelo carácter das suas investigações, anterior à grande corrente evolucionista que arrasta a linguística do século XIX: não é historicista, mas *comparativista*.

As descobertas empíricas de Rask, cuja principal obra se intitula *Investigação sobre a Origem do Nórdico Antigo ou da Língua Islandesa* (1814), consistem em primeiro lugar na demonstração de que as línguas lituana e lética formam uma família à parte no indo-europeu, tal como a língua iraquiana ou avéstica é uma língua indo-europeia independente. Descreveu com muito rigor as *alterações fonéticas* que correspondem a uma *estrutura comum*: assim, quando compara a classe das línguas «trácias» (lituano, eslavo) com o grego e o latim, Rask verifica «(que) não só várias palavras se assemelham numa certa medida pela sua forma e pelo seu sentido, mas (que) essas semelhanças são em tal número que as regras podem ser deduzidas da mudança das letras, enquanto a estrutura completa das línguas é a mesma nas duas classes».

Os estudos aprofundados de Rask sobre as línguas nórdicas tornam-no indubitavelmente o fundador da filologia nórdica. Pertence-lhe a descoberta da primeira lei fonética, a *mutação germânica* (assim, por exemplo, a correlação regular em princípio de palavra de *p* e *t* latinos com *F* e *P* germânicos: *pater tres* > faθir, Priz).

Ora, o objectivo teórico de Rask não era histórico. Espírito lógico e sistematizante, pertencia mais à época dos enciclopedistas do que à dos românticos, que ele detestava. A hipótese de uma descendência histórica das línguas, que teria as suas raízes no sânscrito, não lhe interessava: fez tudo para impedir a viagem à Índia que as autoridades lhe tinham imposto, e quando mesmo assim se viu obrigado a fazê-la, não trouxe nenhum documento das línguas dos países visitados (Rússia, Cáucaso, Irão, Índia), para grande decepção dos seus contemporâneos. Embora se inspirasse nas descobertas das ciências naturais e considerasse, como se fazia frequentemente no século XIX, que a língua era um *organismo,* Rask dedicava-se mais a *classificar* as línguas como o faziam os linguistas do século XVIII, ou como Lineu em botânica, do que a descobrir o seu desenvolvimento histórico, como Darwin em zoologia. Como observa Hjelmslev (*Commentaire sur la vie et l'oeuvre de R. Rask,* C. I. L. U.P., 1950-1951) – e a sua opinião não é apenas uma ideia preconcebida de estruturalista – a ciência de Rask é *tipológica* e não *genética*: «Descobriu o método a seguir para classificar as línguas por famílias, mas, para ele, essa classificação é ainda apenas uma classificação tipológica». Com efeito, para Rask, não há mudança da língua: uma língua só pode desaparecer, como aconteceu com o latim, não pode evoluir e transformar-se noutras línguas. Quando ele observa as correspondências fonéticas ou gramaticais de diversas línguas, estabelece o seu parentesco e constitui com elas uma família, nada mais. Para ele, «uma família de línguas é um sistema de línguas, portanto um sistema de sistemas», e não uma árvore genealógica. Aliás, o credo filosófico de Rask (que ele enunciou no seu curso, por volta de 1830) confirma as conclusões de Hjelmslev. Depois de ter declarado que «a língua é um objecto da natureza» e que «o conhecimento da língua se assemelha à história natural», Rask prossegue: «A língua apresenta-nos dois objectos de considerações filosóficas: 1.º – a relação entre os objectos, isto é, o sistema; 2.º – a estrutura desses objectos, isto é, a fisiologia. Isto não é mecânico; pelo contrário, é o supremo triunfo da aplicação da filosofia à natureza, se permitir encontrar o verdadeiro sistema da natureza e mostrar a sua verdade». Hjelmslev sublinha precisamente que, para Rask, o estudo da língua supõe dois níveis que se entrecortam: a *explicação* que produz os dicionários e a gramática e que é uma teoria da *forma linguística* e a *investigação* ou teoria do *conteúdo*: «O exame científico do pensamento que se esconde na estrutura da língua, isto é, das ideias expressas pelas formas da derivação e da flexão, etc.» Assim, embora Rask se interesse pelas correspondências *fonéticas*, as correspondências das *estruturas* do conteúdo é que são decisivas para ele. Não consegue abstrair-se destas para captar apenas as correlações fonéticas e para destacar nesta mutação do significante a linha evolutiva da *história da linguagem,* como o fazem Grimm e Bopp. E se mesmo assim consegue classificar as línguas indo-europeias numa mesma família, é porque, na maior parte dos casos, as correspondências fonéticas andam a par das correspondências de estrutura (correspondência lógica, significada, correspondência de conteúdo). Por isso podemos dizer como Hjelmslev que «não é a história da língua que interessa a Rask, é o sistema linguístico e a sua estrutura», e que a sua linguística comparada não é genética, mas geral e está ligada à preocupação de sistematização lógica dos enciclopedistas... Isto não impede que ele seja o autor do primeiro esboço de uma gramática indo-europeia comparada.

A Franz Bopp coube formular o princípio de mudança das línguas que, idênticas na origem, sofrem modificações que obedecem a certas leis, e produzem idiomas tão diversos como o sânscrito, o grego, o latim, o gótico e o persa. Depois de uma estadia em Paris de 1812 a 1816, onde toma conhecimento dos trabalhos dos sanscritistas e dos orientalistas parisienses, Bopp publica o seu memorial *Du systeme de conjugaison...* «Devemos conhecer», escreve ele, «antes de tudo o mais o sistema de conjugação do indiano antigo, percorrer, comparando-as, as conjugações do grego, do latim, do germânico e do persa; assim aperceber-nos-emos da sua identidade; ao mesmo tempo reconheceremos a destruição progressiva e gradual do organismo linguístico simples e observaremos a tendência para a sua substituição por agrupamentos mecânicos, donde resultou uma aparência de organismo novo, quando os elementos desses grupos deixaram de ser reconhecidos.»

Para provar este princípio sem abandonar o terreno da gramática, Bopp demonstra, contra Schlegel, que as *flexões* (noção utilizada por Schlegel) são antigas *raízes*: diz ele «Se a língua, utilizou, com o génio previdente que lhe é próprio, signos simples para representar as ideias simples das pessoas, e se nós vemos que as mesmas noções são representadas da mesma maneira nos verbos e nos pronomes, podemos concluir que a letra tinha na origem uma significação e que se manteve fiel a esta. Se havia outrora uma razão para que *mâm* significasse 'me' e para que *tam* significasse 'lhe', é sem dúvida a mesma razão que faz com que *bhavâ-mi* signifique 'eu sou' e *bhava-ti* signifique 'ele é'».

Bopp publica sucessivamente *Vergleichende Zergliederung des Sanscrits und der mit ihm verwandten sprachen* (1824--1831) e a sua *Vergleichende Grammatik* (1833-1852).

Comparada com a obra de Rask, a de Bopp tem um campo menos vasto na sua origem: Bopp ocupa-se efectivamente do sânscrito que Rask menospreza, mas só toma em consideração o lituano em 1833, o eslavo em 1835 e o arménio em 1857; o parentesco com o celta é apenas observado em 1838, e o albanês só é incluído em 1854. Por outro lado, o seu trabalho incide apenas sobre as flexões: na sua gramática comparada quase não há fonética; mas contribuiu para a investigação das leis fonéticas demonstrando contra Grimm que o *Ablaut* (por exemplo: *sing-sung-sang*) não é significativo, mas que se deve a leis de equilíbrio fonético e à influência do acento tónico. Bopp alarga o seu campo de investigação quando, na edição inglesa de *Konjugations System*, toma em consideração a declinação.

Embora a intenção evolucionista de Bopp esteja na linha da ideologia da época, a sua investigação não deixa por isso de se afastar do idealismo místico e metafísico dos românticos alemães (como o mestre de Bopp, Windischmann, tal como Herder e Schlegel), para se aproximar de uma atitude positivista no que diz respeito à língua. Com efeito, ele acredita que, através do sânscrito, conseguirá encontrar a «origem comum» das línguas, embora tenha modificado depois a sua concepção inicial para considerar que o sânscrito não é essa língua original, mas que faz parte, como os outros idiomas, das «modificações graduais de uma mesma e única língua primitiva». Esta concepção, que o leva a querer aparentar as línguas caucasiana, indonésia, melanésia e polinésia com as línguas indo-europeias, Bopp confessa-a desde o prefácio da primeira edição da sua *Gramática*

Comparada das Línguas Indo-Europeias, em 1833, embora a modere com furtivas advertências contra a investigação do mistério do signo (isto é, da significação dos primeiros sons, das raízes): «Proponho-me fornecer nesta obra uma descrição do organismo das diferentes línguas que estão nomeadas no título, comparar entre si os factos da mesma natureza, estudar as leis físicas e mecânicas que regem estes idiomas, e procurar a origem das formas que exprimem as relações gramaticais. Resta apenas o mistério das raízes ou, por outros termos, a causa pela qual determinada concepção primitiva é marcada por um som e não por outro, que não vamos tentar desvendar; não vamos examinar, por exemplo, por que é que a raiz *I* significa 'ir' e não 'parar', e por que é que o grupo fónico *STHA* ou *STA* quer dizer 'parar' e não 'ir'. Com esta única reserva, vamos procurar observar a linguagem na sua eclosão e no seu desenvolvimento... Na maior parte das vezes a significação primitiva e por conseguinte a origem das formas gramaticais revelam-se por si mesmas, logo que alargamos o círculo de investigações e logo que aproximamos umas das outras as línguas provenientes da mesma família que, apesar de uma separação que data de vários milhares de anos, apresentam ainda a marca irrecusável da sua descendência comum.»

Bopp confirma esta tendência para se afastar do misticismo da época, para procurar uma base positivista na própria substância da língua, estudada por si mesma e em si mesma, numa frase célebre do seu prefácio à sua *Gramática Comparada*, em que alguns vêem já o prenúncio das teorias de Saussure: «As línguas de que esta obra trata são estudadas por si mesmas, isto é, como objecto, e não como meio de conhecimento». Isto quer dizer que a *linguística histórica será a verdadeira linguística*, e não um estudo das maneiras de raciocinar (como o era a *Grammaire générale*): uma análise da textura própria da construção linguística, através da sua evolução específica.

Portanto, a grande contribuição de Bopp é ter incorporado o sânscrito no estudo positivo da língua. «O conhecimento desta língua», escreve Pedersen, (*The Discovery of Language*, 1931, ed. 1962), «teve um efeito revolucionário, não só porque se tratava de qualquer coisa de novo, qualquer coisa que se encontrava fora do velho campo do saber, uma coisa que os sábios abordavam sem estarem entravados pelos velhos preconceitos, difíceis de eliminar, que lhes tinham sido impostos pelos Gregos e pelos Latinos, mas também porque o sânscrito tem uma estrutura tão extraordinariamente precisa. Tal como esta estrutura tão clara pôde produzir a admirável clareza da gramática indiana, assim produziu a gramática comparada quando exerceu o seu efeito sobre os cérebros dos sábios europeus. Embora a obra de Rask seja sob vários pontos de vista mais madura e mais autêntica, o livro de Bopp, apesar de vários contra-sensos, trouxe um estímulo mais forte à investigação futura, e isto apesar da obra de Rask ter sido escrita numa língua mais difundida mundialmente... O pequeno ensaio de Bopp, por conseguinte, pode ser considerado como o *verdadeiro começo* daquilo a que chamamos a linguística comparada.» Através do seu idealismo e apesar dos seus erros, Bopp marcou uma verdadeira transformação epistemológica. M. Bréal (*Introduction à la Grammaire de Bopp*, 1875) dá dela a seguinte formulação: «É necessário reatarmos o encadeamento para compreendermos os factos que encontramos num dado momento da sua história. O erro do antigo método gramatical foi pensar que um idioma forma um todo completo em si, que se explica por si mesmo».

É preciso sublinhar a importância dos escritos de Guilherme de Humboldt (1767-1835), que foi um amigo de Bopp, iniciado por este no sânscrito, pois eles estão na origem da visão comparatista e historicista da linguagem. Mais filósofo do que linguista, Humboldt ficou célebre pelas suas obras: *Ueber das Entstehen des grammatischen Formen und ihren Einfluss auf die Ideenentwicklung* (1822), *Ueber die Kawi-sprache auf der Insel-Java* (1836-1840), *Lettre à M. Abel Rémusat sur la nature des formes grammaticales en général et le génie de la langue chinoise en particulier*, etc. A sua influência e a sua autoridade foram tais que houve quem o considerasse o «verdadeiro criador da filologia comparada». A posição filosófica de Humboldt (nota V. A. Zvegintzev, em *Textes de l'histoire de la linguistique du XIXe siècle*, Moscovo, 1956) é a de Kant: para ele, a consciência é uma entidade, independente da matéria objectivamente existente e obedecendo a leis próprias. «A linguagem é a alma na sua totalidade. Desenvolve-se segundo as leis do espírito». Mas, ao mesmo tempo, Humboldt definia a linguagem como o instrumento do pensamento, embora sublinhasse que a língua não era uma soma de traços mas o conjunto dos meios que realizam o processo ininterrupto do desenvolvimento linguístico. Daí a distinção que estabelece entre língua e discurso: «A língua como soma dos seus produtos distingue-se da actividade discursiva».

Um dos temas maiores dos textos de Humboldt é estabelecer uma *tipologia* das estruturas das línguas e fazer a sua *classificação*. Cada estrutura corresponde a um modo de apreender o mundo, pois «a natureza consiste em fundir a matéria do mundo sensível no molde dos pensamentos», ou «a diversidade das línguas é uma diversidade das ópticas do mundo». Embora uma teoria deste tipo possa conduzir a uma tese «racista» (à superioridade da língua corresponde uma superioridade de raça), tem a considerável vantagem de insistir na união inseparável do pensamento e da língua, e parece pressagiar a tese materialista de Marx, a saber, que a linguagem é a única realidade do pensamento. É evidente que a visão tipológica de Humboldt está dominada pelo princípio evolucionista: as línguas têm origem perfeita, um desenvolvimento e uma decadência. O pensamento moderno, por outro lado, descobre em Humboldt certos princípios que a ciência e a filosofia actuais parecem retomar: como o princípio de que a língua não é uma *obra*, ἔργον, mas uma *acti*vidade, ἐνέργεια, princípio que seduziu os transformacionalistas como Chomsky. É também a Humboldt que pertence a descoberta do conceito *Innere Sprachform*, forma linguística interior, anterior à articulação, conceito em que se baseia L. Tesnière, e que não deixa de ter repercussões na semântica estrutural e em toda a semiótica.

Vemos como é que, com o auxílio da reacção romântica, a ciência da linguagem se constitui confrontando-se com dois factos epistemológicos: com o sistema lógico do século precedente e com o desenvolvimento das ciências naturais do seu tempo. O estudo da linguagem «deixa de tomar as categorias lógicas por explicações», diz A. Meillet, pensando nos gramáticos enciclopedistas (*Introduction à l'étude comparée des langues indo-européennes*, 7.ª ed., 1954); pretende imitar o estudo dos «seres vivos», os *organismos,* a exemplo dos quais se começam a pensar as sociedades. A linguagem, «na sua maior parte, não se deixa reduzir a fórmulas abstractas como um facto de Física» (*ibid*). À lógica dos sistemas sucede-se o *vitalismo do logos*. Esta mutação é sentida como uma reacção ao método apriorístico lógico, que (em referência a Arquimedes, a Galileu, a Newton) tinha marcado a época precedente: «O método tinha atingido a sua perfeição, e só era preciso aplicá-lo com uma precisão cada vez maior a todos os objectos que ele permitia estudar. O método da explicação histórica foi pelo contrário uma criação do século XIX (e já em certa medida do fim do século XVIII). A crusta terrestre, os seres organizados, as sociedades e as suas instituições apareceram como os produtos de desenvolvimento histórico cujos pormenores não podiam ser adivinhados *a priori,* e de que só se podia dar conta observando e determinando, tão exactamente quanto o permitissem os dados, a sucessão e os cruzamentos dos factos particulares através dos quais eles se realizaram... os próprios corpos inorgânicos têm uma história.»

Este raciocínio de Meillet esboça o trajecto pelo qual o evolucionismo se afasta da investigação metafísica das «origens» para se tornar uma *descrição exacta de uma história* – um positivismo histórico. A linguística *comparada* do princípio do século torna-se *histórica,* ao passar por Bopp, na medida em que este demonstra o parentesco genético das línguas descendentes uma da outra e remontantes a uma mesma origem, mas sobretudo com Grimm (*Deutsche Grammatik,* t. I, 1819; tomos seguintes 1826, 1831, 1837), que abandona a tese do parentesco e se dedica ao estudo cronológico de uma só língua: uma cronologia seguida minuciosamente, passo a passo, que faltava aos comparatistas e que fundamente definitivamente a linguística em bases exactas.

É por volta de 1876, assinala Pedersen, que se efectua esta viragem decisiva, anunciada portanto por Grimm, tal como por Franz Diez (*Grammatik der romanischen Sprachen,* 1836--1844). Mas o romanista alemão Diez tem predecessores que seguem o exemplo de Bopp e de Grimm e elaboram a gramática comparada e histórica de diversas línguas: E. Burnouf (1801--1852) ocupa-se do iraniano, Dobrovsky (1753-1829) estuda as línguas eslavas, o que permitirá a F. Miklosisch (1813-1891) publicar a *Grammaire comparée des langues slaves* (1852--1875). Mais tarde E. Curtius (1814-1896) aplica o método comparativo ao grego (1852), e Theodor Benfey (1809-1881) ocupa-se do egípcio. Um professor desconhecido, J. K. Zeuss (1806-1856) esclarece a posição do céltico na família indo--europeia, na sua *Grammatica celtica* (1853). Mas a obra de

Diez, fundador dos estudos românicos (cf. L. Wagner, "Contribuition à la préhistoire du romantisme", C. I. L. U. P., 1950--1955), é estimulada, à partida, pelo livro de um francês, François Raynouard (1761-1836): *Choix de poésies originales des Troubadours contenant la grammaire comparée de la langue des Troubadours* (1816-1821). O autor desenvolve a teoria errónea de Dante segundo a qual o provençal é a língua--mãe das línguas românicas: mas apresenta um imenso material linguístico (francês, espanhol, italiano, português, ferrarês, bolonhês, milanês, bergamasco, piemontês, mantuano, friulano, etc.) cujos elementos compara no plano do léxico, da morfologia e da sintaxe. Suscitado pelas investigações dos eruditos que se debruçaram sobre o provençal (Achard, Féraud, etc.), o trabalho de Raynouard corta com o conjunto da linguística francesa da época que, fiel a Port-Royal e à *Enciclopédia,* hesita em adoptar os pontos de vista românticos dos Alemães e, por isso, continua a pôr reservas à gramática comparada. Como disse Meillet, Condillac tinha cortado o caminho a Bopp... Augusto-Guilherme von Schlegel respondeu à obra de Raynouard, cuja concepção critica, no seu livro: *Observações sobre a Língua e a Literatura dos Trovadores* (1818).

O jovem Franz Diez é pois o herdeiro destes estudos e, tendo começado por estudos literários sobre a poesia dos trovadores, consagra-se definitivamente à análise histórica da língua francesa, que ele aproxima das outras línguas românticas. É Diez quem, contra Raynouard, verifica que as línguas românicas provêm do latim vulgar. Embora não inclua nesta categoria o catalão, o rético e o sardo, distingue o romeno como língua românica.

Fundada assim a linguística românica, aparecem vários trabalhos consagrados ao estudo histórico do francês: a primeira *Grammaire descriptive du vieux français,* por Conrad von Orelli (1830); *Recherche sur les formes grammaticales de la langue française et de ses dialectes au XIIIe siècle,* por Gustave Fallot (1839); *Histoire de la formation de la langue française* de J. J. Ampère (1841); *Variation de la langue française depuis le XIIe siècle* de Fr. *Génin* (1845); *Histoire des révolutions du langage en France,* de F. Wey (1848), etc., para se chegar à *Histoire de la langue française,* em dois volumes, de É. Littré (1863).

Este período evolucionista da linguística histórica, embora inicie uma viragem para o positivismo com a constituição dos estudos germânicos, românicos, etc., encontra o seu apogeu *genético* na obra de Augusto Schleicher (1821-1868) que está de acordo com os fenómenos marcantes da epistemologia da época: a ciência de Darwin e a filosofia de Hegel. Eis como Schleicher impregna a sua reflexão linguística de termos e de conceitos biológicos: «Para me servir de uma comparação, penso chamar às raízes simples células da linguagem na qual ainda não existem órgãos especiais para as funções gramaticais como o nome, o verbo, etc., e na qual essas mesmas funções estão ainda pouco diferenciadas como, por exemplo, a respiração ou a nutrição nos organismos monocelulares ou nos fetos dos animais superiores». Referindo-se à tese de Darwin sobre a selecção natural dos organismos na luta pela existência, Schleicher considera que ela tanto diz respeito às línguas como aos organismos vivos. Escreve ele: «No actual período da vida da humanidade, os vencedores na luta pela existência são sobretudo as línguas da família indo-germânica; a sua difusão continua incessantemente afastando outras línguas.» Por outro lado e sempre como eco de Darwin, as teses linguísticas de Schleicher parecem transpor a concepção hegeliana segundo a qual uma língua é mais rica quando não está desenvolvida, portanto no estado primitivo dos povos, e, pelo contrário, empobrece-se com o avanço da civilização e da formação da gramática.

Para Hegel (1770-1831), efectivamente, a língua é como que um «depósito» do pensamento, e este filósofo propõe uma hierarquização das línguas segundo a sua aptidão para exprimirem, através das suas categorias gramaticais, as operações lógicas. Note-se, na passagem que se segue, até que ponto é que estas operações lógicas, dadas como omnivalentes, são decalcadas sobre o modelo das línguas indo-europeias, inclusivamente do alemão, e como é que, por conseguinte, o logicismo de Hegel o leva não só a menosprezar a particularidade das outras línguas (o chinês, por exemplo), mas também a propor uma concepção discriminatória da linguagem:

«As formas do pensamento encontram inicialmente a sua exteriorização na *linguagem* do homem na qual ficam por assim dizer depositadas. Nunca é de mais lembrar que é pelo pensamento que o homem se distingue do animal. Em tudo o que se torna a sua interioridade, a sua representação em geral, encontramos a intervenção da linguagem; e tudo aquilo com que ele forma a sua linguagem, e o que ele exprime pela linguagem contém uma categoria mais ou menos velada, misturada ou elaborada. É assim que ele pensa naturalmente segundo a lógica, ou melhor, que a lógica constitui a sua própria natureza. Mas se quiséssemos opor ao espiritual a natureza em geral como fazendo parte do mundo físico, teríamos de dizer que a lógica constitui o natural, que penetra toda a atitude do homem em relação à natureza, os seus sentimentos, intuições, desejos, necessidades, impulsos, e que é o homem que os humaniza, embora de um modo formal, e que os transforma em representações e em afins. Podemos falar da superioridade de uma língua quando esta é rica em expressões lógicas, e nomeadamente em expressões particulares e isoladas, feitas para designarem as próprias determinações do pensamento. Entre as preposições, artigos, etc., muitos são os que correspondem a situações que assentam no pensamento. Não podemos dizer que a língua chinesa atingiu este ponto, no decorrer da sua formação; mas esses artigos, quando existem, têm nela um papel totalmente subordinado, e são pouco mais independentes do que os signos de flexão, ou, por exemplo, os aumentos, etc. Mas o que é muito mais importante numa língua é quando as determinações do pensamento afectam a forma de substantivos e de verbos, isto é, uma forma objectiva, e é nisto que a língua alemã se mostra superior a muitas outras línguas modernas; muitas das suas palavras apresentam ainda a particularidade de terem significações não apenas diferentes, mas também opostas, o que é certamente uma marca do espírito especulativo da língua: pode ser uma alegria para o pensamento encontrar-se em presença de tais palavras apresentando uma união de contrários que, como resultado da especulação, é de molde a parecer absurda ao entendimento, enquanto este não fica chocado com a maneira ingénua como significações contrárias estão lexicalmente reunidas numa mesma e única palavra...»

Hegeliano convicto, botânico e admirador de Darwin, Schleicher publicou em 1863 *Die darwinische Theorie und die Sprachwissenschaft* e, em 1865, *Ueber die Bedeutung der Sprache fur die Naturgeschichte des Menschen*. Ficou célebre na história da linguística pelo seu esforço em apresentar um esquema reconstrutivo da evolução das línguas tentando remontar até às mais arcaicas formas atestadas: Schleicher propõe uma forma hipotética de uma língua indo-europeia que estaria na origem de todas as outras. As línguas procederiam assim umas das outras, segundo uma *árvore genealógica*; teoria sedutora, que foi geralmente admitida antes de ser refutada e substituída pela de Johann Schmidt que propôs um outro esquema, o esquema dito das «vagas linguísticas». É neste último esquema que se vai basear a *dialectologia* indo-europeia.

Mas Schleicher acreditava verdadeiramente na existência dessa língua indo-europeia primitiva (cujas formas hipotéticas se indicam, na ciência linguística actual, por um asterisco). Para chegar a esta concepção, Schleicher retomava as teses evolucionistas, e propunha assim a primeira grande síntese do saber linguístico demonstrando que a evolução da linguagem comportava dois estádios: um estádio *ascendente* (pré-histórico) que conduz às línguas flexionais, e um estádio *descendente* (decadente ou histórico) que é marcado pela desagregação do sistema flexional. Na realidade, esta concepção não faz mais do que ordenar segundo um esquema «ascendente – descendente» a tipologia das línguas em três classes (herdada de Schlegel, Bopp e Humboldt): línguas isolantes (exemplo: o chinês); línguas aglutinantes (exemplo: o húngaro); línguas flexionais (exemplo: o sânscrito); Schleicher acrescenta apenas um quarto estádio que constitui um declínio «histórico» dos três primeiros.

Portanto, para Shleicher, o sânscrito já não é a língua primeira, como se imaginava no início do período «comparatista»; é necessário procurar *reconstruir* a «forma originária», o que é «o método mais curto para indicar as mudanças ulteriores das línguas individuais», comenta Pedersen a propósito de Schleicher. E prossegue: «Esta necessidade de reconstrução obriga o investigador a concentrar a sua atenção em cada pormenor do desenvolvimento dos sons. É por isso que este método se manteve até aos nossos dias e pode ser considerado indispensável. As formas reconstruídas são hoje geralmente indicadas por um asterisco colocado antes da palavra (por exemplo a forma indo-europeia **ekwo-s* ou, menos exactamente, **äkwä-s,* que significa cavalo), para se evitar a confusão com formas historicamente atestadas como o são, para o exemplo que nos interessa, *equ-us* em latim, *hippo-s* em grego, *ásva-s* em sânscrito, *aspa* em avéstico, *eoh* em inglês antigo, *ech* em irlandês antigo, *yakwe* em tokhariano ocidental, *yuka* em tokhariano oriental, e assim por diante. E esta prática remonta a Schleicher». É certo que, hoje em dia, «se tem muito menos confiança do que Schleicher na possibilidade da linguística reconstruir uma língua que desapareceu há milhares de anos, se é que existiu». Mas é preciso sublinhar que Schleicher não tinha a menor dúvida a esse respeito: chegou mesmo a «traduzir» para indo--europeu uma fábula intitulada «A Ovelha e os Cavalos»...!

Este objectivismo linguístico, que levava Schleicher a considerar a língua como um *organismo* submetido a *leis necessárias* fez do linguista alemão um dos pioneiros da *linguística geral* que se sucedeu à linguística histórica. Ele queria chamar a esta disciplina *Glottik*, e fundá-la com base em leis análogas às leis biológicas. Mas este positivismo, transposto mecanicamente das ciências naturais para a ciência da significação, só podia ser idealista, pois não tinha em conta a especificidade do objecto estudado: a língua como sistema de significação e como produto social. Aliás, encontrou imediatamente o seu complemento, aparentemente oposto mas profundamente necessário, o seu correlato ideológico para o domínio do estudo da sociedade, no hegelianismo que se apresenta como consciência *histórica* da expansão do modo de produção burguês. A influência de Hegel sobre Schleicher é aliás visível na teoria da ascendência das línguas no estádio da sua formação e do seu declínio no estádio do seu livre desenvolvimento. A influência hegeliana exerce-se mesmo nas classificações fonéticas de Schleicher, como, por exemplo, a classificação *triádica* dos sons em indo--europeu. Pedersen nota que este triadismo, embora revele a admiração filosófica que Schleicher tinha por Hegel, não corresponde à realidade das línguas. Eis esta tríade sonora, que foi mais tarde corrigida e aperfeiçoada pela linguística, e que até mesmo os gramáticos indianos apresentavam de um modo mais preciso e menos simétrico.

Vogais originais (*Grundvokal*)	a	i	u
I° aumento (*erste Steigerung*)	aa (à)	ai	au
II° aumento (*zweite Steigerung*)	àa (à)	ài	au
Consoantes	r	n	m
	j	v	s
	k	g	gh
	t	d	dh
	p	b	bh

Este esforço para construir um quadro genético das línguas foi continuado pelo etimologista Auguste Fick, tal como por August Müller, *Lectures on the Science of Language*, 1861 e 1864.

O desenvolvimento das ciências nos finais do século XIX, coroado pela criação de uma ideologia positivista que encontrou a sua expressão no *Cours de philosophie positive* (1830-1842) de Auguste Comte (1789-1857) não encorajou apenas o rigor das investigações linguísticas, afastando-as cada vez mais das considerações filosóficas gerais, mas viu também aparecerem os sinais precursores de uma verdadeira ciência linguística autónoma, destacada da gramática e da filologia.

Nunca é demais insisitir no papel de Comte no desenvolvimento das tentativas positivistas nas ciências ditas «humanas». Na perspectiva do progresso das próprias ciências, que acabámos de evocar, e que se refere também à ciência da linguagem, foi efectivamente Comte que se tornou o defensor ardente de uma transposição dos métodos exactos para o estudo dos fenómenos sociais, propagando assim a filosofia da «ordem serena». «Como já expliquei, falta apenas completar a filosofia positiva incluindo nela o *estudo dos fenómenos sociais*, e resumi-la em seguida num só corpo de doutrina homogénea. Quando este duplo trabalho estiver suficientemente avançado, o triunfo definitivo da filosofia positiva dar-se-á espontaneamente, e restabelecerá a ordem na sociedade.» (*Cours de philosophie positive*, I, 1830).

O momento marcante desta mutação do historicismo para o positivismo foi, como o assinalou Meillet, o trabalho dos *neogramáticos* Brugmann (1849-1919) e Osthoff (1847-1907). O ponto importante da sua investigação é ter posto fim às hesitações referentes às alterações fonéticas que a linguística comparada estabelecia desde Rask, Bopp e Grimm, para afirmar que essas transformações são leis necessárias como as da física e da biologia. «Qualquer transformação fonética, contanto que proceda mecanicamente, realiza-se segundo leis sem excepções, o que quer dizer que a direcção da transformação fonética é sempre a mesma em todos os membros de uma comunidade linguística, excepto no caso de separação dialectal, e que todas as palavras em que figura o som submetido à transformação são atingidas sem excepção.»

Bréal desde 1867, Verner em 1875, Scherer em 1875, G. I. Ascoli desde 1870, Leskien, etc., pressentiam já esta tese da regularidade das transformações fonéticas, mas foram efectivamente Brugmann e Osthoff que a definiram com mais clareza. Hermann Paul (1846-1921) nos seus *Princípios da História da Linguagem* (*Prinzipien der Sprachgeschichte*), em 1880, expôs magistralmente as teorias que os neogramáticos tinham promovido contra os sábios tradicionais.

Todavia, no século XX, os neogramáticos vão ser submetidos a vivas críticas; em primeiro lugar as de Hugo Schuchardt (1842-1928) que criticou as leis fonéticas, tal como a perspectiva genealógica, e preconizou estudos etimológicos e dialectológicos, defendendo a teoria da transformação das línguas segundo a sua situação geográfica; depois as de K. Vosseler (1872-1947), que publicou em 1904 o seu livro *Positivisme et Idéalisme en linguistique,* no qual examina particularmente as relações entre a língua e a cultura francesas, exalta o papel do indivíduo na criação linguística e estética e estimula profundamente os estudos linguísticos e estilísticos.

Embora impusessem uma visão regulamentada da língua (as leis fonéticas), os neogramáticos não deixavam de defender uma certa posição histórica: opunham-se à tese de Schleicher de uma pré-história da linguagem, e queriam estabelecer leis fonéticas na própria língua indo-europeia. Brugmann escrevia: «Devemos formar a representação geral do desenvolvimento das formas linguísticas não através do hipotético símbolo linguístico originário, nem mesmo através das formas mais antigas que nos foram transmitidas do sânscrito, do grego, etc., mas a partir de acontecimentos linguísticos cujos antecedentes, graças aos documentos, possam ser seguidos durante um maior espaço de tempo, e cujo ponto de partida seja directamente conhecido por nós».

Este historicismo positivista encontrou a sua apoteose na obra de Hermann Paul que mencionámos atrás: «Em nenhum domínio da cultura se podem estudar as condições do desenvolvimento com tanta precisão como no domínio da linguagem. É por isso que não existe nenhuma ciência humana cujo método possa atingir uma perfeição semelhante à do método da linguística. Nunca nenhuma outra ciência conseguiu até agora penetrar tão para além dos monumentos, nunca nenhuma outra foi tão construtiva e tão especulativa. Era justamente por causa destas particularidades que a linguística parecia estar tão próxima das ciências naturais e históricas, o que levou à tendência absurda de a excluírem do campo das ciências históricas.»

Paul distingue nas ciências históricas dois grupos, as ciências naturais e as ciências culturais: «O traço característico da cultura é a existência do factor psíquico». E, de facto, a linguística começava a tornar-se cada vez mais o terreno da *psicologia.*

Brugmann via nisso um meio de combater os esquemas lógicos, e preconizava que «a linguística histórica e a psicologia se mantivessem em mais estreito contacto». É com G. Steinthal (1823-1899), *Grammaire, logique et psychologique, leurs principes et leurs rapports* (1855) e *Introduction à la psychologie de la linguistique* (1881, 2.ª ed.), que os princípios psicolinguísticos são sistematizados; com efeito este autor recusa-se a confundir o pensamento lógico e a linguagem: «As categorias da linguagem e da lógica são incompatíveis e podem relacionar-se umas com as outras tanto como os conceitos de círculo e de vermelho». Steinthal tenta chegar às «leis da vida espiritual» do indivíduo em diversas sociedades e colectividades (nações, grupos políticos, sociais, religiosos) estabelecendo uma relação entre a linguagem e a psicologia do povo (etnopsicologia). O linguista russo A. A. Potebnia (1835-1891), inspirando-se na obra de Steinthal, desenvolve uma teoria original sobre a actividade psíquica e sobre a linguagem, chamando sobretudo a atenção para o facto de que a linguagem é *uma actividade*, um processo em que a língua se renova incessantemente: «A realidade da palavra... efectua-se no discurso... A palavra no discurso corresponde a um acto de pensamento, e não a vários...». Vemos esboçar-se aqui uma teoria do discurso que a linguística moderna desenvolve com muita atenção, com base nas investigações psicanalíticas.

O desenvolvimento da psicologia, acompanhado pelo interesse crescente que os linguistas lhe dedicam, traz para o campo da linguística a questão (um pouco esquecida depois de tantos estudos sobre evolução fonética, morfológica e sintáctica) da *significação.* G. Grote na sua *Glossology* (1871) opõe o *fone*, ou palavra enquanto forma fonética, ao *noema*, ou palavra enquanto pensamento; mas a sua terminologia complexa (dianoematismo, semantismo, noemato-semantismo, etc.) não chega a impor-se. Wundt (1832-1920) ocupa-se do processo de significação e fala de dois tipos de associação: por similitude e por contiguidade, fazendo uma distinção entre forma fónica e sentido e, portanto, entre transferência de sons e transferência de sentido (metáfora). Por seu lado, Schuchardt opõe a *onomasiologia* (estudo dos nomes) à *semântica* (estudo do sentido). No entanto a paternidade deste último termo parece pertencer a M. Bréal (1832-1915) que, num artigo de 1883, "Les Lois intellectuelles du langage, fragments de sémantique", define a semântica como devendo ocupar-se das «leis que presidem à transformação dos sentidos». O seu *Essai de sémantique* aparece em 1897. A linguística histórica não é já uma descrição da evolução das formas: procura as regras – a lógica – da evolução do sentido. Era esse o objectivo da *Vie des mots étudiés dans leur situation* (1886) de Darmsteter (1846-1888), que recorreu à retórica para explicar as mudanças de sentido.

Assim, depois de ter passado pela história da língua e das suas relações com as leis do pensamento, o evolucionismo do princípio do século estava suficientemente maduro para se tornar uma ciência geral da linguagem – uma *linguística geral*. Como escreve Meillet, «compreendeu-se que o desenvolvimento linguístico obedece a leis gerais. A própria história das línguas é suficiente para o demonstrar pelas regularidades que nela se observam». Isto quer dizer que, uma vez captada no seu passado e no seu presente, a língua surgiu como um sistema que se estende tanto ao presente como ao passado, tanto ao fonetismo, à gramática como à significação. Pois ela é um *sistema de signos* como pensavam os solitários e os enciclopedistas, mas esta noção, reaparecida sobre o fundo do saber concreto que a linguística comparada e histórica tinha fornecido, tinha agora uma nova acepção: já não lógica ou sensualista, mas enraizada na textura especificamente linguística.

Considera-se como fundador dessa visão da língua enquanto sistema o linguista suíço Ferdinand de Saussure (1857-1913). Desde o seu primeiro *Mémoire sur le systeme primitit des voyelles dans les langues indo-européennes* (1878), Saussure fixa de uma maneira rigorosa e sistemática o vocalismo indo-europeu numa classificação coerente que abrange todos os dados. Deixa de considerar as vogais mais fechadas $*i$ e $*u$ como vogais essenciais: tornam-se as formas vocálicas de $*y$ e *w*, como *r, *l, *n, *m são as formas vocálicas de *r, *l, *n, *m. O indo-europeu, resume Meillet, só tem realmente uma única vogal, que aparece com os timbres *e e *o, ou que falta. Cada elemento morfológico tem um vocalismo do grau *e, do grau *o, ou do grau sem vogal.

Embora sábios como Meillet, Vendryes ou Bréal tentem conciliar a linguística histórica com a linguística geral, Saussure foi o primeiro que produziu um *Curso de Linguística Geral* (1906-1912). Torna-se o pai incontestável da linguística geral que Meillet, mais historicista do que ele, irá definir assim: «Uma disciplina que apenas determina possibilidades e que, como não pode nunca esgotar os factos de todas as línguas em todos os momentos, tem de proceder por indução baseando-se por um lado em certos factos particularmente claros e característicos, por outro nas condições gerais em que esses factos se produzem. *A linguística geral é em larga medida uma ciência a priori...* Assenta na gramática descritiva e histórica à qual deve os factos que utiliza. Só a anatomia, a fisiologia e a psicologia é que podem explicar as suas leis... e as considerações extraídas destas ciências são muitas vezes úteis ou necessárias para dar um valor de prova a um grande número das suas leis. Finalmente, é só nas condições especiais de um determinado estado social, e em virtude dessas condições, que se realiza uma ou outra das possibilidades determinadas pela linguística geral. Vemos assim qual é o lugar da linguística geral entre as gramáticas descritivas e históricas, que são ciências dos factos particulares, e a anatomia, a fisiologia, a psicologia e a sociologia, que são ciências mais vastas, que dominam e explicam entre outras coisas os fenómenos da linguagem articulada».

A transformação da linguística histórica em linguística geral foi indubitavelmente influenciada e também acelerada pela introdução de métodos exactos no estudo da língua, e mais especialmente no domínio da *fonética*. A invenção do laringoscópio, em 1855, por Manuel V. Garcia, o estudo, com esse aparelho, das cordas vocais e do seu funcionamento pelo médico checo Czemak (1860), a transcrição dos sons (marcação gráfica que anotava a sua decomposição em elementos articulatórios) por A. L. Bell, e finalmente a publicação dos *Fundamentos de Fisiologia Fonética* (*Grundzüge der Lautphysiologie*), por Edward Sievers em 1876, foram as etapas que permitiram a construção de uma fonética experimental, assim como a constituição de uma ciência fonética em si. Os nomes de Viëtor, Paul Passy, Rousselot, Sweet, Jones, Jespersen estão ligados a este trabalho. A fonética começou pois a descrever o estado presente do fonetismo de uma língua, fornecendo descrições fisiológicas pormenorizadas e complexas dos diversos sons, sem com isso conseguir classificar o facto, por exemplo, de as diferentes maneiras de pronunciar um fonema não lhe tirarem o seu valor permanente no encadeamento sonoro (assim, as diferentes maneiras de se pronunciar o R em português não impedem a compreensão da mensagem). Esta explicação será dada pela fonologia (cf. pp. 227 e seguintes). Mas, com a fonética experimental, a linguística orienta-se definitivamente para o estudo do sistema actual de uma língua, e procura conceitos para o ordenar.

Assim, o linguista polaco Baudouin de Courtenay (1845-1929) que ensinava linguística em Kazan, em Cracóvia e em São Petersburgo, toma a Saussure o termo *fonema* e dá-lhe o seu sentido actual, pois distingue o estudo fisiológico dos sons da linguagem do estudo psicológico que analisa as imagens acústicas. Para Baudouin de Courtenay, o fonema é «essa soma de particularidades fonéticas que constitui nas comparações, quer no quadro de uma única língua, quer nos quadros de várias línguas aparentadas, uma unidade indivisível». É esta definição de Courtenay, aperfeiçoada pelo seu aluno Kruscewski, que os fonólogos do século XX vão retomar para a libertarem do seu psicologismo e para construírem a *fonologia* e, a partir daí, a linguística estrutural.

Acrescentemos à lista dos trabalhos que fundaram a linguística geral, abrindo caminho à renovação estrutural que nos traz a época contemporânea, a obra do linguista americano W. D. Whitney (1827-1894) e particularmente a sua obra *The Life and Growth of Language* (1875). Saussure admirava este texto e preparava um artigo a esse respeito. Com efeito, encontramos nele a noção do *signo*, um esboço de tipologia dos sistemas de comunicação, um estudo das estruturas linguísticas, etc.

Nascida da história, a linguística fixa-se agora no estado presente da língua e propõe-se sistematizá-lo em duas direcções:

Ou o trabalho linguístico se lembra das descobertas da época histórica e quer esclarecer com uma luz histórica ou social as suas reflexões e as suas classificações gerais, mantendo-se perto da matéria linguística específica da língua concreta; é o caso de Meillet e, actualmente, de Benveniste em França, ou numa certa medida, do Círculo Linguístico de Praga e de Jakobson; Meillet, em 1906, traduzia assim a preocupação da linguística sociológica: «É preciso determinar a que estrutura social corresponde uma dada estrutura linguística e como é que, de uma maneira geral, as transformações de estrutura social se traduzem em transformações de estrutura linguística». – Ou então a linguística censura o que o estudo histórico das línguas concretas trouxe ao conhecimento do funcionamento simbólico, e esforça-se por elaborar uma teoria lógico-positivista das estruturas linguísticas, mais ou menos abstraídas da sua materialidade significante.

XVI. A LINGUÍSTICA ESTRUTURAL

É evidentemente difícil termos desde já uma visão clara e definitiva do lugar exacto que a linguagem ocupa actualmente no conjunto dos domínios em que se tornou objecto de estudo ou modelo de investigação. Com efeito, embora a linguística proponha incessantemente abordagens sempre novas do sistema da linguagem, já não é a única a ocupar-se dele. A filosofia, a psicanálise, a teoria literária, a sociologia, o estudo das diferentes artes, tal como a literatura e as próprias artes, exploram cada uma a seu modo as leis da linguagem, e essa exploração acrescenta-se às descrições propriamente linguísticas, para constituir um espectro imenso que revela simultaneamente as *concepções modernas* da linguagem e o *mecanismo* dos diversos discursos que propõem essas concepções.

Perante esta complexidade, em relação à qual não temos nem a distância suficiente para a apreciar actualmente, nem o lugar necessário para a estudar neste breve resumo, a ciência propriamente linguística, embora tome aspectos muito variados, obedece a alguns princípios constantes que a diferenciam da época «histórica» anterior.

Em primeiro lugar, a linguística moderna consagra-se à descrição do *sistema da língua* através da ou das línguas nacionais concretas nas quais esse sistema se manifesta, procurando assim encontrar os elementos e os princípios gerais a que podemos chamar *universais* linguísticos. Portanto a língua aparece não como evolução, árvore genealógica, história, mas como *estrutura*, com leis e regras de funcionamento que se trata de descrever. A separação língua/fala, paradigma/sintagma, sincronia/diacronia (ver a primeira parte) marca bem esta orientação da linguística para a *língua*, para o *paradigma* e para a *sincronia* mais do que para a fala, para o sintagma e para a diacronia.

Isto não quer dizer que o estudo estrutural não possa ter um aspecto histórico e mostrar, por exemplo, as diferenças históricas das estruturas de uma mesma língua ou de duas línguas diferentes.

Mas trata-se então de uma história diferente, já não de uma história linear e evolutiva que se preocupa em explicar a transformação progressiva de uma estrutura numa outra segundo as leis da evolução, mas de uma *análise dos blocos* das estruturas de significação, cujas diferenças tipológicas apresentam um escalonamento, uma sobreposição, uma *história monumental*; ou então da análise das mutações internas de uma estrutura que se *transforma* (tal como a vê a gramática gerativa), sem que se procure uma origem ou se siga uma evolução. «Não é tanto a consideração histórica que é assim condenada mas antes uma maneira de 'atomizar' a língua e de mecanizar a história. O tempo não é o factor da evolução, é apenas o seu quadro. A razão da transformação que atinge certo elemento da língua está, por um lado, na natureza dos elementos que a opõem num determinado momento, e por outro nas relações de estrutura entre esses elementos», escreve E. Benveniste ("Tendances récentes de la linguistique générale", *Journal de psychologie normale et pathologique,* 1954). Assim, tendo a *história* sido reposta no seu justo lugar, a *lógica* é-o também: as categorias lógicas, extraídas de uma só língua sem o conhecimento do linguista, já não são omnivalentes; e num certo sentido, cada língua tem a sua lógica: «Compreende-se que as categorias mentais e as 'leis do pensamento' reflictam apenas em larga medida a organização e a distribuição das categorias linguísticas». Podemos mesmo dizer que, embora o estudo da língua como estrutura ou transformação reproduza as tendências das ciências actuais (física ou biologia) que examinam a estrutura interna da matéria decompondo-se nos seus constituintes (cf. as teorias nucleares ou biónicas), ele é também a disciplina mais bem colocada para transpor esse estado da ciência para a ideologia, contribuindo assim para uma reavaliação do conceito de *história*. Com efeito, baseando-se nos dados científicos (incluindo os da linguística), a representação moderna da história já não é linear como a do século XIX. Sem cair no excesso de certas filosofias idealistas que conduzem a um a-historicismo total, a teoria materialista encara os sistemas (económicos ou simbólicos) em mutação, e ensina-nos, guiada pela linguística, a analisar as leis e as transformações inerentes a cada sistema.

Mas embora esta transformação do conceito de história se destaque da corrente estruturalista, não se pode dizer que ela seja sempre praticada conscientemente nos estudos contemporâneos. Pelo contrário, o pensamento estruturalista tem tendência para fugir à história e para tomar o estudo da linguagem como álibi dessa fuga. É certo que o estudo da linguagem das sociedades primitivas (pré-históricas, como as tribos da América do Norte) se presta provavelmente a esta fuga.

Seja como for, abandonando os pressupostos históricos e psicológicos das épocas precedentes, e ligando-se a um objecto que ela quer descrever de um modo exacto e preciso, a linguística encontra um exemplo de rigor nas ciências *matemáticas* às quais toma os modelos e os conceitos. Chegou-se a julgar que este rigor matemático era o rigor absoluto, sem se pensar que o modelo matemático (como aliás qualquer modelo formalista), uma vez aplicado a um objecto significante, exige uma justificação, e só é aplicável por causa dessa justificação implícita que o investigador lhe deu. Portanto, a ideologia a que se pretendia escapar encontrava-se de modo embrionário na *raiz semântica* do modelo aplicado à descrição da linguagem. Assim, o estudo da linguagem, afastando-se do empirismo, deve permitir à ciência compreender que as suas «descobertas» dependem do sistema conceptual aplicado ao objecto de estudo, e até que elas se encontram aí dadas mais ou menos adiantadamente. Por outras palavras, a linguística considera que as suas descobertas das propriedades de linguagem dependem do *modelo* utilizado na descrição, ou até mesmo da *teoria*, à qual esse modelo pertence. Daqui resulta um interesse considerável pela inovação das teorias e dos modelos, em vez de uma investigação contínua, permitida pelo emprego de um só modelo. A linguística descreve menos a linguagem do que constrói a sua própria linguagem. Esta viragem, que parece paradoxal, tem uma dupla consequência. Por um lado, a investigação teórica não implica que a linguagem permaneça desconhecida, submergida pela massa dos modelos, sempre novos, do funcionamento linguístico. Mas, por outro lado, a atenção do discurso científico é atraída para o próprio processo do conhecimento como processo de construção de um modelo, sobredeterminado por uma instância teórica, ou até mesmo ideológica. Por outras palavras, a ciência da linguagem não está orientada unicamente para o seu objecto, a língua, mas também para o seu próprio discurso, para os seus próprios fundamentos. Qualquer discurso sobre a linguagem é assim *obrigado* a pensar o *seu* objecto, a *sua* linguagem, através do modelo que escolheu, isto é, através das suas próprias matrizes. Sem levar a um relativismo e a um agnosticismo que negariam a objectividade de qualquer conhecimento, um tal trabalho obriga a linguística (e qualquer ciência que siga a sua via) a interrogar-se sobre os seus próprios fundamentos, a tornar-se ciência da sua *tentativa,* sendo ao mesmo tempo ciência de um *objecto.*

Note-se que a perspectiva analítica assim aberta implicitamente à ciência linguística e à epistemologia moderna está longe de ser admitida e praticada conscientemente nos trabalhos estruturalistas. Pelo contrário, a maior parte das investigações linguísticas não se interrogam sobre os processos, os pressupostos e os modelos que usam, e, embora cada vez mais formais e formalizadas, parecem julgar que essas fórmulas são factos neutros e não construções lógicas aplicadas, por uma razão semântica cujos fundamentos ideológicos é preciso interrogar, a um objecto irredutível, a linguagem.

Em terceiro lugar, ao estudar a linguagem como um sistema de *signos,* a linguística forja meios conceptuais para o estudo de *qualquer sistema de significação* como «linguagem». Assim, os diferentes tipos de relações sociais investidos pela linguagem, a cultura, os códigos e as regras de comportamento social, as religiões, as artes, etc., podem ser estudados como sistemas de signos, com estruturas particulares, ou como outros tantos tipos de linguagem. A linguística torna-se uma parte da *semiótica,* ciência geral dos sistemas significantes, ciência que ela tornou possível ao pensar a linguagem como primeiro sistema de signos.

Finalmente, e como consequência daquilo que acabámos de dizer, o estudo da linguagem ultrapassa largamente o âmbito da linguística, e a sua análise é empreendida por meios se não inesperados, pelo menos radicalmente novos.

Assim, certas *teorias filosóficas,* que postulam que o mundo só existe para o pensamento quando é ordenado através da linguagem, estudam as categorias filosóficas como categorias linguísticas ou lógicas: a linguagem torna-se assim o molde de qualquer construção filosófica.

A *psicanálise* encontra na linguagem os objectos reais da sua investigação: com efeito é nas estruturas linguísticas e na relação do sujeito com o seu discurso que ela analisa as estruturas ditas psíquicas.

Por fim, *a literatura e a arte* que se elaboram neste clima de análise minuciosa da sua própria matéria, a língua e os sistemas de significação em geral, renunciam, com aquilo a que se chama «vanguarda», à construção de ficções para se debruçarem sobre as leis dessa construção. A literatura torna-se uma auto-análise, uma busca implícita das regras da linguagem literária, tal como a arte moderna pulveriza a opacidade descritiva da antiga pintura e expõe os seus componentes e as suas leis. Aqui a linguagem já não é objecto de estudo, mas antes prática e conhecimento, ou prática analítica, *elemento* e *trabalho* nos quais e através dos quais o sujeito conhece e organiza o real.

Vamos começar por seguir os principais momentos das visões da linguagem tal como são elaboradas pela linguística moderna, antes de abordarmos a expansão da análise da linguagem para fora do campo estritamente linguístico.

Investigações lógicas

Se é certo que foi Saussure quem, numa época dominada pelos neogramáticos, enunciou em primeiro lugar os princípios da língua como *sistema de signos* e fundou assim a linguística geral moderna que se tornará estrutural e altamente formalizada, é num filósofo que vamos encontrar edificada a concepção da linguagem que está subjacente à linguística actual. Designando aqui a fenomenologia husserliana e mais particularmente a concepção do signo e do sentido em Husserl (1859-1938), pretendemos assinalar a dívida inconfessada do estruturalismo para com a fenomenologia.

Em 1900-1901 aparecem as *Investigações Lógicas* de Husserl cujos pontos fundamentais irão ser precisados sem serem radicalmente modificados pelas suas obras ulteriores:

Lógica Formal e *Lógica Transcendental*, etc. Abordando o conceito de *signo,* que ele pretende elaborar fora de qualquer pressuposição, Husserl fica preso ao projecto metafísico do próprio signo, «na sua realização histórica e na pureza apenas restaurada da sua origem». (J. Derrida, *La Voix et le Phénomène*, 1968). A reflexão husserliana do signo está submetida a uma lógica: sem pôr a questão dessa lógica, Husserl apresenta a linguagem através do sistema dessa lógica, visivelmente considerada como fornecendo a normalidade da ordem linguística. Assim, quando ele estuda a ordem gramatical, a morfologia dos signos, as regras que permitem construir um discurso com um sentido, apercebemo-nos de que essa gramática é *geral*, puramente *lógica*, e não dá conta da variedade real da linguagem. Husserl fala de um «*a priori* gramatical na sua universalidade, visto que por exemplo as relações de comunicação entre sujeitos psíquicos, tão importantes para a gramática, comportam um *a priori* próprio, a expressão *gramática pura lógica* merece preferência...»

Este apriorismo lógico, que vamos encontrar nos primeiros estruturalistas, anda a par de um privilégio concedido à *phonê*, que Husserl entende não como vocalismo físico mas como uma substância espiritual, «a voz na sua carne transcendental». O conceito *significado* liga-se ao complexo fónico *significante* por intermédio da *palavra*, e a reflexão linguística localiza-se na transcendência lógica que o fonético (dir-se-á mais tarde o fonemático) não apenas manifesta, mas *é*.

Sem desenvolver uma teoria geral do signo, Husserl faz uma distinção entre signos que exprimem qualquer coisa, ou que *querem dizer* qualquer coisa e que Husserl reagrupa sob o conceito de *expressão*, e signos que estão privados de *querer dizer* que Husserl designa pelo conceito de *índice*. Aliás, os dois sistemas podem entrecruzar-se: o signo discursivo que *quer dizer*, também é sempre *indicativo*; mas o índice em contrapartida funda um conceito mais amplo e por conseguinte também se pode apresentar fora desse cruzamento. Isto quer dizer que o discurso é tomado no gesto indicativo, ou na *indicação* em geral e, por conseguinte, pode recobrir toda a linguagem operando reduções (factualidade, essência mundana, etc.), encaminhando-se assim para uma redução cada vez mais acentuada dos pares conceptuais facto/essência, transcendentalidade/mundanidade, ou até mesmo sentido/forma... Esta doutrina do *signo expressivo* diferente do *signo indicativo*, longe de ser compreendida e assimilada no sistema metafísico do signo, mostra-se furtivamente em certas teorias descritivas em que a redução do sentido transcendental da linguagem se opera sob a cobertura da significação indicativa, do significante sem querer dizer (ver a este respeito p. 263).

O último ponto da doutrina husserliana que queríamos assinalar aqui é a limitação da *gramática pura lógica* de Husserl. Muito mais formal do que a gramática racional, a sua formalidade é todavia limitada. Pois a *forma pura* é sustentada pelo conceito de *sentido* que depende de uma relação com *o objecto real*. Por isso compreende-se que, por mais formal que seja uma gramática, está sempre limitada por uma *semântica* que ela não confessa. Eis um exemplo: entre as três fórmulas «*o círculo é quadrado*», «*verde é ou*» ou «*abracadabra*», só «*o círculo é quadrado*» é que é dotado de sentido, embora a proposição não corresponda a nenhum objecto, porque a forma gramatical (nome-verbo-nome predicativo) é a única, entre as formas citadas, que é capaz de ter um objecto. Os outros casos, tal como vários exemplos de linguagem poética ou de música, sem serem desprovidos de significação, não têm *sentido* (husserliano) porque não têm relação lógica com um objecto. Notamos que em última instância o critério formal-gramatical («tem sentido o discurso que obedece a uma regra gramatical») é limitado pela regra semântica de uma relação com o objecto. Esta reflexão deve relacionar-se com o exemplo de Chomsky sobre a gramaticalidade (ver p. 256 e seguintes) cuja fraqueza fundamental demonstra.

A fenomenologia husserliana, de que apenas indicámos aqui alguns pontos essenciais, é a base da teoria da significação do nosso século, com a qual se relacionam, conscientemente ou não, explicitamente ou não, as teorias linguísticas.

Vamos mencionar algumas das mais importantes.

O Círculo Linguístico de Praga

O Círculo Linguístico de Praga é sem dúvida a «escola» linguística que marca mais profundamente a ciência linguística do primeiro terço do século. Criado em 1926 pelos linguistas checos V. Mathesius, B. Havránek, J. Mukarovsky, B. Trnka, J. Vachek, M. Weingart, o Círculo agrupou também linguistas estrangeiros, entre os quais os franceses L. Bruo, L. Tesnière, J. Vendryes, E. Benveniste, A. Martinet, e os russos R. Jakobson e N. S. Troubetskoi. As teorias do Círculo estão expostas nos *Travaux du Cercle Linguistique de Prague* (editados de 1929 a 1938), obra colectiva que contém as principais teses do grupo. Inspirando-se nos princípios de Saussure, o Círculo propõe-se estudar a língua como um sistema, «sistema funcional», sem por isso ignorar os factos linguísticos concretos, nem os métodos comparativos do estudo da evolução da linguagem: a análise sincrónica da linguagem não suprime o interesse pela história.

Assim, o programa do Círculo intitula-se: «Problemas de métodos decorrentes da concepção da língua como sistema e importância da dita concepção para as línguas eslavas (o método sincrónico e as suas relações com o método diacrónico, comparação estrutural e comparação genética, carácter fortuito ou encadeamento regular dos factos de evolução linguística)».

Definindo a língua como um «sistema de meios de expressão apropriados a um fim», o Círculo afirma que «o melhor modo de conhecer a essência e o carácter de uma língua é a análise sincrónica dos factos actuais, que são os únicos que oferecem materiais completos e de que se pode ter o sentimento directo». As modificações sofridas pela língua não podem ser encaradas «sem se ter em conta o sistema que se encontra afectado pelas ditas modificações». «Por outro lado, a descrição sincrónica também não pode excluir absolutamente a noção de evolução, pois mesmo num sector abordado sincronicamente existe a consciência do estádio de formação; os elementos estilísticos sentidos como arcaísmos, e em segundo lugar a distinção das formas produtivas e não produtivas são factos de diacronia, que não podem ser eliminados da linguística sincrónica.»

A primeira tarefa a abordar no estudo de um sistema linguístico assim definido é a investigação relativa ao aspecto *fónico* da língua. Distingue-se o som «como facto físico objectivo, como representação e como elemento do sistema funcional». Do plano fonético passa-se ao plano *morfológico*: à utilização morfológica das diferenças fonológicas (é a morfo-fonologia). «O *morfonema*, imagem complexa de dois ou vários fonemas susceptíveis de se substituírem mutuamente, segundo as condições da estrutura morfológica, no interior de um mesmo morfema (por exemplo, em russo, o morfonema k/č no complexo *ruk* [= *ruka, ručnoj*]), tem um papel capital nas línguas eslavas.»

Mais à frente, considera-se a *actividade denominadora* da linguagem: através dela, «a linguagem decompõe a realidade, quer esta seja externa ou interna, concreta ou abstracta, em elementos linguisticamente captáveis». Aparece no programa do Círculo uma teoria dos processos sintagmáticos: «O *acto sintagmático fundamental,* que é ao mesmo tempo o próprio acto criador da frase, *é a predicação*».

Por fim, o Círculo estuda essas sistematizações, não inseridas em quadros teóricos abstractos, mas na língua concreta, ela mesma considerada através das suas manifestações concretas na *comunicação*. Daí resulta o interesse do Círculo pela linguagem literária, pela arte e pela cultura em geral. Realizam-se investigações sobre os diferentes níveis funcionais e estilísticos da linguagem.

Neste conjunto de investigações muito vastas e variadas, as teorias *fonológicas,* que se devem principalmente aos trabalhos de Troubetskoi e de Jakobson, ocupam um lugar importante.

Partindo de Saussure, para quem os fonemas são «as primeiras unidades que se obtêm ao dividir o encadeamento falado» e que ele define como «essencialmente unidades opositivas, relativas e negativas», Jakobson escreve: «Chamamos *sistema fonológico* de uma língua ao repertório, próprio dessa língua, das 'diferenças significativas' que existem entre as ideias das unidades acústico-motrizes, isto é, ao repertório das oposições às quais pode estar ligada, numa determinada língua, uma diferenciação das significações (repertório das *oposições fonológicas*). Todos os termos de oposição fonológica não susceptíveis de serem dissociados em suboposições fonológicas mais pequenas que se chamam *fonemas*». (*Remarques sur l'évolution phonétique du russe comparée à celle des autres langues slaves,* T. C. L. P., II, 1929).

Troubetskoi expõe as suas teses nos seus *Grundzüge der Phonologie,* T. C. L. P., VII, 1939. Retoma e específica certas definições do fonema – elemento representativo diferencial, *imagem sonora,* e não *som* físico, átomos do encadeamento falado – devidas a linguistas russos como L.-V. Scerba ou N. E. Jakobov, e sobretudo a Jakobson (T. C. L. P., II, 1929). Com efeito, Scerba escrevia em 1912: «A mais breve representação fónica geral que, na língua estudada, possui a faculdade de se associar a determinadas representações ou a sentidos, e de diferenciar palavras». Para Plyvanov, o fonema é «a mais breve representação fonética genérica, própria da língua dada e capaz de se associar a representações semânticas e de servir para diferenciar palavras», enquanto Jakobov escrevia que o fonema é «cada particularidade fónica que se pode extrair do encadeamento falado com o mais breve elemento que serve para diferenciar unidades significadas».

Desde as primeiras páginas dos seus *Principes,* Troubetskoi define a diferença entre a *fonética* – ciência dos sons da fala – e a *fonologia* – ciência dos sons da língua. Enquanto a fonética é «a ciência da face material dos sons da linguagem humana», a fonologia estuda «o modo como os elementos de diferenciação (ou marcas, segundo K. Bühler) se comportam entre si e segundo que regras se podem combinar uns com os outros para formarem palavras e frases». De facto a fonologia só deve considerar o som que tenha uma função determinada na língua. «Ora, visto que a língua é um sistema de diferenças, a função de um elemento sistema só se realiza quando esse elemento, estando em relação com os outros, se distingue de (se opõe a) um outro elemento: assim em português o fonema [*p*] opõe-se ao fonema [*b*] pois a substituição de um por outro pode produzir mudanças de significação (*par/bar*); em contrapartida qualquer alteração de pronúncia individual de [*p*] ou de [*b*] que não provoque uma mudança de significação não é *pertinente*, não produz mudança de fonema, mas traz apenas variações de um mesmo fonema. «Às oposições fónicas que, na língua em questão, podem diferenciar as significações intelectuais de duas palavras, chamar-lhes-emos *oposições fonológicas* (ou oposições fonológicas distintivas ou ainda oposições *distintivas*).»

Os termos de uma oposição deste tipo chamam-se «unidades fonológicas». As unidades fonológicas podem por vezes ser decompostas numa série de unidades fonológicas ainda mais pequenas: os «átomos acústicos». Ora as unidades fonológicas que, do ponto de vista da língua em questão, não se deixam analisar em unidades fonológicas ainda mais pequenas e sucessivas chamam-se «fonemas». «Portanto o fonema é a menor unidade fonológica da língua estudada. A face significante de cada palavra existente na língua deixa-se analisar em fonemas e pode ser representada como uma sequência determinada de fonemas.» Insistindo na diferença entre o fonema e o som concreto («os sons concretos que figuram na linguagem são antes simples símbolos materiais dos fonemas»), Troubetskoi opõe-se à tendência para «psicologizar» o fonema e para ver nele um «equivalente psíquico dos sons da linguagem» (B. de Courtenay), assim como à tendência para o confundir com a imagem fónica: «O fonema é a soma das particularidades fonologicamente pertinentes que uma imagem fónica comporta». Pois o que constitui o fonema é a sua *função* distintiva no conjunto do encadeamento falado: é isolado por uma análise *funcional* (estrutural e sistemática) de cada língua concreta, e não depende de nenhum suporte psicológico, mas do sistema próprio dessa língua. Com efeito, as oposições funcionais não são as mesmas em todas as línguas. As vogais palatais (orais) em francês, por exemplo, dividem-se em duas séries: arredondadas (*u*, *oé*, e *oè*) e não arredondadas (*i*, *é* e *è*), mas o italiano e o espanhol não conhecem a série arredondada (*peu*, *deux,* são dificilmente pronunciáveis pelos Espanhóis e pelos Italianos); o espanhol também não faz a diferença entre vogais *semifechadas* e *semiabertas* (*é/è*, *ó/ò*).

Este processo descritivo da fonologia, que analisa o encadeamento falado em unidades distintivas, foi retomado por outros ramos do estudo da língua, e encontra-se hoje na base do estruturalismo. M. Leroy (*Les Grands Courants de la linguistique du XXe siècle*, 1963) assinala que a fonologia também renovou a perspectiva da gramática comparada e histórica tradicional. Assim, compreendeu-se que o princípio fonológico da *alternância* tem um papel importante na morfologia de várias línguas: a formação do feminino em francês faz-se quer por uma alternância de sonoridade (*neuf/neuve*), quer por uma alternância grau zero/grau pleno (isto é, por adjunção de uma vogal: *vert/verte, grand/grande*). Por outro lado, o método da fonologia foi aplicado à linguística comparada, e levou a que se fizesse o inventário das evoluções fonéticas inserindo-as num sistema. Dentro deste espírito R. Jakobson publica em 1931 *Principes de phonétique historique*, enquanto a Proposição 22 do Círculo proclama: «Deve pôr-se o problema do objectivo com que as transformações se produziram. A fonética histórica transforma-se assim numa história da evolu-ção de um sistema fonológico».

A fonologia diacrónica tornava-se assim necessária; foi elaborada por André Martinet (*Économie des changements phonétiques, Traité de phonologie diachronique*, Berna, 1955).

Mas o desenvolvimento radical das teses fonológicas da Escola de Praga, que constituiu o fundamento do verdadeiro método estrutural já em germe em Troubetskoi, deve-se aos trabalhos de R. Jakobson. Este aperfeiçoa a teoria dos *traços distintivos*: cada unidade distintiva da linguagem é composta por *traços* em oposições binárias. As oposições pertinentes avaliam-se em cerca de uma dúzia em todas as línguas do mundo. Portanto, a língua é um sistema cujos elementos distintivos se encontram em *oposições binárias*; as outras oposições, que não têm valor distintivo, chamam-se *redundantes*

A hipótese binarista é exposta com muito rigor em *Observations sur le classement phonologique des consonnes,* 1938. Quais são essas oposições binárias? Funcionam à base de termos *contraditórios* (presença/ausência: por exemplo, vogais longas//vogais breves) e *contrários* (máximo/mínimo: por exemplo, vogais graves/vogais agudas). As consoantes também podem ser agrupadas no eixo destas oposições; a diferença do ponto de articulação pode sistematizar-se em duas oposições fonológicas: anterior/posterior e graves/agudas:

p	t	anteriores
k	c	posteriores
graves	agudas	

Utilizando técnicas modernas de gravação e de reprodução dos sons, Jakobson e o seu grupo conseguiram estabelecer uma teoria fonológica geral baseada no princípio do binarismo. Encontramos a exposição completa desta teoria na obra de R. Jakobson e M. Hall, *Fundamentals of Language*, 1955. As doze oposições binárias estabelecidas pelos binaristas não são nem provisórias nem arbitrárias, mas correspondem a uma necessidade empírica. Não deixam de ter por isso um carácter universal. Assim, para Jakobson o triângulo que se segue representa a diferenciação óptima dos fonemas:

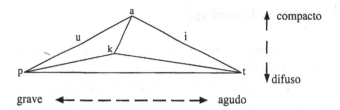

Jakobson propõe também uma teoria interessante sobre a sincronia e a diacronia, ultrapassando o estatismo habitual das teorias estruturais. A sincronia, para ele, é dinâmica: a sincronia do filme não é uma justaposição de imagens, mas uma totalidade sincrónica em movimento. Quanto às transformações fonéticas, essas não se devem a uma causa, mas a um *fim*, restabelecem o princípio da diferenciação fonológica e operam por *salto*.

Uma parte importante das investigações de Jakobson, fiel ao programa do Círculo Linguístico de Praga, analisa o *acto linguístico* e as *funções* da linguagem.

Provavelmente foi o interesse de Jakobson pelo funcionamento linguístico nos afásicos e na criança, que lhe permitiu rever a teoria saussuriana da *linearidade do significante*. Com efeito, Saussure defende no seu *Curso* a tese do *encadeamento* dos elementos linguísticos, sendo o discurso apresentado como um *encadeamento* falado. Outros trabalhos de Saussure, os *Anagrammes* (publicados parcialmente pela primeira vez por J. Starobinski, em 1964) mostraram uma outra concepção da combinação significante que corresponde mais a um modelo *tabular* do que a um *encadeamento*. Antes da publicação destes trabalhos, Jakobson tinha sido o primeiro a pôr em causa a linearidade do significante, estudando não apenas a combinação, mas também a *selecção* dos signos linguísticos, não apenas o seu encadeamento, mas também a sua *concorrência*. Isolou dois eixos na linguagem poética: metonímico (encadeamento das unidades por continuidade, próprio da prosa, da epopeia, do realismo) e metafórico (por semelhança, próprio da poesia lírica, etc.). Nestes dois eixos podem classificar-se as categorias das perturbações afásicas.

O Círculo de Copenhaga

Os princípios estruturalistas foram expostos com muito rigor, com muitas ideias preconcebidas e com grandes exigências, a partir de bases mais lógicas do que fonológicas, pelo Círculo Linguístico de Copenhaga. Em 1939 aparecia o primeiro número da revista *Acta Linguistica* que publicou o «manifesto estruturalista» de Viggo Bröndal, *Linguistique structurale*. Depois de ter estabelecido o requisitório da gramática comparada «inspirada pelo interesse pelos pequenos factos verdadeiros», que ele classifica de «positivista», «puramente fisiológica e psicológica», e «legal» na medida em que se pode tornar cada vez mais rigorosa e metódica, formulando «cada vez mais os seus resultados (na sua maior parte simultaneamente históricos e fonéticos) sob a forma de leis», Bröndal lembra que todas as ciências do seu tempo mudaram de perspectiva. A física dos *quanta* com Planck, a biologia com De Vries, etc., rendem-se à «necessidade de isolar, de delimitar no fluxo do tempo, o objecto próprio de uma ciência, isto é, de admitir, por um lado, estados que serão encarados como estacionários e, por outro, saltos bruscos de um estado para outro». É o que se produz igualmente em linguística com a distinção saussuriana sincronia/diacronia. Sempre para sublinhar a mesma mutação epistemológica, Bröndal lembra que as ciências compreenderam «a necessidade do conceito geral, única unidade possível dos casos particulares, de todas as manifestações individuais de um mesmo objecto», como o conceito de genótipo em biologia, de facto social (Durkheim) em sociologia, ou de *língua* – simultaneamente espécie e instituição – em linguística. Como consequência, a ciência aborda «de mais perto as ligações racionais no interior do objecto estudado». O termo *estrutura* utilizado em física, em biologia e em psicologia traduz esta crença de que o «real deve possuir no seu conjunto uma coesão interna, uma estrutura particular». Bröndal encontra as premissas de uma tal abordagem em linguística em Saussure, que falou de «sistema da língua», em Sapir (ver à frente) e em Troubetskoi que tem «o grande mérito de ter fundado e elaborado a doutrina estruturalista para os sistemas fonéticos».

A linguística estrutural vai basear-se em três conceitos: *sincronia* (ou identidade de uma dada língua), *língua* (ou unidade da língua identificada pelo estudo sincrónico) e *estrutura* (ou totalidade de uma língua cuja identidade e cuja unidade foram já reconhecidas). Podemos compreender a estrutura estabelecendo entre os elementos identificados e unificados todas as correlações constantes, necessárias e portanto constitutivas. «Com efeito só quando se tiverem estabelecido dois estados de língua sucessivos – dois mundos diversos e fechados como *mónadas* em relação um ao outro apesar da sua conformidade no tempo – é que se pode estudar e compreender as modalidades da reorganização tornada necessária pela transição de um para o outro e os factores históricos responsáveis por essa transição.» Embora admita que «o tempo se faz valer no interior da sincronia», Bröndal é já um precursor do estruturalismo a-histórico e universalista ao encarar uma *«pancronia* ou *acronia,* isto é, factores universalmente humanos que persistem através da história e que se fazem sentir no interior de qualquer estado de língua».

O manifesto de Bröndal formulou duas advertências sensivelmente menosprezadas pela *glossemática,* professada pela Escola de Copenhaga. A primeira diz respeito à relação entre a *teoria* abstracta, que estabelece o objecto de estudo, e a *experiência* concreta da linguagem: «Isto não implica que menosprezemos o valor do empirismo: pelo contrário exigir-se-ão observações sempre mais minuciosas, uma verificação sempre mais completa, para preencherem e vivificarem os quadros estabelecidos pela construção teórica». A segunda relaciona-se com o estudo filosófico das categorias que compõem o sistema, ou que estão na sua base: «Não se pode considerar os elementos que fazem parte de um sistema como simples derivados das correlações ou oposições estruturais... o estudo das categorias reais, conteúdo ou base dos sistemas, não é menos importante do que o da estrutura formal. *As penetrantes reflexões de Husserl sobre a fenomenologia são aqui uma fonte de inspiração para qualquer lógico da linguagem».* (O sublinhado é nosso). Infelizmente, este *substancialismo* vai ser menosprezado pelos sucessores de Bröndal, e por ele próprio nos trabalhos ulteriores.

Aplicando de um modo mais preciso as suas teses no seu livro *Essais de linguistique générale* (Copenhaga, 1943), Bröndal propõe-se descrever qualquer sistema morfológico através da combinação de quatro termos, em que *A* é neutro (como o indicativo nos modos do verbo, ou a 3.ª pessoa, forma «impessoal» das pessoas) e oposto a *B*, positivo ou negativo; o termo *C* é complexo, e pode ser complexo-negativo ou complexo-positivo (entre os modos, é o *optativo*, entre os tempos, é o *pretérito-presente*, etc.). Com a ajuda destes quatro termos e aplicando-lhes regras lógicas leibnizianas (Leibniz é o referente frequente de Bröndal), o autor consegue calcular o número dos sistemas morfológicos possíveis no decorrer das mutações das línguas. Considera que as formas neutras se difundem cada vez mais nas línguas modernas (o inglês elimina os modos, os aspectos, o tempo, e predominam nele as formas impessoais, etc.) ou são frequentes nas línguas de antigas civilizações (o chinês), mas são muito mais raras nas antigas línguas indo-europeias. Verifica-se a orientação *lógica* da linguística em Bröndal que, embora sublinhe «a autonomia mútua, a igual importância e a natureza complementar do sistema da sintaxe, da língua e do discurso», insiste no facto de que a linguística estrutural deve aprender muitas coisas da lógica.

Mas foram os trabalhos de Louis Hjelmslev que tornaram célebre a concepção linguística da Escola de Copenhaga. Em 1928 publica os seus *Principes de grammaire générale,* para continuar mais tarde as suas investigações com P. Lier e H. Uldall, elaborando uma concepção linguística designada pelo nome de *glossemática*. Aperfeiçoada durante vários anos, a teoria é exposta com uma forma definitiva nos *Prolégomènes à une théorie du langage,* 1943 (trad. francesa, 1968).

Partindo de Saussure e de Weisgerber *(Muttersprache und Geistesbildung,* Göttingen, 1928), o autor encara a língua não como um conjunto de fenómenos não linguísticos (por exemplo físicos, fisiológicos, lógicos, sociais), mas como uma totalidade que se basta a si mesma, uma estrutura *sui generis*. Hjelmslev critica a concepção, segundo ele humanista, da linguagem que opõe o seu carácter ao dos fenómenos naturais e que julga que aquele é impossível de captar através de uma «descrição simples». Ele está convencido, por seu lado, que «a cada *processo* corresponde um sistema à base do qual o processo pode ser analisado e descrito com um número limitado de premissas, de validade geral».

Como é que deve ser esse discurso linguístico que destaca a sistematicidade rigorosa da linguagem? Hjelmslev consagra uma parte importante do seu trabalho à descrição dos processos metodológicos da linguística que, antes de mais, deve *elaborar* o seu objecto: a língua como sistema. «A descrição deve ser não contraditória (*self-consistent*), exaustiva e tão simples quanto possível. A exigência de não-contradição tem precedência (*take precedence*) sobre a exigência de exaustividade e a exigência de exaustividade precede a de simplicidade.» Este método linguístico é designado como «necessariamente empírico e necessariamente dedutivo»: isto quer dizer que, em certa medida, a teoria é independente da experiência, e que contém premissas cuja validade o teórico não tem de demonstrar, porque as experiências precedentes o convenceram. Portanto, a teoria é primeiro *arbitrária,* e depois *apropriada* aos dados empíricos. Qual será o critério de aceitação deste ou daquele postulado de base dessa teoria? Preconizando que a teoria linguística deve comportar o menor número de premissas intuitivas ou implícitas possíveis (não é esta a exigência inicial de Husserl?), Hjelmslev considera que o linguista tem de «chegar ao domínio da epistemologia», pois «a epistemologia é que pode decidir se as premissas explicitamente introduzidas pela nossa teoria linguística têm necessidade de um fundamento axiomático ulterior. Este nosso procedimento está baseado na convicção de que *é impossível elaborar a teoria de uma ciência particular sem uma colaboração íntima com a epistemologia*» (o sublinhado é nosso).

A linguística assim definida tem como objecto de estudo *textos* considerados como *processos,* que ela tem de compreender elaborando uma descrição consistente e exaustiva; por outras palavras, uma descrição através da qual deve poder encontrar o *sistema* da língua: ora, visto que o processo é composto por elementos em diversas combinações ou numa relação de *dependência,* a linguística tem como único objectivo descrever essas relações. «Chamamos *função* a uma dependência que satisfaz as condições da análise... Os termos da função chamam-se *funtivos.* O *funtivo* é *constante* (aquele cuja presença é uma condição necessária para o 'funtivo' com o qual esse primeiro 'funtivo' está em função) ou *variável* (aquele que não é uma condição necessária para a presença do 'funtivo' com o qual está em função). A partir daqui as funções são de três tipos: *interdependência* (função entre duas constantes), *determinação* (entre uma constante e uma variável) e *constelação* (entre duas variáveis). Uma outra distinção entre funções refere-se à função *e* (conjunção) e à função *ou/ou* (disjunção). No processo ou no texto, a função é conjuntiva; no sistema ou na língua, a função é disjuntiva. Assim, Hjelmslev dá o exemplo de duas palavras inglesas, *pet* e *man,* que podem ilustrar estas duas funções. Permutando *p* e *m, e* e *a, t* e *n,* obtemos diferentes palavras novas: *pet, pen, pan, pat, met, men, mat, man,* ou encadeamentos que fazem parte do processo linguístico (*texto).* Por outro lado, *p* e *m, e* e *a, t* e *n* conjuntamente constituem um paradigma que faz parte do *sistema* linguístico. Em *pet,* há conjunção entre *p, e* e *t,* tal como em *man* há conjunção de *m, a* e *n.* Mas entre *p* e *m* há disjunção ou alternância, tal como entre *t* e *n.*

A análise global do texto supõe que o linguista coordene o sistema considerando o texto como uma *classe* de segmentos. A *indução* e a *síntese* fornecem o objecto como segmento de uma classe, e não como classe dividida. Uma vez inventariadas as entidades, é preciso *reduzi-las,* isto é, *identificá-las* para encontrar as suas *variantes* e as suas *invariantes.* É assim que se constrói um sistema rigoroso da língua.

Uma tal concepção lógico-formal da língua, reduzida a uma estrutura abstracta de correlatos de ordem formal se não matemática, precisa necessariamente de uma teoria do *signo.* O signo é definido inicialmente como uma *função signo* entre duas grandezas: um *conteúdo* e uma *expressão.* «O signo é uma expressão que designa um conteúdo exterior ao próprio signo...» Por outro lado, e em si mesma, essa função é *signo* de qualquer coisa de diferente, o *sentido* ou a *matéria,* «entidade definida unicamente porque tem uma função com o princípio estrutural da língua e com todos os factores que fazem as línguas diferentes umas das outras». A sua estrutura pode começar por ser analisada por uma ciência não linguística (física, antropologia), enquanto por uma uma série de operações dedutivas a ciência linguística pode produzir o seu *esquema linguístico*, ele próprio manifestado pelo *uso linguístico.*

Assim, Hjelmslev distingue, por um lado, a matéria da expressão e a matéria do conteúdo, e, por outro lado, a forma. Com efeito, para ele, cada língua *forma* de uma maneira diferente essa amorfa «massa de pensamento» que só existe como substância para uma forma.

Assim:
jeg véd det ikke (dinamarquês)
I do not know (inglês)
je ne sais pas (francês)
en tiedä (finlandês)
naluvara (esquimó)
apesar das suas diferenças têm um factor comum, precisamente a «matéria» ou o próprio pensamento, o sentido.

«Nós reconhecemos no *conteúdo* linguístico, no seu processo, uma forma *específica*, a *forma do conteúdo*, que é independente do sentido com o qual se encontra numa relação arbitrária e que ela *transforma em substância do conteúdo*.» Do mesmo modo, a *forma da expressão* transforma o *sentido da expressão* em *substância da expressão*. Os quatro esquemas podem combinar-se segundo o esquema que se segue, e essas combinações cortam diferentes níveis na análise da língua:

	forma	substância
conteúdo		
expressão		

Os dois planos do conteúdo e da expressão estão estruturados da mesma maneira.

Embora seja um processo ilimitado em que o número dos signos também é ilimitado, a língua constrói-se como sistema com a ajuda de um número reduzido de *não-signos* ou *figuras*. Assim, a língua pode ser considerada como um *sistema de signos* do ponto de vista das suas relações com os factores não linguísticos e – no seu próprio interior – como um *sistema de figuras* que constroem os signos.

A língua-objecto desta glossemática deve encontrar o seu lugar no conjunto das estruturas semióticas. Hjelmslev encara o domínio semiótico como uma *totalidade absoluta* que abarca todos os objectos científicos susceptíveis de terem uma estrutura análoga à da linguagem: «A semiologia é uma hierarquia em que cada elemento admite uma divisão ulterior em classes definidas por relação mútua, de tal modo que cada uma das suas classes admite uma divisão em derivados definidos por mutação mútua».

Para introduzir na semiologia os objectos diferentes das línguas naturais, Hjelmslev começa por delimitar de um modo ainda mais preciso o seu conceito de *linguagem,* extensível para além das línguas naturais. É linguagem, para ele, qualquer estrutura significante que seja interpretável nos dois planos do conteúdo e da forma. Os jogos, por exemplo, não são linguagens pois não são interpretáveis nestes dois planos: «As redes funcionais dos dois planos que se tentam estabelecer são idênticas». Sistemas como o dos símbolos matemáticos ou lógicos, ou como a música, não são provavelmente linguagens no sentido de Hjelmslev: este propõe que se chamem *sistemas de símbolos.*

No interior das próprias *linguagens,* realiza-se um outro aperfeiçoamento com a ajuda dos conceitos de *denotação* e de *conotação.* Com efeito, qualquer texto comporta derivados que assentam em sistemas diferentes (estilo, espécie de estilo, língua nacional, regional, etc.). «Os membros particulares de cada uma dessas classes e as unidades que resultam da sua combinação chamam-se *conotadores*.» Por outras palavras, os conotadores são partes que entram em «funtivos» de tal modo que nunca deixam de ter ambiguidade, mas encontram-se nos dois planos da linguagem. A linguagem de conotação edifica-se ou assenta na linguagem de denotação. «O seu plano da expressão é constituído pelos planos do conteúdo e da expressão de uma linguagem de denotação. Assim, o ou os esquemas e usos linguísticos a que chamamos a língua francesa são a *expressão* do conotador 'francês'. Portanto, é uma linguagem em que um dos planos, o da expressão, é uma língua.»

Pelo contrário, se uma linguagem fornece o plano do conteúdo de uma outra linguagem, esta é a *metalinguagem* daquela. A linguística, por exemplo, é uma metalinguagem porque se edifica sobre o plano do conteúdo da linguagem. A partir desta definição, Hjelmslev pode redifinir a semiologia: «Uma metalinguagem cuja linguagem-objecto é uma linguagem não científica». Mas esta construção de linguagens que se imbricam uma na outra contém um último nível; a *metassemiologia*: metalinguagem científica cujas línguas-objectos são semiologias.

Este projecto totalizador e ambicioso de Hjelmslev está longe de estar realizado, e o seu carácter abstracto é sem dúvida o obstáculo mais importante para a sua realização. Por outro lado, a orientação lógica que a teoria da linguagem toma com Hjelmslev não é de modo nenhum estritamente rigorosa, e na prática revela-se muitas vezes intuitiva. Por fim, as descrições concretas tentadas a partir dessa metodologia são de uma extrema complexidade. Como a teoria está actualmente em processo de elaboração, é difícil avaliarmos as suas qualidades. Podemos contudo verificar desde já o seu apriorismo e o seu a-historicismo que revelam a metafísica bem conhecida da «totalidade sistematizada». Sem nenhuma interrogação dos pressupostos de um tal construtivismo, a glossemática é um sintoma da *belle époque* da Razão sistematizante persuadida da omnivalência das suas operações transcendentais. Acontece todavia que os glossemáticos são os primeiros, se não os únicos, na linguística estrutural moderna, a terem sugerido problemas epistemológicos, escapando assim à ingenuidade do descritivismo «objectivo», e chamando a atenção para o papel do *discurso* científico na construção do seu objecto.

O estruturalismo americano

A partir do princípio do século, a linguística americana orienta-se para a corrente da linguística estrutural através dos trabalhos de sábios como Franz Boas, formado na escola neogramática e fundador em 1917 do *International Journal of American Linguistics*, mas sobretudo como Edward Sapir (1884--1939) e Leonard Bloomfield (1887-1949).

Enquanto que os linguistas europeus entendem por estrutura «a ordenação de um todo em partes e a solidariedade demonstrada entre as partes do todo que se condicionam mutuamente», os linguistas americanos têm principalmente em vista «a repartição dos elementos tal como ela se verifica e a sua capacidade de associação e de substituição». Portanto, o estruturalismo americano é sensivelmente diferente do que encontrámos na Europa: segmenta o todo em elementos constitutivos e «define cada um dos seus elementos pelo lugar que ocupa no todo e pelas variações e pelas substituições possíveis nesse mesmo lugar» (E. Benveniste, *Tendances récentes...*).

A obra de Sapir (o seu livro *Language*, 1921, tal como o conjunto dos seus trabalhos, cf. *Selected Writings on Language,*

Culture and Personality, org. por D. G. Mandelbaum, 1949) distingue-se por uma vasta concepção da linguagem que corta simultaneamente com o teoricismo da glossemática e com o tecnicismo do estruturalismo americano que se vai seguir. Para Sapir, a linguagem é uma actividade social comunicativa cujas diferentes funções e aspectos ele não menospreza: tem em conta a linguagem científica e a linguagem poética, o aspecto psicológico do enunciado, as relações entre o pensamento, a realidade e a linguagem, etc. Embora a sua posição seja geralmente estruturalista, é uma posição moderada: para Sapir, a linguagem é um *produto histórico*, «um produto de uso social de longa data». «A fala... varia, como varia qualquer esforço criador, talvez não tão conscientemente, mas de qualquer maneira de um modo tão real como as religiões, as crenças, os costumes e a arte dos diferentes povos... A fala é uma função não-instintiva, adquirida, uma função de cultura.» A linguagem é uma representação da experiência real: «A própria essência da linguagem reside no facto de considerar certos sons convencionais e voluntariamente articulados, ou os seus equivalentes, como representantes dos diversos produtos da experiência». Os elementos da linguagem (Sapir tem em vista as palavras) não simbolizam um objecto, mas «o conceito», isto é, «um invólucro cómodo das ideias que compreende milhares de elementos distintos da experiência e que pode conter outros tantos milhares... O próprio conjunto da linguagem pode interpretar-se como sendo a relação oral do estabelecimento desses conceitos nas suas relações mútuas». No entanto, para Sapir, «a linguagem e o pensamento não são estritamente coexistentes; quando muito a linguagem pode ser apenas a faceta exterior do pensamento no plano mais elevado, mais geral da expressão simbólica». «O mais intangível pensamento pode muito bem ser apenas a contrapartida consciente de um simbolismo linguístico inconsciente.» Sapir chega mesmo a encarar a existência de sistemas de comunicação «fora da fala», mas esses existem *obrigatoriamente* por «intermédio de um autêntico simbolismo linguístico». A possibilidade que este «simbolismo da fala» tem de investir sistemas de comunicação diferentes da própria fala implica para Sapir que «os sons da fala não sejam os únicos elementos essenciais da linguagem, e que esse facto resida antes na classificação, no sistema das formas e nas relações dos conceitos».

Sapir formula assim a sua concepção estrutural da linguagem: «A linguagem enquanto estrutura constitui, pelo seu aspecto interior, o molde do pensamento». Esta estrutura é universal: «Não há nenhuma particularidade mais surpreendente na linguagem do que a sua universalidade... O menos evoluído dos Boximanes sul-africanos exprime-se com formas de uma grande riqueza de expressão e que, na sua essência, se podem perfeitamente comparar com a língua de um Francês culto».

Sapir estuda os elementos da fala, e em primeiro lugar os *sons*. Embora descreva a sua articulação e o seu «valor», não desenvolve uma teoria fonológica. Mas em trabalhos posteriores, já começa a fazer uma distinção entre «som» e «elemento fónico».

Ao estudar as *formas da linguagem*, em *Language*, Sapir analisa os «processos gramaticais», isto é, formais (composição das palavras, ordem das palavras, etc.) e os «conceitos gramaticais». Depois de ter examinado o «mundo do conceito nas suas repercussões sobre a estrutura linguística», a partir do exemplo de uma frase inglesa (1.º *conceitos concretos*: o objecto, o sujeito, a acção, etc. expressos por um radical ou por derivação; 2.º *conceitos que indicam uma relação*: determinação, modalidade, número, tempo; etc), Sapir verifica que os mesmos conceitos podem «ser traduzidos por uma forma diferente, e que até podem estar agrupados de um modo diferente entre si» noutras línguas. A partir da base desta comunidade das estruturas conceptuais das línguas, Sapir esboça uma *tipologia* das estruturas linguísticas que lhe permite dar a sua interpretação da linguagem na História: como é que a linguagem é modelada pela História, como é que as línguas se influenciam reciprocamente (empréstimos de palavras, modificações fonéticas das palavras tomadas por empréstimo, empréstimos morfológicos, etc.). Sapir recusou-se a considerar a linguagem através dos métodos mecanicistas e opôs-se ao behaviorismo que daí resultava: insiste sobretudo no carácter *simbólico* da linguagem, na sua complexidade devida ao cruzamento do *sistema de configuração, do sistema simbólico e do sistema expressivo*, e na sua função primeira que é para Sapir a *comunicação*.

À tendência de Sapir muitas vezes classificada de «mentalista» opõe-se a concepção behaviorista da linguagem de L. Bloomfield, exposta na sua obra principal, *Language* (1933).

Esta concepção materialista e mecanicista (cf. G. C. Lepschy, *La Linguistique structurale,* Turim, 1966, trad. fr. 1968) assenta no famoso esquema *estímulo-resposta*:

$$S \to r \dots\dots\dots\dots\dots\dots\dots\dots\dots\dots s \to R$$

Um estímulo (E), que é um acontecimento real, pode ser mediatizado pelo discurso: portanto é substituído por um *movimento vocal,* a fala (r); este produz *uma vibração do tímpano* do auditor, sendo a vibração para o auditor um *estímulo linguístico* (s) que se traduz numa resposta prática (R). A conexão *r... s* chama-se *speech event* ou *speech-utterance*. De acordo com as doutrinas de J. E. Watson (*Behaviorism,* 1924), e de A. P. Weiss (*A Theoretical Basis of Human Behavior,* 1925), Bloomfield recusa-se a admitir qualquer interpretação psicológica do facto linguístico e exige uma abordagem estritamente *mecânica.* Segundo ele o linguista só deve estudar «os acontecimentos acessíveis, no seu tempo e no seu lugar, a todos e a quaisquer observadores», «os acontecimentos situados nas coordenadas do tempo e do espaço». O teorismo é substituído por um *fisicismo*: o linguista deve servir-se «de termos deriváveis, com definições rígidas, de um conjunto de termos quotidianos que tratem de acontecimentos físicos».

Este extremismo cientista era indubitavelmente uma reacção ao mentalismo impreciso, e correspondia à necessidade de se construir um estudo da linguagem a partir de bases rigorosas. Não podemos contudo deixar de sublinhar a cegueira teórica do behaviorismo e a sua incapacidade genética de pensar a ideologia mecanicista aferente aos seus pressupostos tecnicistas. É evidente que é impossível explicar a complexidade do acto discursivo apenas pelo esquema *S-r... s-R*.

A linguagem não é uma mecânica sensorial, e negar a autonomia relativa do signo e do campo de significação que este rege é na verdade não explicar nada sobre o funcionamento da linguagem.

Bloomfield revolta-se também contra as teorias linguísticas do *significado* e, considerando o significado como o conjunto dos acontecimentos práticos ligados ao enunciado, afirma que a ciência linguística nunca o pode abordar sem ter em conta «o estado do corpo do locutor» e a «predisposição do seu sistema nervoso, resultado de todas as suas experiências linguísticas ou não, até ao momento em questão, assim como factores hereditários e pré-natais». A justeza desta observação, que revela a fraqueza do mentalismo, designa sem dúvida a necessidade de um trabalho – que está ainda por fazer – para sair do logicismo e para, sem cair no behaviorismo mecanicista, elaborar uma teoria da linguagem ligada à materialidade corporal e física do sujeito falante e daquilo que o rodeia.

Bloomfield propõe descrições formalistas precisas dos fenómenos gramaticais de que damos aqui uma parte, resumida no seguinte esquema:

		lexical	gramatical
unidade mínima privada de significado	femema	fonema	taxema
unidade mínima com significado	glossema	morfema	tagmema
significado de tais unidades	noema	semema	epissemema
unidade com significado (unidade mínima ou complexa)	forma linguística	forma lexical	forma gramatical

O morfema é uma forma simples que não pode ser analisada ulteriormente: é um *componente último,* mas em cada estádio da análise têm de se procurar os *componentes imediatos.* O semema é o significado de um morfema. As formas lexicais formadas pelos fonemas e as formas gramaticais formadas pelos taxemas são duas séries paralelas que constituem os «traços significativos da sinalização linguística».

Quanto aos próprios fonemas, esses compõem-se de *traços distintivos* que são acompanhados por outros traços, e têm um papel específico na «configuração estrutural das formas linguísticas»: têm pois origem nos «factos estruturais» e não unicamente numa descrição mecanicista, e são por conseguinte o objecto de uma *fonologia* distinta da descrição fonética e da «fonética prática».

Inspirando-se nos trabalhos de Bloomfield, o estruturalismo americano consagra-se exclusivamente à descrição da *estrutura sintagmática*. Esta tentativa acentua a aplicação rigorosa dos conceitos de base na investigação descritiva e histórica. Estes conceitos abarcam o fonema, o morfema e outras unidades de análise linguística que Bloomfield utilizava para construir uma teoria geral da estrutura linguística. A análise linguística é considerada como um cálculo lógico que implica a descoberta das unidades de base da linguagem e da sua disposição formal, e este processo, em princípio, pode ser seguido sem nenhuma referência à significação exterior da forma linguística, escreve John B. Carrol (*The Study of Language, a Survey of Linguistics and Related Disciplines in America,* 1953). Este autor verifica que «o método dos linguistas americanos os conduz sempre a conclusões lógicas, ainda que os resultados possam parecer absurdos do ponto de vista do senso comum». E mais adiante: «A característica geral do método da linguística descritiva praticada actualmente por muitos americanos consiste no seu esforço para analisar a estrutura linguística sem se referir ao sentido. Julgou-se teoricamente possível identificar os fonemas e os morfemas da linguagem apenas com base na sua *distribuição*, isto é, observando o contexto linguístico em que eles aparecem. Pensou-se que esse tipo de análise era preferível, pois há vias inconscientes que nos podem levar a formar antecipadamente a análise se nos referirmos ao sentido...»

Portanto uma tal concepção inspira-se no princípio bloomfieldiano dos *constituintes imediatos*. Tomamos um enunciado, dividimo-lo em duas partes, que são divididas em duas partes, etc., até chegarmos aos elementos *minima* que já não se podem dividir segundo os mesmos critérios. Encontramos assim os constituintes sem no entanto os nomearmos, «sem etiqueta», mas indicando-os por parênteses (*unlabelled bracketing*).

Assim a frase: *A velha mãe de João escreve uma longa carta* divide-se do seguinte modo:

	velha	mãe				longa	carta
A	velha	mãe	de	João		uma	longa	carta
	A	velha| mãe| de	João		uma	longa	carta
	A	velha| mãe| de	João	escreve	uma	longa	carta
	A	velha| mãe| de	João	escreve	uma	longa	carta

ou então:

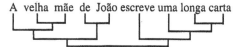

Dois segmentos que se encontrem imediatamente à esquerda e à direita de um traço vertical são constituintes imediatos do segmento que formam.

Vemos que se trata aqui de uma descrição puramente formal que parece não ter em conta as categorias gramaticais clássicas e ainda menos as categorias filosóficas que fundamentam a análise clássica da frase (sujeito, predicado, etc.). Esta análise formal proposta pelo estruturalismo americano tem uma importante vantagem: liberta categorias lógicas explicitamente utilizadas na análise da linguagem, e oferece a possibilidade de estudar línguas que não têm necessidade de especificar o tempo na forma verbal ou a determinação por um artigo; a língua indiana Yana, por seu lado, introduz uma categoria gramatical que as línguas indo-europeias não conhecem: indica se o enunciado é assumido pelo locutor ou se este se refere a uma autoridade, etc. Por isso certos linguistas julgam que a formalização pode libertar a análise linguística dos pressupostos formados a partir das línguas indo-europeias e, por conseguinte, do europocentrismo.

Mas, na realidade, estas categorias gramaticais são implicitamente admitidas, sem serem directamente postas em questão. Pois, para nos cingirmos ao exemplo anterior, as divisões que isolam os constituintes imediatos obedecem aos «sentimentos intuitivos» do analista; este liga «longa» e «carta», «velha» e «mãe», fiando-se no seu conhecimento da regência de determinação; e reúne «escreve» e «carta» fiando-se no seu conhecimento do complemento, etc. Portanto, verifica-se que há todo um saber tradicional implícito que subtende uma descrição que se apresenta como puramente formal. Mas isto não impede que se manifeste uma mutação epistemológica neste abandono dos princípios tradicionais de descrição linguística e no emprego de um método que se pretende neutro.

Benveniste sugere que esta mudança se deve ao facto de os linguistas americanos terem tido de descrever numerosas línguas desconhecidas, e de terem sido assim *obrigados* a optar por uma descrição neutra, que não se referia ao modo como o investigador pensava a língua; pois, não sabendo como é que essa língua era pensada pelo informador (uma das regras de Bloomfield é não perguntar ao informador o que é que ele pensa da sua língua), o investigador arriscar-se-ia a transpor para aí os modos de pensar a sua própria língua. Podemos observar a este respeito que, enquanto a descoberta do sânscrito obrigou os linguistas europeus a situarem as suas línguas nacionais em relação àquele e a promoverem um método comparado, a descoberta das línguas americanas, muito diferentes do inglês, obrigou a linguística americana a uma abstracção teórica que se prende aos cortes *técnicos* para não ter de tocar na *filosofia* (na ideologia): com efeito, a dos informadores deve ser ignorada e a dos investigadores deve ser apagada. Acrescente-se a esta situação o facto de a maior parte dos linguistas americanos ignorarem as línguas estrangeiras e só fundamentarem a reflexão na sua própria língua. Estas «obrigações» objectivas não diminuem a importância da *opção teórica* da linguística americana, que censura a investigação psicossociológica dos seus próprios processos, e aplica uma formalização baseada em pressupostos plenos de significação, discutidos há muitos anos pela filosofia europeia. Daqui resulta uma descrição técnica da linguagem que é sem dúvida matematicamente manejável e que pode servir a tradução automática quando não é mesmo inspirada por ela, mas que não fornece uma hipótese explicativa do funcionamento linguístico. Podemos mesmo dizer que a mutação epistemológica introduzida pelo estruturalismo, e de que o estruturalismo americano é a tendência formalizadora extrema, consiste *não em explicar* mas em propor – de acordo com o lógico-positivismo – uma *descrição* simples, cega quanto aos seus próprios fundamentos e técnica no seu procedimento, desse objecto estático, sem sujeito e sem história, que se tornou a linguagem.

Mas que aspecto é que tomam, a partir destas bases teóricas, a semântica, a morfologia, a fonética?

A linguística americana tem o hábito de se apresentar sob seis formas, que Carol descreve assim:

Phonetics [fonética] é o nome da disciplina que examina os sons da linguagem do ponto de vista articulatório e acústico.

Phonemics [fonémica] é uma outra ciência que classifica os sons da linguagem em unidades ditas fonemas que têm um papel diferencial no enunciado.

Morphology [morfologia] estuda a construção das palavras, identificando os *morfemas* (as mais pequenas unidades estruturais que possuem uma significação gramatical ou lexical), a sua combinação e a sua modificação nas palavras e nas diversas construções gramaticais.

Morphophonemics [morfémica], ramo da morfologia, é o estudo da construção fonética dos morfemas, assim como das variações fonémicas dos morfemas nas diferentes construções gramaticais.

Syntax [sintaxe] estuda a construção da proposição, mas está imediatamente dependente da morfologia. A sintaxe chega a ser preterida em favor de uma morfologia que divide a ordem frásica em segmentos e em unidades, e que se apresenta como uma análise que substitui uma sintaxe.

Lexicography [lexicografia], por fim, constitui a lista e a análise de todos os elementos portadores de sentido no sistema da linguagem.

Sublinhemos em primeiro lugar que ao adoptar uma descrição formal, o estruturalismo americano viu-se obrigado a não se ocupar da *sintaxe*. Decompondo o enunciado em segmentos e tentando depois ordená-los em paradigmas segundo a sua distribuição, a linguística americana não elaborou proposições referentes às *relações* dos termos na frase. Tornou-se mecanicamente analítica, sem conseguir descobrir as leis da síntese dos componentes no conjunto dos enunciados. Para remediar esta falha, Chomsky não pode prescindir de uma teoria do sujeito e da significação, isto é, de uma filosofia: vai encontrá-las, remontando dois séculos atrás, na *Grammaire* de Port-Royal.

No domínio da fonética, citamos os trabalhos de M. Swadesh, W. F. Twadell, B. Bloch, e por fim o livro de C. F. Hockett, *A Manual of Phonology* (1955). O princípio fundamental da fonémica é a definição de um critério formal para identificar os fonemas. Este critério chamado *complementary distribution* ou *patterned congruence* exige que dois sons foneticamente similares não contrastem até ao ponto de produzir diferenças de sentido (assim *t* e *t* em *tone* e *stone* em inglês, embora sejam foneticamente diferentes, um aspirado, o outro não, não podem dar lugar a uma diferença de sentido). Os dois sons chamam-se *alofones* do mesmo fonema. *Pattern congruence* consiste mais precisamente em agrupar os sons da linguagem consoante o seu contexto fonético, o que revela certas mudanças do comportamento de sons parcialmente semelhantes (cf. Carroll).

Estes processos de identificação dos fonemas podem ser aplicados às unidades morfológicas da linguagem, tal como aos sistemas significantes complexos: literatura, dança, etc., e isto é o ponto de partida do método estrutural nas ciências ditas humanas (ver, no fim desta obra, o capítulo consagrado à semiótica).

A *morfémica* ocupa um lugar importante na linguística americana. Citemos, entre os livros consagrados a este problema, *Methods in structural linguistics,* Z. Harris (1951). A análise das línguas diferentes das línguas indo-europeias mostrou que categorias morfológicas tradicionais como o nome (designando a coisa), o verbo (designando a acção), etc., que correspondem a uma análise lógica (cf. Port-Royal), são inaplicáveis. A palavra não pode ser identificada com o conceito que exprime, e a experiência psicológica e psicanalítica prova que uma palavra não comporta apenas um conceito ou sentido. Por isso transpôs-se o método formal da fonémica para a morfémica: ao fonema da fonémica corresponde o *morfema* em morfologia. «Qualquer forma livre ou ligada que não possa ser dividida em partes mais pequenas (formas mais pequenas) é *morfema.* Assim, *man, play, person* são palavras compostas por um único morfema (– *ly,* – *ed,* – *al*)»; estas são as definições dadas por Bloch e Trager em *Outline of Linguistic Analysis* (1942). Tal como os fonemas têm variantes posicionais ditas alofones, os morfemas têm variantes posicionais ditas *alomorfes* que podem ser muito diferentes foneticamente: assim entre os alomorfes de [*be*], encontramos *am, are, is...* Uma vez identificados os morfemas, como já dissemos, a morfologia estabelece *classes* de *morfemas* segundo a sua «posição diferencial no enunciado»: por exemplo a classe dos morfemas que podem substituir «*courage*» em «*courageous*»: «*courage*» em «*encourage*». Em último lugar, e a partir das duas etapas precedentes, pode estabelecer-se uma análise da frase em constituintes imediatos, substituindo esta análise a análise sintáctica clássica.

O morfema é, como se verifica, o elemento mínimo desta análise; retoma o *semantema* e o *lexema* da terminologia corrente para se situar no plano do vocabulário e da semântica mais do que no da gramática, embora também abranja certos problemas da sintaxe na medida em que cada morfema é analisado nos seus constituintes mediatos. Dividindo o enunciado em segmentos, pode obter-se uma identificação dos morfemas sem se ter em conta entidades como a «palavra».

Depois da teoria muito complexa que Bloomfield apresentou sobre o morfema, e depois de um longo silêncio neste domínio, as suas investigações foram retomadas por linguistas contemporâneos. Hockett emprega os termos «entidades e processos» para marcar de um modo dinâmico a *distinção* de duas formas semelhantes como sendo uma *modificação*: assim, *acabamos* (1.ª pessoa do plural) torna-se *acabais* (2.ª pessoa do plural). De um ponto de vista estático e utilizando os termos «entidades e disposições», podemos dizer que *acabamos* e *acabais* são duas disposições de três morfemas, tomados dois a dois: *acaba mos is*.

Para Harris, a análise morfemática comporta três estádios: 1. transcrever e isolar as partes *minima* que, noutros enunciados, têm a mesma significação; é aquilo a que chamamos os alternantes morfémicos; 2. constituir um morfema único a partir dos morfemas alternantes que têm o mesmo significado, estão em distribuição complementar e não têm uma distribuição maior que outros alternantes particulares; 3. dar definições gerais para os morfemas que têm as mesmas diferenças entre os alternantes.

Em 1962, Harris publicava o seu livro *String Analysis of Sentence Structure*, no qual propunha uma concepção da proposição que diferia da análise em constituintes imediatos assim como da análise transformacional. «Cada proposição», escreve Harris, «é composta por uma proposição elementar (o seu centro) e por zero ou mais adjunções elementares, isto é, por sequências de palavras de uma estrutura particular, que não são em si mesmas proposições, e que se acrescentam imediatamente à direita ou à esquerda da sequência ou da adjunção elementar, ou então ao segmento da proposição elementar...» A diferença em relação à análise em constituintes é que esta última divide a frase em níveis descritivos sempre mais baixos e que se incluem uns nos outros. Ora, visto que se observou que a maior parte dos constituintes consiste ou numa só palavra, ou numa palavra que caracteriza o constituinte e na adjunção de uma outra palavra, Harris define um constituinte deste tipo na proposição A como *endocêntrico*. Isto quer dizer que há uma expansão da sua categoria característica para os elementos adjuntos, de tal modo que se pode substituir cada constituinte pela sua categoria característica, e obter uma proposição B que esteja ligada a A como um constituinte-expansão de A... A diferença em relação à gramática gerativa é que esta reduz qualquer proposição a proposições elementares, enquanto a análise em *strings* isola apenas uma única proposição elementar em cada proposição.

Citemos igualmente no domínio da análise sintagmática o estudo de E. A. Nida (*Morphology,* 1944) que dá exemplos tanto dos resultados positivos como das insuficiências da morfemática.

As teorias de K. L. Pike, *Language in Relation to a Unified Theory of Human Behavior* (1954 e seg.) situam-se na perspectiva de Sapir e tentam utilizar as análises exactas sem esquecerem por isso os problemas semânticos e os critérios culturais. O autor distingue dois tipos de elementos linguísticos: *éticos* (sobre o exemplo de fon-ética) e *émicos* (sobre o exemplo de fon-émica), os primeiros físicos ou objectivos, os segundos significativos. Analisa os enunciados em três camadas: lexical (na qual se encontram os morfemas), fonológica (os fonemas) e gramatical (composta por unidades ditas gramemas ou tagmemas). Chama à sua teoria *gramémica* ou *tagmémica,* e propõe diagramas que representem os cruzamentos das relações gramaticais complexas.

No domínio da *semântica,* os estruturalistas americanos conservam a desconfiança bloomfieldiana em relação ao significado, e procuram *traços formais* que o possam revelar: «O significado é um elemento de contexto». Propõem a noção de *distribuição* para classificar os diferentes significados. Para ver se duas palavras têm o mesmo significado, é necessário demonstrar que têm a mesma distribuição, isto é, que participam no mesmo contexto. Trata-se mais de uma localização lexical do que de um quadro sintáctico; pois um contexto sintáctico pode suportar facilmente a substituição de um dos seus termos por outro, sem que o sentido global possa servir para diferenciar os significados dos dois termos. Mas mesmo que se trate de uma distribuição na localização lexical, é praticamente impossível dar a lista de todos os contextos de que os dois termos participam. Nada prova que, se escolhermos nessa infinidade de contextos uma lista finita, esta contenha contextos «críticos». A sinonímia constitui um outro obstáculo a esta teoria: se o contexto *a* significa *b* (sendo *a* e *b* sinónimos), isto não é forçosamente igual a *b* significa *a.* Portanto seria preferível a referência a critérios extralinguísticos (o referente) ou a uma interpretação teórico-filosófica: mas entrar-se-ia então em contradição com os princípios bloomfieldianos (cf. Lepschy, *La Linguistique structurale*).

A linguística matemática

A linguística matemática nasceu por razões técnicas: a construção dos circuitos eléctricos de computadores destinados a ler e a escrever ou de máquinas destinadas à tradução automática. É evidente que é necessário, para que a matéria linguística seja programável nos computadores, que ela seja tratada do modo mais rigoroso e preciso. O estruturalismo americano, de que acabamos de destacar algumas características, abriu esta via de rigor; aliás foi fortemente influenciado pelas exigências desta linguística aplicada, dita matemática.

Mas a linguística matemática a bem dizer constitui um domínio autónomo, em que é preciso distinguir dois ramos: a linguística *quantitativa ou estatística* e a linguística *algébrica ou algorítmica*. A primeira opera servindo-se de considerações numéricas referentes aos factos linguísticos. A segunda utiliza símbolos sobre os quais efectua operações.

A linguística estatística enumera os elementos linguísticos, e, relacionando-os com outros, formula leis quantitativas que a própria intuição teria podido sugerir, mas que não teriam tomado a forma de leis sem uma demonstração quantitativa. Embora tivessem sido admitidas na linguística tradicional (enumeração dos termos do léxico de um determinado escritor), estas investigações só se tornam autónomas a partir dos anos 30, e exigem um estudo paciente de grandes *corpus*, tal como experiência matemática da parte do investigador. Citemos aqui os estudos de um dos primeiros a trabalharem neste domínio, G. K. Zipf (cuja síntese se encontra no seu livro *Human Behavior and the Principle of the Least Effort, An Introduction to Human Ecology,* 1949), assim como os de P. Guiraud em França (*Problèmes et méthodes de la statistique linguistique,* 1960), de G. Herdan em Inglaterra (*Quantitative Linguistics,* 1960), de C. F. Hockett (*Language, Mathematics and Linguistics,* 1967), etc.

A teoria da informação dá lugar a uma outra concepção matemática da linguagem. Sabe-se que os fundadores desta teoria, Hartly e Shannon, postulam que é possível medir com precisão um *dado aspecto* da transmissão de uma mensagem, que é a *frequência relativa* de um símbolo i (ou da quantidade que dele depende). Precisemos antes de avançarmos que por «quantidade de informação» entende-se aqui uma função relativa à raridade de certos símbolos, e que não se dá um sentido semântico ou psicológico ao termo «informação». Bar-Hillel insiste no facto de que se trata aqui de uma *transmissão* de símbolos privados de significados. Descobriu-se que a quantidade de informação é a função logarítmica do inverso de uma tal frequência relativa: $\log \frac{I}{fr \cdot (i)}$. O termo utilizado aqui é o *binary digit* (*bit*) que é a unidade de medida cujo logaritmo está na base 2. O número de *bits* deve corresponder ao número de cortes binários que é necessário fazer para identificar um elemento num inventário. Assim uma mensagem que comporte um símbolo escolhido entre dois símbolos equiprováveis *a* e b terá 1 *bit* de informação. Mas se o símbolo for escolhido entre 26 outros símbolos (digamos as letras de um alfabeto) a mensagem terá 5 *bits* de informação. Este binarismo evoca o de Jakobson na sua teoria fonológica... Se admitirmos que o informador produz uma informação infinita, o valor da frequência chama-se «probabilidade» *p (i)*, e a quantidade da informação associada ao símbolo é $\log \frac{I'}{p\ (i)}$.

Um outro ramo da linguística matemática ocupa-se da tradução dita mecânica ou automática. Partindo de uma língua de origem, a partir da qual se traduz, e a que se chama *língua-fonte*, a tradução automática produz um texto na língua em que se traduz ou *língua de chegada*. Para se fazer isto, é necessário programar no computador não só as correspondências lexicais entre a língua-fonte e a língua de chegada, mas também as relações formais e os enunciados da língua-fonte e os da língua de chegada, entre as suas partes.

Uma das tendências actuais da tradução automática consiste em analisar os períodos da língua-fonte e em sintetizar os da língua de chegada, sem se ocupar directamente da tradução. A passagem da língua-fonte à língua de chegada pode efectuar-se de um modo directo, bilateral, ou por intermédio de uma terceira língua, linguagem máquina, que será composta por universais linguísticos e que poderá assim servir de passagem de qualquer fonte para qualquer fim. Esta solução, praticada actualmente na União Soviética, situa-se no sentido, hoje comum a vários linguistas, de uma procura dos universais da língua.

Precisemos agora os termos de *análise* da estrutura da língua-fonte e de *síntese* dos períodos da língua de chegada.

O princípio central é o da determinação da *função sintáctica*: não se recorre ao contexto nem à semântica, mas apenas às relações sintácticas formais dos constituintes. Esta análise supõe que se distribuam as palavras em diferentes classes sintácticas que, em seguida e para sintetizarem enunciados satisfatórios, devem obedecer às regras da máquina, como por exemplo a frase: SN + SV; SN = V + SN; SN = A + N; A = os; N = bola, homem, etc., V = atirar. A máquina produzirá então: *Os homens atiram a bola*. Mas também poderia produzir: *Os homens atiram as hipotenusas*, que não é aceitável. Para evitar estes casos, a gramática deve comportar regras proibitivas complexas.

Desde a invenção da primeira máquina de traduzir pelo russo Piotr Petrovic Smirnov-Trojansky em 1933, e desde os trabalhos de Both e Weaver (1946), até às investigações de Bar-Hillel, a tradução automática avança e dá resultados cada vez mais satisfatórios. A emulação entre os Estados Unidos e a União Soviética, neste domínio, produziu trabalhos com grande interesse. Mas, passado o primeiro entusiasmo que levou a pensar que qualquer tradução poderia ser feita por uma máquina, compreendeu-se que o factor semântico, portanto o papel do sujeito falante, é essencial para a tradução de muitos textos (literários, poéticos, ou até mesmo o discurso quotidiano carregado de polissemia) e que a máquina não é capaz de resolver os seus problemas. A afirmação da omnipotência tradutora da máquina é actualmente considerada, por Bar-Hillel por exemplo, como uma simples expressão «da vontade de trabalhar num certo sentido, sendo o seu conteúdo prático quase nulo». Por outro lado, os resultados positivos obtidos pelos computadores na tradução automática não aprofundaram o nosso conhecimento teórico sobre o funcionamento da língua. A tradução automática dá uma forma rigorosa, através de um tratamento automático, a uma concepção já feita da linguagem, e na procura de um rigor mais perfeito pode efectivamente fazer avançar a teoria sintáctica (é o caso de Chomsky), sem transformar com isso a acepção geral do funcionamento linguístico própria de uma certa concepção formal da linguagem. Pelo contrário, a tradução automática talvez indique que a via tomada pela análise formal – que se desinteressa do facto de a linguagem ser um sistema de signos cujas camadas é necessário aprofundar – quaisquer que sejam as suas incontestáveis contribuições, não é a que nos levará a conhecer as leis do funcionamento linguístico.

A gramática gerativa

O último decénio foi marcado por uma teoria da linguagem que se impõe não apenas na América, mas por todo o mundo, propondo uma concepção original da geração das estruturas sintácticas. Trata-se dos trabalhos do linguista americano Noam Chomsky, cujo livro *Estruturas Sintácticas* [Lisboa, Edições 70, 1980] apareceu em 1957 e cujas investigações prosseguem actualmente, precisando e muitas vezes modificando sensivelmente os postulados iniciais. Esta mutação e este inacabamento da teoria chomskiana, por um lado, e o grande tecnicismo das suas descrições, por outro, tornam impossível apresentar aqui a totalidade da investigação e extrair dela o conjunto das implicações referentes à teoria da linguagem. Portanto vamos limitar-nos a alguns aspectos da gramática gerativa.

Comecemos por sublinhar o «clima» em que ela desenvolveu e ao qual reagiu. Trata-se efectivamente da linguística «pós-bloomfieldiana» que é essencialmente uma descrição estrutural analítica, que decompõe o enunciado em camadas estanques; é o princípio da «separação dos níveis» (fonémico, morfémico, etc.), funcionando cada nível por si, sem que seja possível referirmo-nos à morfologia quando fazemos um estudo fonémico, mas sendo o inverso possível. Por outro lado, essa linguística não queria ter em conta o locutor e o seu papel na constituição do enunciada, propunha uma descrição empírica, que se pretendia «neutra» e «objectiva», do encadeamento falado em si (ver; «A Linguística americana»).

Chomsky permanece fiel às exigências de rigor, descrição neutra e formal dos «pós-bloomfieldianos», tal como à sua desconfiança em relação ao significado. Interessando-se muito pelos problemas levantados pela tradução automática, e preocupado em resolver certas dificuldades que a análise sintagmática se mostra incapaz de levantar, Chomsky tenta criar uma nova teoria gramatical, marca do tecnicismo e da cientificidade de uma formulação matemática, sem recorrer à semântica. Tem um mestre e um precursor genial na pessoa de Harris (ver atrás) cujas análises e conceitos (incluindo o de *transformação*) retoma, dando-lhes uma nova interpretação. Mas estas semelhanças com os predecessores não devem apagar a novidade profunda da teoria chomskiana.

Em lugar da abordagem *analítica* das estruturas, Chomsky propõe uma descrição *sintética*. Já não se trata de decompor a frase em componentes imediatos, mas de seguir o *processo de síntese* que leva esses componentes a uma estrutura sintagmática, ou que transforma essa estrutura numa outra.

Esta operação baseia-se antes de tudo e principalmente na intuição implícita do locutor, que é o único critério da *gramaticalidade* ou da agramaticalidade da frase. «O objectivo fundamental da análise linguística de uma língua L é separar as sequências gramaticais que são frases de L, das sequências agramaticais que não são frases de L, e estudar a estrutura das sequências gramaticais», escreve Chomsky. «...A este respeito, uma gramática reflecte o comportamento do locutor que, a partir de uma experiência finita e acidental da língua, pode produzir e compreender um número infinito de frases novas. Na realidade, qualquer explicação da noção 'gramatical em L' (isto é, qualquer caracterização de 'gramatical em L') pode ser considerada como oferecendo uma explicação desse aspecto fundamental do comportamento linguístico.» Chomsky observa que a noção de gramaticalidade não pode ser assimilada à de «dotado de sentido» do ponto de vista semântico, pois sendo as duas frases (1) *Colorless green ideas sleep furiously* (incolores ideias verdes dormem furiosamente) e (2) *Furiously sleep ideas green colorless*, desprovidas de sentido, a primeira é gramatical e a segunda não o é para um locutor inglês. Ora, é necessário recordar as observações de Husserl, que citámos atrás (cf. pp. 225--227) e segundo as quais a gramaticalidade recobre se é que não exprime sempre um certo sentido: segundo essas observações, a frase (1) é gramatical na medida em que é a forma sintáctica que tolera uma relação com um objecto real. Vemos que a teoria do signo não pode ser iludida a partir do momento em que se aprofunda um princípio aparentemente tão formal como o de gramaticalidade.

É por meio da gramaticalidade baseada na «intuição do locutor» que se infiltra, na teoria rigorosamente formalizada de

Chomsky, o seu fundamento ideológico, a saber o *sujeito falante* que os «bloomfieldianos» queriam afastar da sua análise. Em 1966, Chomsky publica o seu livro *A Linguística Cartesiana*, no qual procura predecessores para a sua teoria do sujeito falante, e vai encontrá-los nas concepções cartesianas que a Europa conheceu dois séculos mais cedo, e mais precisamente no *cogito* de Descartes, que implica a universalidade das ideias inatas do sujeito, garantia da normalidade – Chomsky diria da «gramaticalidade» – dos pensamentos e/ou dos enunciados.

De acordo com estas teorias, às quais junta as concepções de Humboldt, Chomsky distingue a *competência*, isto é, a capacidade do sujeito falante de formar e de reconhecer frases gramaticais na infinidade das construções possíveis de uma língua, e a *performance* [desempenho], isto é, a realização concreta dessa capacidade. Portanto, em vez de aceitar o postulado behaviorista de que a língua é um «sistema de hábitos», Chomsky opta pela posição cartesiana idealista das «ideias inatas»: o carácter universal destas ideias exige do linguista uma teoria altamente abstracta que, partindo de cada língua concreta, possa encontrar o formalismo universal válido para todas as línguas e de que cada língua realiza uma variação específica: «De uma maneira mais geral, os linguistas devem interessar-se pela determinação das propriedades fundamentais que estão subjacentes às gramáticas adequadas. O resultado final dessas investigações deveria ser uma teoria da estrutura linguística em que os mecanismos descritivos utilizados nas gramáticas particulares seriam apresentados e estudados de maneira abstracta, sem referência específica às línguas particulares».

Portanto verificamos que, para Chomsky, a gramática é menos uma descrição empírica do que uma *teoria da língua* e que conduz por conseguinte e ao mesmo tempo a uma «condição de generalidade». A gramática de uma dada língua deve ser construída segundo a teoria específica da estrutura linguística na qual termos como «fonema» e «sintagma» são definidos independentemente de qualquer língua particular.

Como é que Chomsky estabelece as regras da sua teoria?

Começa por examinar dois tipos de descrições gramaticais: um, sugerido nos termos de um processo de Markov (*modelo de estados finitos de uma língua infinita*), é recusado por Chomsky como incapaz de explicar a capacidade que um locutor tem de produzir e de compreender novos enunciados, enquanto esse mesmo locutor rejeita outras novas sequências por não pertencerem à língua; o outro é a descrição linguística sintagmática, formulada nos termos de uma análise em constituintes, e que modela linguagens terminais que não são forçosamente finitas; é igualmente rejeitado por Chomsky, por ser inadequado para a descrição da estrutura das frases inglesas. Eis os elementos da crítica de Chomsky:

Tomemos a frase inglesa *The man hit the ball* (*O homem atirou a bola*) e apliquemos-lhe as regras de uma análise em constituintes. Esta análise faz-se em três fases: (1) análise gramatical; (2) derivação da análise (1) aplicada à frase particular *The man hit the ball*; e (3) diagrama recapitulativo.

(1)   I. Frase ⟶ SN (sintagma nominal) + SV (sintagma verbal)
    II. SN ⟶ Art (artigo) + N (nome)
    III. SV ⟶ V (verbo) + SN
    IV. Art ⟶ *The*
    V. N ⟶ *man, ball, etc.*
    VI. V ⟶ *hit, love, etc.*

(2) Frase
    SN+SV   I
    Art + N + SV   II
    Art+N+V+SN   III
    The + N + v+ SN   IV
    The + *man* + v+ SN   V
    The + *man* + *hit* + SN   VI
    The + *man* + *hit* + Art + N   VII
    The + *man* + *hit* + *the* + N   VIII
    The + *man* + *hit* + *the* + *ball* IX

(3)
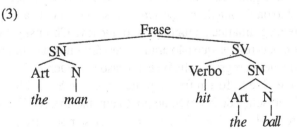

Verificamos que, no quadro (1), cada regra significa simplesmente que se pode «reescrever» Y em vez de X e que o quadro (2) é apenas a aplicação dessas regras, cada linha do quadro (2) remetendo para uma regra da gramática (1). Para especificarmos a significação destas regras, podemos acrescentar indicações suplementares (marcando por exemplo que o artigo pode ser *a* ou *the*, que SN e SV podem ser singulares ou plurais, etc.). O diagrama (3) apenas apresenta mais claramente a derivação.

Este modelo sintagmático parece assim bastante convincente. Mas, através de alguns exemplos, Chomsky mostra as suas limitações. Com efeito, o que já se disse implica que se tivermos duas frases: Z + X + W e Z + Y + W, sendo X e Y os «constituintes» dessas frases, podemos em princípio formar uma nova frase Z-X + *e* + Y-W, de que temos aqui um exemplo:

(4)
    I A.: *A cena do filme era em Chicago*
    B.: *A cena da peça era em Chicago*
    II C.: *A cena do filme e da peça era em Chicago.*

Mas se X e Y *não forem* «constituintes» não se pode aplicar a fórmula, porque isso daria por exemplo:

(5)
    III A.: *Os capitais abandonaram o país*
    B.: *Os polícias percorreram* o *país*
    IV C.: *Os capitais abandonaram e os polícias percorreram o país.*

Estes exemplos provam que, para que as regras sintagmáticas sejam aplicáveis a uma língua como o inglês, é necessário conhecer não apenas a forma final das frases mas também a estrutura dos seus constituintes ou a sua «história derivacional». Ora Chomsky demonstrou que só em função do *conteúdo efectivo* de uma dada sequência é que cada regra «X⟶Y» da gramática sintagmática se aplica ou não se aplica a essa sequência: a questão da *formação progressiva* dessa sequência não é pertinente na gramática sintagmática; o que leva Chomsky a formular novas regras, que não eram necessárias nessa gramática. Eis uma dessas regras, aplicáveis ao caso precedente:

(6) Se S_1 e S_2 forem frases gramaticais e se S_1 só diferir de S_2 pela presença de X em S_1 no ponto em que aparece Y em S_2 (doutro modo: se S_1 = ...X... e S_2 = ...Y...), se por outro lado X

e Y forem constituintes do mesmo tipo em S_1 e S_2 respectivamente, então uma frase S_3 resultante da substituição de X por: X + e + Y na frase S_1 (o que dá: S_3 = ...X... + e + ...Y...) é uma frase gramatical.

Vemos que, segundo Chomsky, a gramática sintagmática é inadequada para uma língua como o inglês, a não ser que nela incorporemos novas regras. Mas é justamente essa incorporação que muda completamente a concepção da estrutura linguística. Chomsky propõe pois o conceito de «transformação gramatical», e formula-o assim: *uma transformação gramatical T opera sobre uma dada sequência ou sobre um conjunto de sequências que possuem uma dada estrutura e converte-a numa nova sequência que tem uma nova estrutura sintagmática derivada.*

O princípio da gramática transformacional fica assim formulado. Trata-se em seguida de precisar as suas propriedades essenciais, como por exemplo a ordem de aplicação destas transformações. Aliás, certas transformações são obrigatórias, outras são facultativas. A transformação que regula a adjunção dos afixos a uma raiz verbal é necessária se quisermos obter uma frase gramatical: portanto é obrigatória; enquanto que a transformação passiva pode não se aplicar a cada caso particular: é facultativa. Chama-se *núcleo* de cada língua, na terminologia da gramática transformacional, ao conjunto das frases produzidas pela aplicação das transformações obrigatórias às sequências terminais da gramática sintagmática; as frases obtidas pela aplicação de transformações facultativas chamam-se *derivadas.*

Portanto a gramática possui uma série de regras da forma X ⟶ Y (como na fórmula (1) anterior), e que correspondem ao nível sintagmático, uma série de regras transformacionais que ligam os dois níveis. Eis como Chomsky exprime este processo:

«Para produzirmos uma frase a partir desta gramática, construímos uma derivação alargada que começa por *Frase*. Passando pelas regras F, construímos uma sequência terminal que será uma série de morfemas, não necessariamente na ordem correcta. Passamos então pela série de transformações T_1 ⟶ T_1 aplicando as que são obrigatórias e, talvez, algumas das que são facultativas. Estas transformações podem reordenar as sequências, acrescentar ou suprimir morfemas. Têm como resultado a produção de uma sequência de palavras. Passamos então pelas regras morfológicas que convertem esta sequência de palavras numa sequência de fonemas. A parte sintagmática da gramática compreenderá regras do tipo de (1). A parte transformacional consistirá em regras do tipo de (6) formuladas correctamente nos termos que devem ser desenvolvidos numa teoria completa das transformações.»

A análise transformacional tem, para Chomsky, um poder a que ele chama *explicativo*. Assim, a frase *A guerra é começada pelo agressor* do ponto de vista transformacional é o resultado de uma série de alterações operadas sobre a proposição-núcleo o *agressor começou a guerra*. Isto quer dizer que a estrutura $SN_1 V_t SN_2$ (em que V_t é um verbo transitivo) se tornou uma estrutra $SN_2 V_p$ por SN_1 (em que V_p é o verbo passivo: *ser*+particípio passado do verbo), que corresponde lexicalmente à frase inicial que queríamos explicar.

Por outro lado, a descrição transformacional pode resolver a ambiguidade de uma sequência sem recorrer a critérios semânticos e contentando-se em restabelecer as regras de transformação que a produzem.

É evidente que a abordagem chomskiana oferece uma visão dinâmica da estrutura sintagmática, que falta à gramática estrutural, e elimina a atomização da língua, própria dos métodos «pós-bloomfieldianos», para propor uma concepção da língua como processo de produção em que cada sequência e cada regra dependem de um conjunto coerente baseado na consciência do sujeito-locutor, cuja liberdade consiste em se submeter às normas da gramaticalidade.

Lembremos a este respeito o trabalho considerável efectuado pela *Grammaire générale de Port-Royal*, e sobretudo pelos gramáticos da *Enciclopédia*, para elaborar uma concepção sintáctica da língua. Chomsky retoma visivelmente esta tentativa à qual liga a sua concepção do sujeito, livre possuidor de ideias inatas cuja transformação controla. A procura de *estruturas sintácticas* contra a fragmentação morfossemântica a que estava submetida a língua nos estudos anteriores, revela uma concepção da língua como conjunto de termos coordenados. Podemos dizer que já não se trata de uma *linguística* no sentido em que esta palavra foi forjada no século XIX como ciência das especificidades do corpo da língua. Pois a língua desaparece sob a rede formal que engendra a cobertura linguística do raciocínio, e a análise transformacional apresenta o esquema sintáctico de um processo psíquico encarado segundo uma certa concepção racionalista do sujeito. A *Grammaire générale de Port-Royal* não era uma linguística, pois era uma ciência do raciocínio; a gramática gerativa é simultaneamente mais e menos do que uma linguística, porque é a descrição sintáctica de uma doutrina psicológica. A sintaxe, que foi ciência do raciocínio, tornou-se ciência de um comportamento psíquico normativo.

Portanto a novidade chomskiana pode aparecer como uma variação da antiga concepção da linguagem, formulada pelos racionalistas e baseada nas categorias lógicas forjadas a partir das línguas indo-europeias e do discurso comunicativo-denotativo. É curioso que o *universalismo* desta concepção linguística não se interesse (ainda) pelas línguas diferentes das línguas indo-europeias, nem por funções da linguagem diferentes da função puramente informativa (como a linguagem poética, por exemplo, ou a linguagem do sonho, etc.). A subtileza da descrição chomskiana e o prazer que provoca pelo seu rigor metódico e dinâmico num leitor que procure uma certeza racional, não escondem o fundamento profundo desta abordagem. Ela não estuda a língua na sua diversidade, o discurso nas suas múltiplas funções: demonstra a coerência do sistema lógico sujeito-predicado, posto em evidência por Port-Royal, transformando-se em diversas sequências terminais que obedecem todas a uma razão, a que fundamenta o sujeito, a sua «intuição gramatical» e a sua análise lógica. O próprio Chomsky afirma-se menos linguista do que analista das estruturas psicológicas. Ele é sem dúvida aquele que descreve em pormenor uma certa estrutura, a que foi dada à luz pelos racionalistas do século XVII. Será a única? Será necessário subordinar a imensa variabilidade do funcionamento linguístico a esta estrutura única? O que querem dizer actualmente conceitos como «sujeito», «intuição», «ideias inatas», depois de Marx e de Freud? A análise cartesiana-chomskiana não estará, teoricamente, demasiado bloqueada pelos seus próprios pressupostos e não será por isso incapaz de ver a pluralidade dos sistemas significantes registados noutras línguas e noutros discursos? Isto não é mais do que uma série de problemas gerais levantados pelos trabalhos de Chomsky, e que o rigor das suas análises (que são apenas o apogeu do positivismo, tendo reconhecido o seu pai em Descartes) não deve deixar passar em silêncio.

A gramática transformacional, de um modo mais marcado e mais revelador, realiza a mesma redução que a linguística estrutural, e sobretudo a linguística americana, opera no seu estudo da linguagem. Significante puro, sem significado; gramática sem semântica; *índices* em vez de *signos*: a orientação é clara, e acentua-se nos últimos trabalhos inéditos de Chomsky. Dir-se-ia que o formalismo do projecto de Husserl se realiza abandonando o que havia em Husserl de semantismo e de teoria objectual da verdade. Com efeito, para neutralizar a *subjectividade empírica* no estudo da linguagem, a linguística reduziu os elementos constitutivos do encadeamento falado, os signos, a índices ou a marcas que mostram sem demonstrar elementos que não querem dizer nada para além da sua pureza gramatical. Em seguida, voltando à subjectividade constituinte e reencontrando o sujeito cartesiano gerador da língua, a gramática transformacional opta por um eclectismo que, por agora, concilia uma teoria do sujeito psicológico com uma indexação de componentes linguísticos cada vez mais inexpressivos... Esta conciliação (difícil, porque não vemos como é que um sujeito provido de razão se pode harmonizar com uma gramática não expressiva) vê-se frente à seguinte alternativa: ou os índices formais que constituem a operação gerativa-transformacional vão carregar-se de sentido, tornar-se portadores de significações que terão necessidade de se integrar numa teoria da verdade e do seu sujeito; ou os próprios conceitos de «sujeito», de «verdade» e de «sentido» serão afastados como incapazes de resolverem a ordem da linguagem indexada e, neste caso, a linguística já não pretenderá ser uma *gramática cartesiana*, mas orientar--se-á para outras teorias que propõem uma visão diferente do sujeito: um sujeito que se destrói e que se reconstrói no e através do significante. A favor desta segunda eventualidade jogam a pressão da psicanálise e a imensa modificação da própria concepção de *significação* enunciada pela semiótica. Se esta via parece poder abrir o espaço fechado cartesiano em que a gramática transformacional quer encerrar a linguística; se uma tal tentativa pode permitir retomar o domínio do significante e romper o isolamento metafísico em que se mantém actualmente a linguística, para fazer a sua teoria, no plural, *dos* signos e *dos* modos de significação na história, é isto que vamos tentar indicar nos capítulos seguintes.

TERCEIRA PARTE

LINGUAGEM E LINGUAGENS

I. PSICANÁLISE E LINGUAGEM

Acabámos de ver que a linguística contemporânea escolheu caminhos que a levaram a uma descrição rigorosa, ou até mesmo matemática, da estrutura formal do sistema da língua. Mas as ciências actuais não abordaram apenas deste modo o estudo da linguagem: como sistema significante em que se faz e desfaz o sujeito falante, esta está também no centro dos estudos psicológicos e, mais particularmente, psicanalíticos.

Desde o princípio do século, como se sabe, os problemas psicológicos levantados pela linguagem preocupavam certos linguistas ([1]); em seguida, foram abandonados pela linguística mas os filósofos e os psicólogos continuaram a explorar a linguagem para nela estudarem o sujeito falante. Entre as escolas psicológicas recentes que, para analisarem as estruturas psíquicas, se referem muitas vezes ao uso linguístico, temos de citar em primeiro lugar a escola de Piaget e toda a psicologia genética. A aprendizagem da língua pela criança, as categorias lógicas que esta elabora ao longo do seu crescimento para apreender o mundo, todas estas investigações estão constantemente orientadas para a linguagem e proporcionam um conhecimento sobre o seu funcionamento que a linguística formal seria incapaz de dar.

Mas o momento capital do estudo da relação entre o sujeito e a sua linguagem foi sem dúvida marcado, ainda antes do princípio do século XX, pela obra magistral de Sigmund Freud

---

([1]) Citemos entre eles J. Van Ginneken e os seus *Principes de linguistique psychologique* (1907).

(1856-1939), que abriu uma nova perspectiva na representação do funcionamento linguístico e que subverteu as concepções cartesianas nas quais se baseava a ciência linguística moderna. As repercussões da obra de Freud – de que não podemos ainda avaliar todo o alcance – estão entre as mais importantes que marcaram o pensamento da nossa época ([1]).

O problema das estreitas relações entre psicanálise e linguagem é complexo, e só vamos abordar aqui alguns dos seus aspectos. Sublinhemos em primeiro lugar o facto de que a psicanálise vê o seu objecto na *fala* do paciente. O psicanalista não tem outro meio, outra realidade ao seu alcance para explorar o funcionamento consciente ou inconsciente do sujeito para além da fala, das suas estruturas e das suas leis; é por aí que o analista descobre a postura do sujeito.

Ao mesmo tempo, a psicanálise considera qualquer *sintoma* como linguagem: portanto faz dele uma espécie de sistema significante cujas leis temos de descobrir, leis essas que são semelhantes às de uma linguagem.

O sonho que Freud estuda é igualmente considerado antes de tudo o mais como um sistema linguístico a decifrar, ou melhor, como uma *escrita,* com regras semelhantes às dos hieróglifos.

Estes postulados de partida tornam a psicanálise inseparável do universo linguístico. Inversamente, os princípios psicanalíticos, como a descoberta do inconsciente, as leis do trabalho 'do sonho', etc., modificam profundamente a concepção clássica da linguagem.

Enquanto que o psiquiatra procura uma lesão física para fazer dela a razão de uma perturbação, o psicanalista refere-se apenas ao dizer do sujeito, mas não para aí descobrir uma «verdade» objectiva que seria a «causa» das perturbações. No que o sujeito lhe diz, o psicanalista escuta com igual interesse o real e o fictício, pois ambos têm uma mesma *realidade discursiva.* O que ele descobre nesse discurso é a motivação, primeiro inconsciente, depois mais ou menos consciente, que produz os sintomas. Uma vez desvendada essa motivação, todo o comportamento neurótico denota uma lógica evidente, e o sintoma aparece como o símbolo dessa motivação por fim descoberta.

([1]) Ver sobre este assunto *A Psicanálise,* por J. C. Sempé, J.-L. Donnet, J. Say, G. Lascault e C. Backès [Colecção «A Psicologia Moderna», Edições 70].

«Para se compreender a vida psíquica, é indispensável deixar de se sobrestimar a consciência. É preciso ver no inconsciente o fundo de toda a vida psíquica. O inconsciente é semelhante a um grande círculo que encerra o consciente como um círculo mais pequeno. Não pode haver nenhum consciente sem um estádio anterior inconsciente, enquanto o inconsciente pode prescindir do estado consciente e ter no entanto um valor psíquico. O inconsciente é o próprio psíquico e a sua realidade essencial», escreve Freud (*A Interpretação dos Sonhos*).

Embora se apresente como uma ascenção vertical ou histórica no passado do sujeito (recordações, sonhos, etc.), esta procura da motivação inconsciente no e através do discurso efectua-se de facto numa e através de uma situação discursiva horizontal: a relação entre o sujeito e o analista. No acto psicanalítico encontramos a cadeia sujeito-destinatário, e o facto fundamental de que todo o discurso é destinado a um outro. «Não há fala sem resposta», escreve Jacques Lacan (*Écrits*, 1966), «ainda que encontre apenas o silêncio, contanto que tenha um auditor.» E mais adiante: «Não se tratará antes de uma frustração que é inerente ao próprio discurso do sujeito? O sujeito não se empenha aí numa despossessão sempre maior desse seu próprio ser, do qual, à força de representações sinceras que não chegam a destacar a sua essência, de estados e de defesas que não impedem que a sua estátua vacile, de opressões narcisistas que se tornam sopro para o animal, acaba por reconhecer que esse ser nunca foi mais do que a sua obra no imaginário e que essa obra ilude nele qualquer certeza. Pois, nesse trabalho de a reconstruir *para um outro*, ele encontra a alienação fundamental que o obrigou a construí-la *como uma outra*, e que a destinou sempre a ser-lhe roubada *por um outro*... Este *ego*... é a frustração por essência...».

Interrogado o lugar do outro (do analista no acto discursivo do sujeito analisado), a teoria lacaniana faz do estudo do inconsciente uma ciência, porque lhe prescreve as bases cientificamente abordáveis de um discurso, através da fórmula já célebre: «O inconsciente do sujeito é o discurso do outro».

Não se trata aqui de bloquear o acto discursivo nos termos de uma relação sujeito-destinatário, como o fez correntemente a teoria da comunicação. A psicanálise descobre uma «ressonância nas redes comunicantes de discurso» que indica a existência de «uma omnipresença do discurso humano» que a ciência há-

-de abordar um dia em toda a sua complexidade. Neste sentido, a psicanálise só dá um primeiro passo quando estabelece a estrutura dual do sujeito e do seu interlocutor, embora marque que «é nesse campo que a nossa experiência se polariza numa relação que só é a dois em aparência, pois qualquer posição da sua estrutura em termos apenas duais é-lhe tão inadequada em teoria como ruinosa na prática».

Na estrutura do acto discursivo assim esboçada, o sujeito falante serve-se da língua para nela construir a sintaxe ou a lógica do seu discurso: uma língua (subjectiva, pessoal) dentro da língua (estrutura social neutra). «Portanto, a linguagem», observa Benveniste ("Remarques sur la fonction du langage dans la découverte freudienne", in *Problèmes de linguistique générale*) «é utilizada aqui como fala, é convertida nessa expressão da subjectividade instante e iludível que forma a condição do diálogo. A língua fornece o instrumento de um discurso em que a personalidade do sujeito se entrega e se cria, atinge o outro e faz-se reconhecer por ele.»

Isto quer dizer que a linguagem estudada pela psicanálise não se pode confundir com esse objecto-sistema formal que é a língua para a linguística moderna. A linguagem para a psicanálise é um sistema significante secundário, por assim dizer, baseado na língua e em relação evidente com as suas categorias, mas sobrepondo-lhe uma organização própria, uma lógica específica. O sistema significante do inconsciente, acessível no sistema significante da língua através do discurso do sujeito, é, observa Benveniste, «supralinguístico devido ao facto de utilizar signos extremamente condensados que, na linguagem organizada, corresponderiam mais a grandes unidades do discurso do que a unidades mínimas».

Freud foi o primeiro a designar o carácter dos signos extremamente condensados da simbólica do sonho (portanto do inconsciente). Considera o sistema do sonho como análogo ao de um *enigma* ou de um *hieróglifo:*... «podemos dizer que a figuração no sonho, que *não é certamente feita para ser compreendida,* não é mais difícil de compreender do que os hieróglifos para os seus leitores». (*O Trabalho do Sonho*). E mais à frente: «[Os símbolos do sonho] têm muitas vezes vários sentidos, algumas vezes muitos sentidos, de tal modo que, como na escrita chinesa, só o contexto é que dá uma compreensão exacta. É por isso que o sonho permite uma sobreinterpretação e pode representar através de um só conteúdo diversos pensamentos e diversas impulsões de desejo (*Wunschregungen*) muitas vezes de natureza muito diferente».

Para ilustrar esta lógica onírica, Freud refere-se a um exemplo de interpretação de sonho relatado por Artemides e que assenta num jogo de palavras. «Parece-me que Aristandro deu uma explicação muito feliz a Alexandre da Macedónia, quando este depois de ter sitiado Tiro se impacientava e, num momento de perturbação, teve o sentimento de que via um sátiro dançar sob o seu escudo. Aconteceu que Aristandro estava então nos arredores de Tiro no séquito do rei. Ele decompôs a palavra sátiro em σά e τύρος – e conseguiu que o rei, tendo-se ocupado mais activamente do cerco, tomasse a cidade (σα–τύρος = para ti Tiro).» E Freud acrescenta: «De resto, o sonho está tão intimamente ligado à expressão verbal que, como Ferenczi observa com razão, *qualquer língua tem a sua língua de sonho*». (o sublinhado é nosso).

Formulámos aqui o princípio de base da interpretação do discurso em psicanálise, que Freud irá elaborar e especificar no decurso da sua obra ulterior, mas que se pode resumir como uma *autonomia relativa do significante* sob o qual se insinua um *significado* que não está forçosamente incluído na unidade morfofonológica, tal como ela se apresenta no enunciado comunicado. Com efeito, para a língua grega *sátiro* é uma unidade em que as duas sílabas não têm sentido em si mesmas. Ora, fora desta unidade, os significantes *sa* e *tiro* que compõem *sátiro*, podem ter um significado diferente, a saber, a cidade de Tiro cuja conquista iminente *motiva* o sonho do sujeito. Encontram-se pois, na lógica do sonho, duas unidades significantes condensadas numa só unidade que pode ter um significado independente (do dos seus componentes) e que pode ser representado por uma imagem: o *sátiro*.

Ao analisar o trabalho do sonho, Freud destaca três operações fundamentais que marcam a junção do inconsciente como uma «língua»: *deslocamento*, *condensação* e *figuração*.

A propósito da *condensação*, Freud observa que «quando comparamos o conteúdo do sonho e os pensamentos do sonho, apercebemo-nos logo de que houve um enorme *trabalho de condensação*. O sonho é curto, pobre, lacónico, comparado com a amplidão e com a riqueza dos pensamentos do sonho...» Podemos pensar que a condensação se opera por «via de omissão, não sendo o sonho uma tradução fiel do pensamento do sonho, mas apenas uma restituição muito incompleta e muito lacunar». Mas, mais do que omissão, trata-se aqui de *nós* (como o do «sátiro»), «em que os pensamentos do sonho se puderam encontrar em grande número, porque ofereciam à interpretação numerosos sentidos. Ainda podemos exprimir de outro modo o facto que explica tudo isto e dizer: cada um dos elementos do conteúdo do sonho está *sobredeterminado,* como que representado várias vezes nos pensamentos do sonho». Freud introduz aqui o conceito de *sobredeterminação* que se tornará indispensável a qualquer análise da lógica do sonho e do inconsciente, e de qualquer sistema significante que esteja relacionado com aquela.

O princípio do *deslocamento* tem um papel não menos importante na formação do sonho. «O que é visivelmente essencial nos pensamentos do sonho não está por vezes representado neste. O sonho está *centrado de outro modo,* o seu conteúdo está organizado em torno de outros elementos que não os pensamentos do sonho»... «Em virtude deste deslocamento, o conteúdo do sonho já só restitui uma deformação e sabemos que ela é obra da censura que uma das instâncias psíquicas exerce sobre a outra instância. Portanto, o deslocamento é um dos processos essenciais da deformação».

Depois de ter estabelecido que «a condensação e o deslocamento são os dois factores essenciais que transformam o material dos pensamentos latentes do sonho no seu conteúdo manifesto», Freud aborda os «processos de figuração do sonho». Verifica que «o sonho exprime a relação que existe infalivelmente entre todos os fragmentos dos seus pensamentos unindo esses elementos num único todo, quadro ou sequência de acontecimentos. Apresenta as *relações lógicas* como simultâneas; exactamente como o pintor reúne numa escola de Atenas ou num Parnaso todos os filósofos ou todos os poetas, apesar de eles nunca terem estado juntos nessas condições; mas formam para o pensamento uma comunidade dessa espécie». A única *relação lógica* que o sonho vai utilizar, tal como uma língua hieroglífica como o chinês, é construída pela simples *aplicação* dos símbolos: é, diz Freud, a *semelhança,* o *acordo,* o *contacto,* o «assim como».

Noutro ponto, Freud assinala uma outra particularidade das relações do inconsciente: este não conhece a contradição, a lei do terceiro excluído é-lhe estranha. O estudo que Freud consagrou à *denegação (Verneinung)* demonstra o funcionamento particular da negação no inconsciente. Por um lado, Freud verifica que «a realização da função do juízo só se torna possível com a *criação do símbolo da negação*». Mas a negação de um enunciado pode significar, a partir do inconsciente, a confissão explícita do seu recalcamento, sem que o que está recalcado seja admitido pelo consciente: «[Não existe] nenhuma prova mais forte de que se chegou a descobrir o inconsciente, do que se o analisado reagir com esta frase: 'Não tinha pensado nisso', ou mesmo 'Estou longe de ter (alguma vez) pensado nisso'». A partir daí Freud pode verificar que a negação, para o inconsciente, não é uma recusa, mas a constituição do que se dá como negado, e concluir: «A este modo de compreender a denegação corresponde perfeitamente o facto de não se descobrir na análise nenhum 'não' a partir do inconsciente...»

Vemos que, para Freud, o sonho não se reduz a um simbolismo, mas é uma verdadeira *linguagem*, isto é, um sistema de signos, ou até mesmo uma *estrutura* com uma sintaxe e uma lógica próprias. É necessário insistir neste *carácter sintáctico* da visão freudiana da linguagem que passou muitas vezes despercebido em proveito de uma acentuação da simbólica freudiana.

Ora, quando Freud fala de linguagem, não entende apenas o sistema discursivo no qual o sujeito se faz e se desfaz. Para a psicopatologia psicanalítica, o próprio corpo fala. Recorde-se que Freud fundou a psicanálise a partir dos sintomas histéricos, que ele soube ver como «corpos falantes». O sintoma corporal é sobredeterminado por uma rede simbólica complexa, por uma linguagem cujas leis sintácticas é preciso descobrir para se resolver o sintoma. «Se ele nos ensinou a seguir no texto das associações livres a ramificação ascendente dessa linhagem simbólica, para aí assinalarmos, nos pontos em que as formas se entrecruzam, os nós da sua estrutura, torna-se então evidente que o sintoma se resolve inteiramente numa análise da linguagem, porque ele próprio está estruturado como uma linguagem, porque ele é linguagem de que temos de libertar a fala.» (Lacan)

Só apontamos aqui as regras esquemáticas do funcionamento da linguagem do sonho e do inconsciente, tais como Freud as descobriu. Insistamos uma vez mais no facto de que esta linguagem não é idêntica à língua que a linguística estuda, mas que ela se faz nessa língua; sublinhemos por outro lado que essa própria língua só existe realmente no discurso de que Freud procura as leis e que, por conseguinte, a investigação freudiana elucida especificidades linguísticas que uma ciência que não tenha em conta o *discurso* nunca atingirá. Simultaneamente intralinguístico e supralinguístico, ou *translinguístico,* o sistema significante estudado por Freud tem uma universalidade que «atravessa» as línguas nacionais constituídas, pois trata-se efectivamente de uma *função da linguagem* própria de todas as línguas. Freud supôs que esta comunidade do sistema significante do sonho e do inconsciente era genética; e, com efeito, a psicanálise antropológica demonstrou que o conceito freudiano e as operações do inconsciente que ele destacou são também aplicáveis às sociedades ditas primitivas. «O que hoje está ligado simbolicamente esteve provavelmente ligado outrora por uma identidade conceptual e linguística», escreve Freud. «A relação simbólica parece ser um resto e uma antiga marca de identidade. Podemos observar a este respeito que, em toda uma série de casos, a comunidade do símbolo vai muito além do conhecimento linguístico. Há um certo número de símbolos que são tão antigos como a própria formação das línguas.»

Sem se ir até à hipótese que supõe que a «língua primitiva» seria conforme às leis do inconsciente – hipótese que a linguística não admite e que não parece ser confirmada no estado actual do conhecimento por nenhuma língua antiga ou primitiva –, seria mais pertinente procurar as regras lógicas descobertas por Freud na organização de *certos sistemas significantes* que são em si mesmos tipos de linguagens. O próprio Freud o observa: «Esta simbólica não é específica do sonho, encontramo-la em todas as imagens inconscientes, em todas as representações colectivas, nomeadadamente populares: no folclore, nos mitos, nas lendas, nos ditados, nos provérbios, nos jogos de palavras correntes: é mesmo mais completa aqui do que no sonho».

Compreendemos agora que o alcance da psicanálise ultrapassa largamente a zona do discurso perturbado de um sujeito. Podemos dizer que a intervenção psicanalítica no campo da linguagem tem como consequência maior impedir o esmagamento do significado pelo significante, que faz da linguagem uma superfície compacta logicamente segmentável; a psicanálise permite pelo contrário dividir a linguagem em camadas, separar o significante do significado, obrigar-nos a pensar cada significado em função do significante que o produz, e vice--versa. Isto quer dizer que a intervenção psicanalítica impede o gesto metafísico que identificava as diversas práticas de linguagem com Uma Língua, Um Discurso, Uma Sintaxe, e que ela incita a procurar as diferenças *das* línguas, *dos* discursos, ou antes sistemas significantes construídos naquilo que se tomou por A língua ou por O discurso. Por conseguinte, a partir de agora há um conjunto imenso de práticas significantes através da língua que se abre aos linguistas; dois discursos em língua grega, por exemplo, embora sejam ambos gramaticais, não têm forçosamente a mesma sintaxe semiótica; um pode depender da lógica de Aristóteles e o outro pode aproximar-se da dos hieróglifos, se estes dois discursos se construírem segundo regras sintácticas diferentes, que poderíamos classificar de translinguísticas.

Freud foi o primeiro a aplicar as suas conclusões tiradas da sintaxe do sonho e do inconsciente ao estudo de sistemas significantes complexos. Ao analisar *Le mot d'esprit et son rapport avec l'inconscient,* Freud descobre processos de formação das frases espirituosas que nós já observámos no trabalho do sonho: concisão (ou elipse), compressão (condensação com formação substitutiva), inversão, duplo sentido, etc. Por outro lado, as conclusões que Freud tira da linguagem do sonho permitem--lhe abordar sistemas simbólicos complexos e indecifráveis de outro modo, como o tabu, o totem e outras proibições nas sociedades primitivas.

Os trabalhos freudianos proporcionam actualmente uma nova visão da linguagem, que a psicanálise tentou sistematizar e precisar nas investigações destes últimos anos.

É certo que a teoria analítica da linguagem não tem o rigor exemplar próprio das teorias formalizadas ou matemáticas que coroam a linguística moderna. É certo também que os linguistas se interessam pouco pelo que a psicanálise descobre no funcionamento linguístico, e aliás não percebemos como é que pode ser possível conciliar as formalizações do estruturalismo americano e da gramática gerativa, por exemplo, com as leis do funcionamento linguístico tais como a psicanálise moderna as formula depois de Freud. É evidente que são duas tendências contraditórias ou pelo menos *divergentes* na concepção da linguagem. Freud não é linguista e o objecto «linguagem» que ele estuda não coincide com o sistema formal que a linguística aborda e de que conseguimos destacar a abstracção lenta e laboriosa através da história. Mas a diferença entre a abordagem psicanalítica da linguagem e a linguística moderna é mais profunda do que uma mudança do volume do objecto. É a *concepção geral* da linguagem que difere radicalmente na psicanálise e na linguística.

Vamos tentar resumir aqui os pontos essenciais dessa divergência.

A psicanálise torna impossível o hábito geralmente admitido pela linguística actual de considerar a linguagem fora da sua *realização* no *discurso,* isto é, esquecendo que a linguagem não existe fora *do discurso de um sujeito,* ou considerando esse sujeito como implícito, igual a si próprio, unidade fixa que coincide com o seu discurso. Este postulado cartesiano, que subtende o procedimento da linguística moderna e que é apresentado por Chomsky, é abalado pela descoberta freudiana do inconsciente e da sua lógica. A partir daí torna-se difícil falar de um sujeito sem seguir as diversas configurações que as diferentes relações dos sujeitos com o seu discurso revelam. O sujeito não *existe*, faz-se e desfaz-se numa *topologia* ([1]) complexa em que se incluem o outro e o seu discurso; portanto não podemos falar do *sentido* de um discurso sem termos em conta essa topologia. O sujeito e o sentido não existem, produzem-se no *trabalho discursivo* (*Freud* falou do *trabalho* do sonho). A psicanálise substitui a estrutura simples que é a língua para a linguística estrutural e as suas variações transformacionais pela problemática da produção do sentido (do sujeito a limitar teoricamente). Não uma produção na acepção da gramática gerativa que não produz nada (pois não põe em causa o sujeito e o sentido), e que se contenta em sintetizar uma estrutura no decorrer de um processo que nunca interroga os fundamentos da estrutura; mas sim uma produção efectiva que atravessa a superfície

---

([1]) *Topologia:* estudo matemático dos espaços e das formas; por extensão, aqui, estudo da configuração do espaço discursivo do sujeito em relação ao outro e ao discurso.

do discurso *enunciado,* e engendra na *enunciação* – novo estrato aberto na análise da linguagem – um certo sentido com um certo sujeito.

Jakobson já tinha chamado a atenção para esta distinção entre a enunciação em si mesma e o seu objecto (a matéria enunciada) para demonstrar que certas categorias gramaticais, ditas *shifters,* podem indicar que o processo da enunciação e/ /ou os seus protagonistas se referem ao processo da enunciação e/ou aos seus protagonistas (por exemplo, o pronome «eu», «as partículas e as flexões que fixam a presença como sujeito do discurso, e com ela o presente da cronologia»). Lacan utiliza esta distinção para captar para além do enunciado, na enunciação, um significado (inconsciente) que permanece oculto para a linguística: «No enunciado 'Je crains qu' il ne vienne' *je* é o sujeito do enunciado, não o sujeito do verdadeiro desejo, mas um *shifter* ou o índice da presença que o enuncia». «O sujeito da enunciação, o que manifesta o seu desejo, está apenas nesse *ne* cujo valor se tem de encontrar rapidamente em lógica...»

Esta distinção enunciação/enunciado é apenas um exemplo da modificação da concepção da linguagem com o objectivo da constituição de uma teoria da linguagem como *produção.*

Ligada a esta problemática da produção do sentido e do sujeito na linguagem, a psicanálise promete uma outra: a do *primado (sincrónico) do significante sobre o significado.* Já estamos longe da desconfiança em relação ao significado próprio da linguística bloomfieldiana e pós-bloomfieldiana. Pelo contrário, o significado está presente em cada análise, e o analista procura relações lógicas entre significados no discurso, condensado e deslocado, do sonho. Mas esse significado não é independente do significante, antes pelo contrário: o significante torna-se autónomo, destaca-se do significado ao qual adere no momento da comunicação da mensagem, e divide-se em unidades significantes que veiculam um novo significado, inconsciente, invisível sob o significado da mensagem conscientemente comunicada (como o caso citado atrás do «sátiro» ou de «Je crains qu 'il ne vienne»). Esta análise da relação significante-significado na linguagem demonstra «como é que o significante entra de facto no significado; a saber, sob uma forma que, para não ser imaterial, põe o problema do seu lugar na realidade», escreve Lacan, que especifica: «A primazia do significante sobre o significado aparece já aí como impossível de iludir em qualquer discurso sobre a linguagem, não sem que ela desconcerte demasiado o pensamento para poder ter sido, mesmo actualmente, enfrentada pelos linguistas». «Só a psicanálise pode *impor ao pensamento* essa primazia demonstrando que o significante dispensa qualquer cogitação, mesmo das menos reflexivas, para exercer reagrupamentos não duvidosos nas significações que subjugam o sujeito, ou ainda mais: para se manifestar nele através dessa noção alienante de que a noção de *sintoma* em análise toma um sentido emergente: o sentido do significante que conota a relação do sujeito com o significante» ([1]).

Por fim, o princípio da primazia do significante instaura na linguagem analisada uma *sintaxe* que passa por cima do sentido linear do encadeamento falado, e liga unidades significantes localizadas em diversos morfemas do texto, seguindo uma lógica combinatória. «A sobredeterminação deve considerar-se inicialmente como um facto de sintaxe». Desta fragmentação, ramificação, deste desbaste da cadeia significante resulta uma rede significante complexa na qual o sujeito evoca a complexidade movediça do real, sem poder fixar aí nenhum *nome* com um sentido preciso (salvo ao nível do conceito) porque «não há nenhuma significação que se mantenha a não ser pelo retorno a uma outra significação» (Lacan).

Este resumo esquemático de alguns dos princípios fundamentais da concepção analítica da linguagem, na sua novidade radical em relação à visão linguística moderna, levanta inevitavelmente a questão da possibilidade da sua introdução no saber linguístico. É impossível prever hoje em dia a eventualidade, e ainda menos o resultado, de uma tal penetração. Mas é evidente que a atitude analítica face à linguagem não poupará a sistematicidade neutra da linguagem científica e obrigará a linguística formal a mudar de discurso. O que nos parece ainda mais provável é que a atitude analítica invista o campo do estudo dos sistemas significantes em geral, essa *semiologia* com que Saussure sonhava, e que, por esse meio, modifique a concepção

---

[1] Saussure, nos seus *Anagrammes,* foi o primeiro linguista que *ouviu* esse «primado do significante» formular uma teoria da significação dita «poética». (cf. p. 289).

cartesiana da linguagem, para permitir que a ciência capte a multiplicidade dos sistemas significantes elaborados na língua e a partir da língua.

II. A PRÁTICA DA LINGUAGEM

Objecto de uma ciência particular, matéria em que se fazem o sujeito e o seu conhecimento, a linguagem é antes de tudo o mais uma *prática*. Prática quotidiana que preenche cada segundo da nossa vida, incluindo o tempo dos nossos sonhos, elocução ou escrita, é uma função social que se manifesta e se conhece no seu exercício.

Prática da comunicação ordinária: conversação, informação.

Prática literária: folclore oral, literatura escrita; prosa, poesia, canto, teatro...

A lista pode ser prolongada: a linguagem investe todo o campo da actividade humana. E embora nós, na comunicação corrente, pratiquemos a linguagem quase automaticamente, como se não prestássemos atenção às suas regras, o *orador* e o *escritor* enfrentam constantemente esta matéria, e manejam-na com um conhecimento implícito das suas leis que a ciência certamente ainda não descobriu na sua totalidade.

Oradores e retóricos

A história relata o exemplo de célebres oradores gregos e latinos cuja mestria fascinava e subjugava as multidões. Sabe-se que não era, ou não era apenas, o «pensamento» dos oradores que exercia essa influência sobre as massas, mas a técnica que usavam para o passar para a língua nacional.

A eloquência só se desenvolveu na Grécia no fim do século V sob a influência dos retóricos e dos sofistas, no recinto da Assembleia onde qualquer cidadão participava na política tomando a palavra. Julga-se no entanto que a retórica é de origem siciliana, e deve o seu nascimento aos discursos de defesa dos cidadãos nos processos. Foi aí, em Siracusa, que Korax e Tísias escreveram o primeiro tratado de retórica, distinguindo como partes do discurso: o exórdio, a narração, a discussão e a peroração. Mas inventaram também o conceito tão vago e tão servil de *verosímil*, que tem um papel importante nos assuntos públicos. Se um homem fraco for acusado de ter batido num ferido, é inverosímil; mas se um homem forte for acusado de ter batido num ferido, é igualmente inverosímil, pois a força expõe-o automaticamente a essa acusação. Esta elasticidade do conceito de verosímil é evidentemente útil aos que detêm o poder...

Os sofistas, como Protágoras (485-411), tiveram um papel decisivo na formação da arte oratória. Na sua *Arte de Disputar* Protágoras professa que «sobre qualquer assunto existem duas teses opostas» e o orador perfeito deve conseguir «fazer prevalecer a tese fraca sobre a tese forte». Górgias (485-380) é um dos maiores sofistas: estilista impecável, dialéctico, é o inventor de processos clássicos na arte oratória, como a técnica de fazer corresponder palavras de forma semelhante em dois membros de frase consecutivos. Devemos à sua arte uma *Pítica,* uma *Olímpica,* uma *Oração fúnebre* e *Elogios* (Elogio de Helena, Defesa de Polamede). Antífono (480-411), mas sobretudo Andócido, Lísias e Iseu foram logógrafos e oradores judiciários, tendo os três últimos deixado discursos escritos. Isócrates (nascido em 436) vai abandonar esse estilo para cultivar uma eloquência moderada, perfeita pela sua composição, ponderada, que conhece os recursos da língua, as leis da lógica e as exigências da eufonia, como o prova o seu discurso panegírico à glória de Atenas. No domínio da eloquência política, é Demóstenes (384-322) que se salienta. É muito conhecida a lenda que o representa, criança débil e gaga, a exercitar-se, com a boca cheia de pedras, para adquirir uma dicção perfeita e uma estatura elegante. As suas célebres *Filípicas,* dirigidas contra a política de Filipe da Macedónia, valeram-lhe a sua fama de patriota. Lutou contra Filipe e depois contra Alexandre; depois da morte deste, fugindo aos soldados de Antípatro, que exigia que lhe entregassem os principais oradores, envenenou-se num templo de Poseidon.

É evidente que esta ilustre escola de oradores era o produto de uma vida pública intensa que devia desaparecer com a decadência e a queda de Atenas.

Foi pelo contacto com esta prática oratória, que conseguiu fazer dos grandes oradores os grandes mestres do povo, que se formou uma ciência do discurso. Não estudo do sistema formal (gramatical) da língua e das suas categorias (gramaticais), mas de grandes unidades construídas no interior do sistema da língua, e por meio das quais (conhecendo perfeitamente a gramática dessa língua) o orador constrói um universo significante de provas e de demonstrações. Assim, apareceu na Grécia a necessidade de codificar as leis dessa construção: foi a *retórica*. Uma vez constituída, como já indicámos atrás, dividiu-se em duas escolas: os discípulos de Isócrates, por um lado, que distinguiam quatro partes do discurso (poema, narração, prova e epílogo); e os discípulos de Aristóteles, por outro, que, seguindo o ensinamento do seu mestre, prestavam uma atenção particular à influência do discurso sobre o auditório, e distinguiam no discurso as *provas* (ou conteúdo material), o *estilo* e a *disposição*. Sabe-se que o sistema das provas é o centro da retórica aristotélica; Aristóteles entende por isso as funções do discurso e faz a sua teoria em três partes: teoria dos *argumentos* retóricos (de base lógica, com análise do silogismo), teoria das *emoções* e teoria do *carácter* do autor.

Roma também conheceu a sua glória oratória sóbria e comedida no tempo de Cícero (106-43) e de Hortensius. A vida movimentada de Marco Túlio Cícero, estreitamente ligada à actividade política de Roma no século I a. C., tendo participado na ascensão e na queda de Sila, de Catilina, de Pompeu, de César, é o exemplo perfeito do poder e da vulnerabilidade do orador antigo. Proclamado Pai da pátria, depois exilado, depois novamente aceite por uma Roma que o acolhe triunfalmente, compõe o seu elogio de Catão ao qual César responde com um anti-Catão; escreve as suas célebres *Filípicas* contra António, para ser finalmente morto pelos soldados do triúnviro, por ordem de António. Cícero criou uma nova língua; trouxe a Roma a lógica e a filosofia gregas e, num estilo irresistível, serviu um ideal político, misto de aristocracia e de governo popular; mas sobretudo levou ao apogeu a embriaguez de se erigir como possuidor e senhor de uma fala que lhe assegura a dominação dos seus destinatários, aos quais é reservado apenas o papel de serem o silêncio que suporta o seu verbo.

A celebridade de Séneca (55 antes da nossa era-39 da nossa era) iria eclipsar durante algum tempo a glória ciceroniana, até aparecer Quintiliano. Nascido por meados do século I, estudou retórica com Domitius Afer, um dos mais célebres oradores do seu tempo, e expôs a arte retórica nas suas *Instituições Oratórias*. Ensinou durante vinte anos em Roma e teve alunos célebres: Plínio e Suetónio, que escreveu uma biografia dos retóricos. Para formar um orador perfeito, Quintiliano considera que é necessário pegar nele desde o berço e conduzi-lo até ao túmulo. Ensinava aos seus alunos a gramática, a ortografia, a música, a geometria, dava uma importância particular à educação, aos exercícios de memória e de declamação, antes de especificar as diferentes partes e os processos do discurso perfeito. Segundo ele, o perfeito uso da palavra, longe de ser um artifício, só podia ser o atributo de um homem sábio: «Que o orador seja tal que se lhe possa chamar verdadeiramente sábio. Não quero dizer apenas que seja irrepreensível nos seus costumes, pois mesmo isso, apesar de tudo o que se disse, não me parece suficiente, mas que seja versado em todas as ciências e em todos os géneros de eloquência. Talvez nunca chegue a existir uma tal fénix? Mas não se deverá, por isso, tender para a perfeição? Não foi o que fizeram a maior parte dos Antigos que, embora reconhecessem que ainda não se tinha encontrado um verdadeiro sábio, nos deixaram todavia preceitos sobre a sabedoria? Não, a eloquência perfeita não é uma quimera; é algo de muito real, e nada impede o espírito humano de a atingir...»

A arte oratória que dominava a Antiguidade parece enfraquecer nos nossos tempos. A religião alimentou-a no século XVII (com Bossuet por exemplo), mas os grandes oradores são raros na vida quotidiana, e só os movimentos revolucionários é que parecem oferecer actualmente o enquadramento adequado ao exercício do poder da fala. Neste último caso, aparece a retórica da anti-retórica, o discurso transmite às massas uma fala impessoal, científica, que vai buscar a sua força à análise rigorosa da economia e da ideologia, e que tira a sua influência da sua capacidade de se tornar conforme ao desejo (significado e significante) dos destinatários.

Toda a casta ou classe dominante soube explorar a prática da linguagem, e em primeiro lugar a prática oratória, para consolidar a sua supremacia. Pois, embora a língua de uma nação quase não mude ou mude apenas imperceptivelmente, as linguagens que nela se formam – os tipos de retórica, de estilo, os sistemas significantes – comportam e impõem cada uma uma ideologia, uma concepção do mundo, uma posição social diferente. O «modo de falar», como vulgarmente se diz, não é de modo nenhum indiferente ao conteúdo da fala, e cada conteúdo ideológico encontra a sua forma específica, a sua linguagem, a sua retórica.

Compreendemos pois por que é uma lei objectiva que qualquer transformação social seja acompanhada por uma transformação retórica, que qualquer transformação social seja num certo sentido e muito profundamente uma mutação retórica. A este respeito o exemplo da Revolução Francesa é particularmente interessante.

A Revolução não se baseou apenas no imenso trabalho inovador operado no próprio nível da linguagem e da literatura francesa por escritores como Voltaire, Diderot, Sade, etc.; não preconizou apenas nas suas leis uma mudança de vocabulário; mas foi literalmente feita, e não só anunciada, pelos discursos e pelos escritos dos seus dirigentes. Poderíamos seguir a eclosão e a marcha da Revolução Francesa através da eclosão e da marcha de uma nova retórica, de um novo estilo que abalou a língua francesa do século XVII ao século XVIII até chegar à frase de Robespierre...

Embora a Constituinte esteja ainda dominada pela retórica tradicional que se inspira em Quintiliano, com a Legislativa as pessoas começam a libertar-se do academismo e da eloquência de aparato. Mas é a Montanha (partido do povo insurgido) que irá renovar a arte oratória, e Robespierre será o seu mestre. Depois da sua queda, o Directório é verboso, e o Consulado e o Império mudos. Mirabeau, Barnave, Condorcet, Vergniaud, Danton, Robespierre, Saint-Just, herdeiros dos princípios de Montesquieu, Diderot, Rousseau, manejam um discurso que se emancipa lenta mas seguramente da retórica formalista e pomposa dos Antigos, que dominava ainda os juristas da Constituinte, e do classicismo decadente dos salões literários. A eloquência da República irá procurar o seu exemplo a Tácito e a Tito Lívio, e recorrerá alternadamente a acentos dignos de um auditório aristocrático (Mirabeau), às notas elegíacas de um humanismo desenganado e de um individualismo pungente nos vencidos (Vergniaud), ao *pathos* legislador e incorruptível (Robespierre), antes de se tornar inutilmente declamatória sob a Restauração para alimentar a nostalgia dos românticos. Apesar da preocupação de eloquência ter permanecido constante no momento dessa mutação em que diversas camadas sociais se apropriavam da fala, cada uma a marcava a seu modo: «Nesse tempo a língua de Racine e de Bossuet vociferou a sangue e a massacre; rugiu com Danton; gritou com Marat; sibilou como uma serpente na boca de Robespierre. Mas permaneceu pura», escreve o monárquico Desmarais.

MIRABEAU ([1])

Necker acabava de propor uma contribuição excepcional de um quarto do rendimento.

«...Senhores, no meio de tantos debates tumultuosos, não poderia eu remeter para a deliberação do dia através de um pequeno número de perguntas muito simples?

«Dignai-vos, senhores, dignai-vos responder-me!

«O primeiro-ministro das finanças não vos ofereceu o mais negro quadro da nossa situação actual?

«Não vos disse que qualquer demora agravaria o perigo? Que um dia, uma hora, um instante o podiam tornar mortal?

«Temos algum plano para substituir o que ele nos propõe?

«Meus amigos, escutai uma palavra, uma única palavra. Dois séculos de depredações e de pilhagem cavaram o abismo em que o reino está prestes a mergulhar. É preciso encher esse abismo medonho! pois bem, eis a lista dos proprietários franceses. Escolhei entre os mais ricos, para sacrificar menos cidadãos; mas escolhei; pois não é necessário que pereça um pequeno número para salvar a massa do povo? Vamos, esses dois mil notáveis possuem com que cumular o défice. Reponde a ordem nas vossas finanças, a paz e a prosperidade no reino... Batei, imolai sem piedade essas tristes vítimas! precipitai-as no abismo! ele vai fechar-se... recuais de horror... Homens inconsequentes! Homens pusilânimes! Pois não vedes que decretando a bancarrota, ou, o que é mais odioso ainda, tornando-a inevitável, sem a decretar, vos manchais com um acto mil vezes mais criminoso, porque pelo menos esse horrível sacrifício faria desaparecer o défice. Mas julgais que por não terdes pago já

([1]) Discurso «*Sur la banqueroute*», 26 de Setembro de 1789. *Les Orateurs de la Révolution française,* Edição Larousse, 1939.

nada deveis? Julgais que os milhares, os milhões de homens que perderão num instante, pela explosão terrível ou pelas suas repercussões, tudo o que constituía a consolação da sua vida, e talvez o seu único meio de a sustentarem, vos deixarão gozar sossegadamente o vosso crime?

«Contempladores estóicos dos males incalculáveis que esta catástrofe vomitará sobre a França, impassíveis egoístas que pensais que essas convulsões do desespero e da miséria passarão como tantas outras, e tanto mais rapidamente quanto mais violentas forem, estais bem certos de que tantos homens sem pão vos deixarão saborear tranquilamente os acepipes de que não tereis querido diminuir nem o número nem a delicadeza?... Não, vós perecereis, e na conflagração universal que não receais atear, a perda da vossa honra não salvará um único dos vossos detestáveis prazeres...»

VERGNIAUD ([1])

Depois da derrota dos exércitos de Dumouriez em Aix-la--Chapelle, em 1 de Março de 1793, e do reforço do Tribunal Revolucionário, a Montanha cresce em importância.

No decorrer do último mês os acontecimentos precipitaram--se: a 10 de Março rebentou a revolta na Vendeia; a 4 de Abril, Dumouriez passou-se para o inimigo; a 5 foi criada a Junta de Salvação Pública. As circunstâncias exigem uma direcção mais firme. Robespierre demonstrou-o. A defesa de Vergniaud é já desesperada: precede em algumas semanas a prisão dos chefes girondinos,

«...Robespierre acusa-nos de nos termos tornado subitamente "moderados", "frades".

«Nós, "moderados"? Não o era em 10 de Agosto, Robespierre, quando estavas escondido na tua cave! "Moderados"! Não, não o sou no sentido de querer extinguir a energia nacional; eu sei que a liberdade é sempre activa como a chama, que ela é irreconciliável com a calma perfeita que só convém aos escravos: se só tivéssemos querido alimentar esse fogo sagrado, que arde tão violentamente no meu coração como no dos homens que falam incessantemente da impetuosidade do seu carácter,

---

([1]) *Op. cit.*

não teriam rebentado tão grandes dissensões nesta Assembleia. Também sei que em tempos revolucionários seria tanta loucura pretender acalmar à vontade a efervescência do povo, como ordenar às ondas do mar que estejam tranquilas quando são batidas pelos ventos; mas é ao legislador que cabe prevenir tanto quanto possível os desastres da tempestade através de prudentes conselhos; e se sob o pretexto da revolução é necessário, para se ser patriota, declarar-se protector do assassínio e da pilhagem, então eu sou "moderado"!

«Desde a abolição da realeza, ouvi falar muito em revolução. E pensei: há apenas duas possíveis: a das propriedades, ou a lei agrária, e a que nos levaria ao despotismo. Tomei a firme resolução de combater uma e outra, e todos os meios indirectos que nos poderiam conduzir a elas. Se isto é ser-se moderado, então somo-lo todos, porque todos votámos a pena de morte contra qualquer cidadão que propusesse uma ou outra...»

ROBESPIERRE ([1])

«...O governo da Revolução é o despotismo da liberdade contra a tirania.

«...Até quando é que se chamará justiça ao furor dos déspotas, e barbárie ou religião à justiça do Povo?

«...Indulgência para os realistas, exclamam certas pessoas: piedade para os celerados! Não: piedade para a inocência, piedade para os fracos, piedade para os infelizes, piedade para a humanidade!

«...Os inimigos internos do Povo francês dividiram-se em duas secções, como em dois corpos de exército. Marcham sob bandeiras de diferentes cores, e por caminhos diversos; mas marcham com um mesmo fim.

«Esse fim é a desorganização do governo popular, a ruína da Convenção, isto é, o triunfo da tirania. Uma destas duas facções impele-os à fraqueza, a outra aos excessos. Uma quer transformar a liberdade em bacante, a outra em prostituta.

«...Deu-se a uns o nome de moderados; há mais justiça na denominação de ultra-revolucionários, com que foram designados os outros.

([1]) Resposta às acusações de despotismo, *op. cit.*

«...O falso revolucionário talvez esteja mais vezes aquém do que além da revolução. É moderado, louco de patriotismo, consoante as circunstâncias. Resolve-se nos comités prussianos, austríacos, ingleses, e mesmo moscovitas, aquilo que ele pensará amanhã. Opõe-se às medidas enérgicas, e exagera-as quando não as conseguiu impedir. Severo para a inocência mas indulgente para o crime; chegando mesmo a acusar os culpados que não são suficientemente ricos para comprarem o seu silêncio, nem suficientemente importantes para merecerem o seu zelo; mas nunca se comprometendo até ao ponto de defender a virtude caluniada; descobrindo por vezes conspirações descobertas; arrancando a máscara a traidores desmascarados ou mesmo decapitados; mas enaltecendo os traidores vivos e ainda acreditados; sempre apressado a lisonjear a opinião do momento, e não menos atento em nunca a esclarecer e sobretudo em nunca ir de encontro a ela; sempre pronto a adoptar as medidas ousadas, contanto que tenham muitos inconvenientes; caluniando as que só apresentam vantagens, ou acrescentando--lhes emendas que as podem tornar prejudiciais; dizendo a verdade com economia, e apenas a verdade precisa, para adquirir o direito de mentir impunemente; destilando o bem gota a gota, e vertendo o mal em torrentes, pleno de fogo para as grandes resoluções que não significam nada; mais do que indiferente às que podem honrar a causa do Povo e salvar a Pátria; dando muito às formas do patriotismo; muito ligado, como os devotos de quem se declara inimigo, às práticas exteriores, gostaria mais de usar cem boinas vermelhas do que de fazer uma boa acção.

«...É preciso agir? Eles peroram. É preciso deliberar? Eles querem começar por agir. Os tempos estão tranquilos? Eles opõem-se a qualquer transformação útil. Estão agitados? Eles falam em reformar tudo para perturbar tudo. Quereis conter os sediciosos? Eles lembram-vos a clemência de César. Quereis libertar os patriotas da perseguição? Propõem-vos como modelo a severidade de Brutus. Descobrem que uma certa pessoa foi nobre quando ela serve a República, mas nunca mais se lembram disso quando ela a trai. A paz é útil? Eles ostentam as palmas da vitória. A guerra é necessária? Elogiam-vos as doçuras da paz. É preciso reconquistar as nossas fortalezas? Eles querem tomar de assalto as igrejas e escalar o céu; esquecem os Austríacos para fazerem guerra aos devotos...»

O discurso contém e impõe uma ideologia; e cada ideologia encontra o seu discurso. Compreendemos pois por que é que qualquer classe dominante vigia particularmente a prática da linguagem e controla as suas formas e os meios da sua difusão: a informação, a imprensa, a literatura. Compreendemos por que é que uma classe dominante tem as suas linguagens favoritas, a sua literatura, a sua imprensa, os seus oradores, e tende a censurar qualquer outra linguagem.

A literatura

A literatura é sem dúvida o domínio privilegiado em que a linguagem se exerce, se precisa e se modifica. Do mito à literatura oral, do folclore e da epopeia ao romance realista e à poesia moderna, a linguagem literária oferece uma diversidade cujos géneros são estudados pela ciência literária, mas continua a estar unida por uma mesma e única característica que a diferencia da linguagem e da comunicação simples. Enquanto que a *estilística* analisa as diferentes particularidades deste ou daquele texto, e contribui assim para a constituição de uma teoria dos géneros, a *poética* tenta limitar essa função comum à linguagem nas suas diversas manifestações literárias. Chamou-se *função poética* a essa especificidade da função da linguagem na literatura. Como é que se pode definir a função poética?

Jakobson dá o seguinte esquema da comunicação linguística:

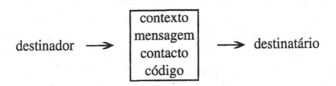

Se a mensagem está orientada para o *contexto,* a sua função é *cognitiva,* denotativa, referencial. Se o enunciado exprimir a atitude do *destinador* em relação àquilo de que fala, a função é *emotiva.* Se o enunciado acentua o *contacto,* a função é *fática.* Se o discurso está centrado no *código,* tem uma função *metalinguística.* Ora «o objectivo (*Einstellung*) da mensagem como tal, a ênfase colocada sobre a mensagem por sua própria conta, é o que caracteriza a função *poética* da linguagem». É importante citar inteiramente a definição que Jakobson dá da função poética: «Esta função não pode ser estudada com proveito se perdermos de vista os problemas gerais da linguagem, e, por outro lado, uma análise minuciosa da linguagem exige que tomemos seriamente em consideração a função poética. Qualquer tentativa de reduzir a esfera da função poética à poesia, ou de confinar a poesia à função poética, só levaria a uma simplificação excessiva e enganadora. A função poética não é a única função da arte da linguagem, é apenas a sua função dominante, determinante, enquanto nas outras actividades verbais só tem um papel subsidiário, acessório. Esta função, que *põe em evidência* o *lado palpável dos signos*, aprofunda por isso mesmo a dicotomia fundamental dos signos e dos objectos. Assim, ao tratar da função poética, a linguística não se pode limitar ao domínio da poesia.»

É evidente que esta «função poética» da linguagem não é exclusiva de um único tipo de discurso, como por exemplo a poesia ou a literatura. Qualquer exercício da linguagem, fora da poesia, pode dar lugar a essa função poética.

No que se refere propriamente à poesia, esta acentuação da mensagem por sua própria conta, esta dictomia dos signos e dos objectos, marca-se em primeiro lugar pela importância que nela tem a *organização* do *significante,* ou do aspecto fonético da linguagem. A similaridade dos sons, as rimas, a entoação, a rítmica dos diferentes tipos de versos, etc., têm uma função que, longe de ser puramente ornamental, veicula um novo significado que se acrescenta ao significado explícito. «Corrente subjacente de significação», diz Poe; «O som deve parecer um eco do sentido», declara Pope; «O poema, essa prolongada hesitação entre o som e o sentido», indica Valéry. A ciência moderna que se ocupa dessa organização significante – a prosódia – fala de um simbolismo dos sons.

Para melhor precisar a função poética, Jakobson introduz os termos de *selecção* e de *combinação*. Admitamos por exemplo que o tema de uma mensagem seja «criança»: o locutor tem à escolha entre as palavras de toda uma série (*criança, garoto, miúdo, catraio*) para anotar esse tema; e para comentar o tema também tem à escolha entre várias palavras: *dorme, dormita, repousa, cabeceia.* «As duas palavras escolhidas combinam-se no encadeamento falado. A selecção é produzida com base na equivalência, na similaridade ou na dissimilaridade, na sinonímia, ou na antinomia, enquanto a combinação, a construção da sequência se baseiam na contiguidade. *A função poética projecta o princípio de equivalência do eixo da selecção no eixo da combinação.* A equivalência é promovida à categoria de processo constitutivo da sequência. Em poesia, cada sílaba mantém uma relação de equivalência com todas as outras sílabas da mesma sequência; todo o acento de palavra deve ser igual a qualquer outro acento de palavra; e do mesmo modo, inacentuado iguala inacentuado; longo (prosodicamente) iguala longo, breve iguala breve; fronteira da palavra iguala fronteira de palavra, ausência de fronteira iguala ausência de fronteira; pausa sintáctica iguala pausa sintáctica, ausência de pausa iguala ausência de pausa. As sílabas são convertidas em unidades de medida, e o mesmo se passa com os acentos».

Recorde-se que já encontrámos este princípio de equivalência das sequências contíguas na sintaxe do sonho.

A estas particularidades da linguagem literária, a ciência da literatura, constituída com base na linguística e na experiência das descrições literárias tradicionais, acrescenta algumas outras para demonstrar que a função poética é efectivamente uma «reavaliação total do discurso e de todas as suas componentes sejam elas quais forem». Esta reavaliação consiste geralmente, como o Círculo Linguístico de Praga já tinha mostrado, «no facto de que todos os planos do sistema linguístico que só têm uma função de serviço na linguagem de comunicação, tomam, na linguagem poética, valores autónomos mais ou menos consideráveis. Os meios de expressão agrupados nestes planos, tal como as relações mútuas que existem entre eles e que tendem a tornar-se automáticas na linguagem da comunicação, tendem pelo contrário a actualizar-se na linguagem poética». Em certos casos, esta procura da autonomia do significante, impregnado de um significado que está como que sobreposto ao significado da mensagem explícita, está de tal modo desenvolvida que o texto poético constitui uma nova linguagem, infringindo as próprias regras da linguagem da comunicação de uma determinada língua, e apresenta-se como uma *álgebra* supra ou infracomunicativa; é o caso dos poemas de Browning e de Mallarmé... A tradução desses textos, que parecem destruir a língua da comunicação habitual para construírem sobre ela uma outra linguagem, é quase impossível: eles tendem, através da matéria de uma língua natural, para o estabelecimento de relações significantes que obedecem menos às regras de uma gramática do que às leis universais (comuns a todas as línguas) do inconsciente.

Mallarmé escrevia para criar essa linguagem *outra* através do francês. Se *Igitur* e *Un coup de dés* dão testemunho dessa linguagem, as concepções teóricas de Mallarmé revelam os seus princípios. Em primeiro lugar, esta linguagem não é a da comunicação: «*O que de melhor se passa entre duas pessoas, escapa-lhes sempre, como interlocutores*». A nova linguagem, a construir, atravessa a língua natural e a sua estrutura, ou transpõe-a: «*Esta intenção, chamo-lhe Transposição, – Estrutura, uma outra*». Ele descentra a aparente estrutura da comunicação e produz um sentido – um canto – suplementar: «*O ar ou canto sob o texto, conduzindo o pressentimento daqui para além...*» Como é que se pode construir esta *língua* dentro da língua? Em primeiro lugar, de acordo com a linguística comparada do seu tempo (que acabava de descobrir o sânscrito e procurava a génese das línguas), Mallarmé propõe-se conhecer as leis das línguas de todos os povos do mundo, para atingir já não uma língua original – como o pretendia o fantasma linguístico – mas os princípios geradores, universais e, por isso mesmo, anónimos, de qualquer língua: «*Não parece à primeira vista que para bem compreender um idioma e o abarcar no seu conjunto, seja preciso conhecer todos os que existem e até os que existiram...*» (em *Les Mots anglais*). Ler o texto é ouvir a geração de cada elemento que compõe a estrutura presente: «*mas muitos nascimentos afundaram-se* no *anonimato e o imenso sono à escuta da geratriz, prostrando-os, desta vez, sofreu uma opressão e uma libertação de todos os séculos...*»

A língua que a escrita procura encontra-se nos mitos, nas religiões, nos ritos – na memória inconsciente da humanidade que a ciência há-de descobrir um dia ao analisar os diversos sistemas de sentido. «*Um tal esforço magistral da Imaginação desejosa, não só de se satisfazer pelo símbolo que brilha nos espectáculos do mundo, mas de estabelecer um laço entre estes e a fala encarregada de os exprimir, toca num dos mistérios sagrados e perigosos da Linguagem; e que será prudente só analisar no dia em que a ciência, possuindo o vasto repertório dos idiomas jamais falados sobre a terra, escrever a história das letras do alfabeto através de todos os tempos e qual era a sua quase absoluta significação, tanto adivinhada, como menosprezada pelos homens criadores das palavras: mas já não haverá, nesse tempo, nem Ciência para resumir isso, nem ninguém para o dizer. Quimera, contentemo-nos, por agora, com as luzes que escritores magníficos dão sobre esse assunto».*

A função da literatura é trabalhar para esclarecer as leis dessa língua imemorial, dessa álgebra inconsciente que atravessa o discurso, dessa lógica de base que estabelece *relações* (lógica de equivalência, diria Jakobson): *«uma extraordinária apropriação da estrutura, límpida, nos primitivos raios da lógica».* («*Le Mystere dans les lettres*»). Ou então: *«Mas a literatura tem qualquer coisa de mais intelectual do que isso; as coisas existem, não temos que as criar; só temos de captar as suas relações; e são os fios dessas relações que formam os verbos e as orquestras».* («*Sur l'évolution littéraire*»).

Com que objectivo? Atingir, através da linguagem presente, através da língua, as leis dos sonhos do homem, para delas fazer um teatro da simbolicidade retomada na sua fonte: *«Creio que a Literatura, retomada na sua fonte que é a Arte e a Ciência, nos fornecerá um teatro, cujas representações serão o verdadeiro culto moderno; um Livro, explicação do homem, suficiente para os nossos mais belos sonhos»* («*Sur le théâtre*»).

Noutros textos literários, esta autonomia do signo que caracteriza a função poética é menos acentuada, e a linguagem literária não apresenta particularidades muito diferentes das da linguagem da comunicação. Com efeito uma leitura superficial não descobre grandes diferenças entre a linguagem de um romance realista e a da comunicação corrente, excepto evidentemente uma diferença de estilo. Efectivamente, certos géneros como a epopeia ou o romance não têm como função primordial desarticular o significante, como é o caso da poesia e sobretudo da poesia moderna. Eles servem-se das regras comuns da frase gramatical na sua língua nacional, mas organizam o *conjunto do espaço literário* como um sistema, digamos uma *linguagem,* particular, cuja estrutura específica se pode descrever. Recordem-se os trabalhos de Croce, de Spitzer, etc., que consagram a sua atenção ao estudo da linguagem da literatura ou da literatura como linguagem.

Num plano mais positivo e livre de esteticismo, e em estreita ligação com as investigações linguísticas, o formalismo russo e particularmente o O. P. O. I. A. Z. conseguiram descobrir as regras fundamentais (e quase omnivalentes em todos os casos) de uma tal organização na narrativa. Propp analisou o conto popular russo distinguindo as linhas gerais da sua estrutura, os seus protagonistas principais e a lógica da sua acção. Jakobson, Eichenbaum, Tomachevski, etc., foram os primeiros a considerar os textos literários como um sistema significante estruturado. Com muito mais precisão Lévi-Strauss descreveu a estrutura da linguagem dos mitos (*Le Cru et le Cuit, Du Miel aux Cendres*). A partir daí, a colaboração dos linguistas e dos literários é muito mais estreita, e a transposição das regras linguísticas aplicadas à análise da frase, ao conjunto mais vasto do mito, da narrativa e do romance, é mais frequente e mais frutuosa. Hoje estas investigações são igualmente consagradas à literatura moderna, e nunca é demais acentuar a importância desses trabalhos, que juntam à mais avançada prática da linguagem uma análise inspirada pela ciência mais recente. Os estudos de Ferdinand de Saussure recentemente publicados têm uma importância maior neste domínio. Abordando o sistema da língua poética, Saussure nos seus *Anagrammes* (parcialmente publicados por J. Starobinski, *Mercure de France,* 1964; *Tel Quel*, 37, 1969) entregou-se a demonstrações que parecem mesmo pôr em causa a noção de signo linguístico. Saussure estuda o verso saturniano e a poesia védica, e verifica que em cada verso há como que subjacente um nome de divindade ou de chefe guerreiro ou de uma outra personagem, que se reconstitui pelas sílabas dispersas em diversas palavras. De tal modo que cada mensagem contém uma mensagem subjacente que é ao mesmo tempo um duplo código, cada texto é um outro texto, cada unidade poética tem pelo menos uma significação dupla, sem dúvida inconsciente e que se reconstitui por um jogo do significante. É provável que Saussure se tenha enganado quanto à regularidade desta lei que obriga à existência de um nome escondido sob o texto manifesto, mas o que é importante é que ele destaca através desse «erro» uma particularidade do funcionamento poético em que sentidos suplementares se infiltram na mensagem verbal, rasgam a sua textura opaca e reorganizam uma outra cena significante: como uma escrita frasográfica que se serve do material dos signos verbais para escrever uma mensagem transverbal, que se sobrepõe à que é transmitida pela linha da comunicação, e que amplia essa linha em volume. Vemos como é que uma tal concepção refuta a tese da linearidade da mensagem poética, e a substitui pela da linguagem poética como uma rede complexa e estratificada de níveis semânticos.

Ora, paralelamente a estes estudos que a ciência consagra à organização dos textos literários, a própria literatura *pratica-se* como uma investigação das leis da sua própria organização. O romance moderno torna-se uma desarticulação das constantes e das regras da narrativa, que expõe os seus processos antes de os desintegrar. O «nouveau roman» tornou-se uma verdadeira gramática da narrativa; *La Modification* de Butor, *Le Voyeur* ou *Les Gommes* de Robbe-Grillet, *Tropismes* de Nathalie Sarraute, exploram as unidades da narrativa tradicional: a situação narrativa (destinador-autor/destinatário-«vós»); as personagens, entidades anónimas que se tornam pronomes pessoais; o seu confronto; a linha ascendente, descendente ou circular da acção, etc., acompanhada muitas vezes pela consciência manifesta dos autores de escreverem para pôr a nu o *código* da narrativa e, com ele, as regras da situação discursiva. A literatura moderna torna-se assim não apenas uma ciência da narrativa, mas ainda uma ciência do discurso, dos seus sujeitos, das suas figuras, das suas representações e, consequentemente, da *representação* na e através da linguagem; ciência implícita, por vezes mesmo explícita, mas que ainda não foi sistematizada pela ciência positiva.

Mais ainda, acentuando aquilo a que chamámos «a função poética da linguagem», o romance moderno torna-se uma exploração não apenas das estruturas narrativas, mas também da estrutura propriamente frásica, semântica e sintáctica, da Língua. O exemplo de Mallarmé ou de Ezra Pound é retomado actualmente no romance francês que se escreve, tal como *Nombres* de Philippe Sollers (não abordamos aqui o aspecto ideológico desse texto), como análise precisa dos recursos fónicos, lexicais, semânticos e sintácticos da língua francesa, sobre a qual se constrói uma lógica desconhecida para o locutor que comunica nessa língua, uma lógica que atinge o grau de condensação do sonho e se aproxima das leis dos ideogramas ou da poesia chinesa – cujos hieróglifos, traçados no texto francês, nos vêm arrancar ao que toda uma ciência «logocêntrica» (a que seguimos no decurso da precedente análise) nos quis fazer aceitar como sendo a imagem da nossa língua.

III. A SEMIÓTICA

No decorrer da nossa exposição, e sobretudo nos dois últimos capítulos, tivemos ocasião de tratar de alguns sistemas significantes (o sonho, a linguagem poética) como tipos particulares de «linguagens». É evidente que o termo linguagem é utilizado aqui num sentido que não corresponde ao de língua tal como a gramática a descreve, e só tem em comum com esta o ser um sistema de signos. Quais são esses signos? Quais são as suas relações? Qual é a sua diferença em relação à língua--objecto da gramática?

Estes problemas sempre se puseram com maior ou menor insistência, desde a Idade Média com os seus *modi significandi,* através dos solitários e da sua teoria do signo, até aos primeiros «semiólogos» do século XVIII que se encaminharam para uma teoria geral da linguagem e da significação: Locke, Leibniz, Condillac, Diderot, etc. Mas os *modi significandi* da Idade Média reflectiam e demonstravam uma teologia transcendental que se pretendia fazer assentar na língua. E os ideólogos do século XVIII, pelo contrário, viam no signo o ponto nevrálgico do idealismo que eles quiseram recuperar para demonstrar o seu enraizamento no real e a sua realização nos sentidos dos sujeitos livres de uma sociedade organizada. A *semiótica* retoma actualmente esta tentativa interrompida depois da revolução burguesa e abafada pelo historicismo hegeliano e pelo empirismo lógico-positivista. Acrescentando-lhe a *interrogação* da própria matriz do signo, dos tipos de signos, dos seus limites e da sua oscilação, a semiótica torna-se o ponto em que a ciência se interroga sobre a concepção fundamental da linguagem, sobre o signo, sobre os sistemas significantes, sobre a sua organização e a sua mutação.

Ao abordar estas questões, a ciência linguística é forçada actualmente a rever profundamente a sua concepção da linguagem. Pois, embora sejam possíveis vários sistemas significantes na língua, esta já não aparece como *um* sistema, mas como uma pluralidade de sistemas significantes em que cada um é um estrato de um vasto conjunto. Por outras palavras, a linguagem da comunicação directa descrita pela linguística surge cada vez mais como *um* dos sistemas significantes que se produzem e se praticam como *linguagens* – palavra que a partir de agora se deve escrever no plural.

Por outro lado, vários sistemas significantes parecem poder existir sem se construírem necessariamente com o auxílio da língua ou a partir do seu modelo. Assim a gestualidade, os diversos sinais visuais, e até mesmo a imagem, a fotografia, o cinema e a pintura, são outras tantas linguagens na medida em que transmitem uma mensagem entre um sujeito e um destinatário servindo-se de um código específico, sem por isso obedecerem às regras de construção da linguagem verbal codificada pela grámática.

Estudar todos estes sistemas verbais ou não verbais como linguagens, isto é, como sistemas em que os signos se articulam numa sintaxe de diferenças, é o objecto de uma vasta ciência que só agora se começa a formar, a *semiótica* (da palavra grega σημεῖον, signo).

Dois sábios, quase simultaneamente mas independentemente um do outro, fixaram a necessidade e o vasto âmbito dessa ciência: Charles Sanders Peirce na América e Ferdinand de Saussure na Europa.

Peirce (1839-1914), lógico e axiomático, construiu a teoria dos signos para nela fazer assentar a lógica. Escrevia (1897) que a lógica, num sentido geral, é o outro nome da semiótica: uma doutrina quase necessária ou formal dos signos, baseada na observação abstracta, e que se devia aproximar, nas suas realizações, do rigor do raciocínio matemático. Portanto, a semiótica devia abranger num cálculo lógico o conjunto dos sistemas significantes e tornar-se esse *calculus ratiocinator* com que Leibniz sonhava. Teria três partes: a *pragmática*, que implica o sujeito falante; a *semântica*, que estuda a relação entre o signo e a coisa significada (*designatum*); e a *sintaxe*, descrição das relações formais entre os signos.

Em Saussure, o projecto semiótico está mais orientado para as línguas naturais. «Podemos conceber uma ciência que estude a vida dos signos no seio da vida social; formaria uma parte da psicologia social, e por conseguinte da psicologia geral; chamar-lhe-emos *semiologia* (do grego *sémêion*, signo). Ela dir-nos-á em que consistem os signos, quais são as leis que os regem. Uma vez que ainda não existe, não podemos dizer o que é que ela será; mas tem direito à existência, o seu lugar está determinado de antemão. *A linguística é apenas uma parte* dessa ciência geral, as leis que a semiologia há-de descobrir serão aplicáveis à linguística, e esta ficará assim ligada a um domínio bem definido no conjunto dos factos humanos. Compete ao psicólogo determinar o lugar exacto da semiologia.» (*Curso de Linguística Geral*).

Assim, na medida em que adopta o conceito de signo «arbitrário» e pensa a língua como um sistema de diferenças, a linguística torna possível a semiologia : com efeito, é em virtude da possibilidade que o sistema verbal tem de se reduzir a *marcas autónomas* que Saussure prevê a linguística como «padrão geral de qualquer semiologia»: «...os signos inteiramente arbitrários realizam melhor do que os outros o ideal do processo semiológico; é por isso que a língua, o mais complexo e o mais difundido dos sistemas de expressão, é também o mais característico de todos; neste sentido a linguística pode tornar-se o padrão geral de qualquer semiologia, embora a língua seja apenas um sistema particular».

No entanto, Saussure assinala que a semiologia não pode ser essa ciência neutra, puramente formal e mesmo abstractamente matematizada que é a lógica e até a linguística, pois o universo semiótico é o vasto domínio do social, e explorá-lo é juntarmo-nos à investigação sociológica, antropológica, psicológica, etc. Portanto, a semiótica tem de utilizar todas estas ciências, e elaborar em primeiro lugar uma *teoria* da significação, antes de formalizar os seus sistemas abordados. A ciência do signo torna-se assim inseparável de uma teoria da significação e do conhecimento, de uma *gnoseologia*.

Por volta de 1920, o desenvolvimento da lógica suscitou uma corrente semiótica nitidamente formalizadora: já vimos um exemplo na teoria semiológica de Hjelmslev (cf. pp. 236--241) mas ela encontrou o seu apogeu nos trabalhos do Círculo de Viena, e mais particularmente na obra de R. Carnap, *Construção Lógica*. Embora hoje em dia a semiótica pareça tomar uma outra direcção, esta tendência permanece muito viva. Citemos entre os trabalhos que propõem uma teoria formal da semiótica os de Charles Morris. Para ele, como para Cassirer, o homem é menos um «animal racional» do que um «animal simbólico», preso num processo geral de simbolização, ou *semiosis* que Morris (*Signification and Significance*, 1964) define do seguinte modo: «*Semiosis* (ou o processo de signo) é uma relação com cinco tempos – v, w, x, y, z – em que v provoca em w a disposição de reagir de um certo modo x a certo objecto y (que não age aqui como estimulante), sob certas condições z... v é signo, w interpretador, x interpretante, y significação, z contexto».

A semiótica, atenta ao ensinamento de Saussure, toma uma orientação sensivelmente diferente.

Em primeiro lugar, para construir os sistemas das linguagens que aborda, ela toma como modelo a linguística e os diferentes modos como esta ordena, estrutura ou explica o sistema da linguagem. Apercebemo-nos agora de que, como aliás Saussure tinha indicado, a língua é apenas um sistema particular do universo complexo da semiótica, e as investigações prosseguem com vista a sistematizar as linguagens diferentes da língua da comunicação directa (o gesto, a linguagem poética, a pintura, etc.), sem imitar forçosamente as categorias válidas para as línguas da comunicação vulgar. Por outro lado, como já o afirmou Saussure, é evidente que esta formalização dos sistemas significantes não pode ser uma pura matematização, pois o formalismo tem necessidade de uma teoria para assegurar o valor semântico das suas marcas e da sua combinação.

Atingimos aqui o problema fundamental das ciências humanas tal como elas se elaboram actualmente. Embora a reflexão nos diversos domínios da actividade humana tenda para uma exactidão e um rigor sem precedentes, ela procura basear-se no mais racionalizado desses domínios. Acontece que a linguística, entre as ciências que tratam da prática humana, foi a primeira a construir-se como ciência exacta, limitando ao máximo, como já vimos, o objecto que se propôs estudar. Portanto, as ciências humanas só têm de transpor esse método para os outros domínios da actividade humana, começando por os considerar como linguagens. Verificamos que qualquer ciência humana fica assim, pelo menos implicitamente, ligada à semiótica; ou, por outras palavras, que a semiologia como ciência geral dos signos e dos sistemas significantes impregna todas as ciências humanas: a sociologia, a antropologia, a psicanálise, a teoria da arte, etc. (cf. Roland Barthes, *Elementos de Semiologia*, publicado nesta colecção).

Mas por outro lado, embora num primeiro momento se tenha julgado possível prescindir de uma teoria, propondo unicamente um esquema formal das unidades, dos níveis e das relações no interior do sistema estudado – e isto ficando muito próximo deste ou daquele esquema tomado à linguística – torna-se cada vez mais evidente que a semiótica não acompanhada por uma teoria sociológica, antropológica, psicanalítica, permanece uma descrição ingénua sem grande força explicativa. As ciências humanas não são ciências no sentido em que a física ou a química o são. No seu caso, seria preferível pormos a palavra *ciência* entre aspas (referindo-nos aqui à operação teórica que *fundamenta* as formalizações e põe as aspas). Com efeito, uma reflexão crítica sobre os métodos de formalização tomados à linguística e sobre os seus princípios de base (signo, sistema, etc.) pode levar a uma revisão dessas próprias categorias e a uma reformulação da teoria dos sistemas significantes, susceptível de mudar a orientação da ciência da linguagem em geral. Pois ganhou-se pelo menos uma coisa graças ao aparecimento da semiótica: o desbaste do objecto linguagem efectuado pela linguística moderna aparece em toda a sua estreiteza e com todas as suas insuficiências. E de novo – como se voltássemos à época em que a linguagem significava uma cosmogonia ordenada – o pensamento capta através de uma linguagem plena uma realidade complexa. Mas desta vez a ciência está presente na exploração...

A antropologia estrutural

Depois da literatura, submetida a uma análise quase estrutural pelos formalistas russos que se inspiraram no desenvolvimento da linguística a meio do nosso século, a *antropologia* tornou-se o domínio principal ao qual se aplicou uma metodologia próxima da da linguística. Podemos dizer por conseguinte que, sem se apresentar explicitamente como uma semiótica e sem se entregar propriamente a uma reflexão e a uma exploração sobre a natureza do signo, a antropologia estrutural *é* uma semiótica, na medida em que considera como linguagens os fenómenos antropológicos e lhes aplica o processo de descrição próprio da linguística.

É certo que os antropólogos, a partir de Mauss, se interessavam pelos métodos linguísticos para aí irem buscar uma informação, sobretudo etimológica, que esclarecesse os ritos e os mitos; mas a *fonologia* de Troubetskoi (cf. p. 228 e seguintes) foi a grande renovadora desta colaboração, tal como a concepção da língua como sistema de *comunicação*.

Claude Lévi-Strauss, fundador da antropologia estrutural baseada na metodologia fonológica, tinha escrito em 1945: «A fonologia não pode deixar de exercer, em relação às ciências sociais, o mesmo papel renovador que a física nuclear, por exemplo, exerceu para o conjunto das ciências exactas». O processo fonológico foi efectivamente aplicado aos sistemas de parentesco das sociedades ditas primitivas.

Antes deste encontro da fonologia com a antropologia, os pormenores terminológicos e as regras de casamento eram, cada um por seu lado, atribuídos a este ou àquele costume, sem que neles se discernisse uma sistematicidade: ora, embora sendo o resultado da acção de vários factores históricos heterogéneos, os sistemas de parentesco, considerados no seu conjunto sincrónico, dão testemunho de uma regularidade certa. Com efeito, há sistemas patrilineares ou matrilineares em que se trocam as mulheres numa certa ordem, sendo os casamentos permitidos com um parente ou com um membro da mesma tribo ou de uma tribo próxima ou longínqua, e proibidos com um outro tipo de parente ou com um membro de uma tribo de um outro tipo. É face a esta regularidade que Lévi-Strauss estabelece a analogia entre os sistemas de parentesco e os sistemas da linguagem: «No estudo dos problemas de parentesco (e sem dúvida também no estudo de outros problemas) o sociólogo vê-se numa situação formalmente semelhante à do linguista fonólogo: como os fonemas, os termos de parentesco são elementos de significação; como eles, só adquirem essa significação sob a condição de se integrarem num sistema; os 'sistemas de parentesco', como os 'sistemas fonológicos', são elaborados pelo espírito na ordem do pensamento inconsciente; por fim, a recorrência, em regiões afastadas e em sociedades profundamente diferentes, de formas de parentesco, regras de matrimónio, atitudes igualmente prescritas entre certos tipos de parentes, etc., leva a crer que, tanto num caso como no outro, os fenómenos observáveis resultam do funcionamento de leis gerais, mas ocultas. Portanto, o problema pode formular-se do seguinte modo: numa *outra ordem de realidade* os fenómenos de parentesco são fenómenos do *mesmo* tipo dos fenómenos linguísticos. Poderá o sociólogo, utilizando um método análogo *quanto à forma* (se não quanto ao conteúdo), àquele introduzido pela fonologia, levar a sua ciência a realizar um progresso idêntico ao que acaba de se produzir nas ciências linguísticas?»

É evidente que a partir deste princípio de base a antropologia estrutural tem de definir os *elementos* de um sistema de parentesco, como a linguística define as unidades de base de um sistema linguístico, e ao mesmo tempo as relações específicas desses elementos na estrutura. As observações etnológicas demonstraram que o *avunculato* (a importância primordial do tio materno) é a mais simples estrutura de parentesco que se pode conceber. Assenta em quatro termos: irmão, irmã, pai, filho, unidos entre si (como em fonologia) em dois pares de oposições correlativas (irmão/irmã, marido/mulher, pai/filho, tio materno/filho da irmã, tais que, em cada uma das duas gerações em causa, existe sempre uma relação positiva e uma relação negativa. O eixo dos *cunhados* é inevitável e central para que se construa em torno dele a estrutura parental.

É evidente que o estabelecimento destas regras que lembram as regras fonológicas só é possível se considerarmos o parentesco como um sistema de *comunicação*, e se o ligarmos assim à linguagem. E com efeito ele é um sistema de comunicação para Lévi-Strauss, que verifica que a «mensagem» de um sistema de parentesco são «as *mulheres* do grupo, que *circulam* entre os clãs, raças ou famílias (e não, como na própria linguagem, as *palavras do grupo* que circulam entre os indivíduos)». A partir desta concepção das regras de parentesco como regras de comunicação social, Lévi-Strauss opõe-se ao hábito que os antropólogos têm de classificar estas regras em categorias heterogéneas e denominadas com termos diversos: proibição do incesto, tipos de matrimónio preferenciais, etc.; ele pensa que «elas representam outras tantas maneiras de assegurar a circulação das mulheres no seio do grupo social, isto é, de substituir um sistema de relações consanguíneas, de origem biológica, por um sistema sociológico de aliança. Uma vez formulada esta hipótese de trabalho, já não se tem que empreender o estudo matemático de todos os tipos de troca concebíveis entre n pares para se deduzir as regras de matrimónio que funcionam nas sociedades existentes. Ao mesmo tempo, podem descobrir-se outras correspondentes a sociedades possíveis. Por fim, compreender-se-á a sua função, o seu modo de operação e a relação entre formas diferentes».

O nosso trabalho não é analisar toda a subtileza com que Lévi-Strauss estabelece os sistemas de parentesco no decorrer da sua investigação e de que o seu livro *Les Structures élémentaires de la parenté* (1949) é a súmula magistral. Queremos apenas sublinhar como é que a problemática da linguagem, ou até mesmo uma ciência particular da língua, a fonologia, se tornou a alavanca de uma nova ciência num outro domínio, a antropologia estrutural, permitindo-lhe assim descobrir as leis fundamentais nas quais se baseia a comunicação, isto é, a comunidade humana.

Quererá isto dizer que a ordem da linguagem é absolutamente análoga à da cultura? Se não houvesse qualquer relação entre as duas, a actividade humana teria sido uma desordem disparatada, sem nenhuma relação entre as suas diversas manifestações. Ora não é isto que se observa. Mas se, pelo contrário, a correspondência das duas ordens fosse total e absoluta, ter-se-ia imposto sem levantar problemas. Lévi-Strauss, depois de fazer esta reflexão, opta por uma posição média que nunca é demais recordar aos que trabalham para a construção de uma ciência nova, a semiótica, compreendida como ciência das leis do funcionamento simbólico: «Certas correlações podem ser descobertas provavelmente, entre certos aspectos e a certos níveis, e trata-se para nós de saber quais são esses aspectos e quais são esses níveis. Antropólogos e linguistas podem colaborar nessa tarefa. Mas a principal beneficiária das nossas eventuais descobertas não será nem a antropologia nem a linguística como actualmente as concebemos: estas descobertas aproveitarão a uma ciência simultaneamente muito antiga e muito moderna, uma *antropologia* entendida no sentido mais lato, isto é, um conhecimento do homem que associe diversos métodos e diversas disciplinas, e que nos há-de revelar um dia as molas secretas que movem esse hóspede, presente sem ter sido convidado para os nossos debates: o espírito humano».

A linguagem dos gestos

Ao abordarmos os problemas da linguagem literária ou da linguagem poética, indicámos que, considerada como um sistema significante distinto da língua em que se produz, sistema de que é preciso isolar os elementos específicos e encontrar as leis precisas da sua articulação, ela é objecto de uma parte da ciência dos signos, a *semiótica literária*. Desde os trabalhos dos formalistas russos e do Círculo Linguístico de Praga, que se consagra em grande parte ao estudo da linguagem poética como parte essencial se não primeira da semiótica, os estudos progrediram sensivelmente. Com o estruturalismo, a semiótica literária tornou-se a maneira mais original de abordar os textos literários, e os seus métodos impregnam tanto a crítica como o ensino da literatura.

Pode parecer menos evidente a possibilidade de estudar como linguagens as práticas gestuais: o gesto, a dança, etc. Embora seja evidente que a gestualidade é um sistema de comunicação que transmite uma mensagem, e pode por conseguinte ser considerada como uma linguagem ou um sistema significante, é ainda difícil definir certos elementos dessa linguagem; quais são as unidades mínimas dessa linguagem (que corresponderiam aos fonemas, aos morfemas ou aos sintagmas da linguagem verbal)? Qual é a natureza do signo gestual: terá um significado atribuído de um modo tão estrito como o significado o é ao signo da linguagem verbal? Qual é a relação do gesto e do verbo quando coexistem numa mensagem? E assim por diante.

Antes de esboçarmos a solução que a semiótica gestual propõe actualmente para estes problemas, assinalemos que o valor do gesto como acto primordial da significação, ou antes como processo em que esta se *engendra* antes de se *fixar* na palavra, chamou desde sempre a atenção das diferentes civilizações, das religiões e das filosofias. Já mencionámos a importância atribuída ao gesto no estudo da génese da simbolicidade e da escrita em particular. Acrescentemos a estas observações o exemplo do deus dogon Ama que «criou o mundo *mostrando--o*»; ou o dos Bambara para quem «as coisas foram *designadas* e nomeadas silenciosamente antes de terem existido e foram chamadas a ser pelo seu nome e pelo seu sinal». O gesto indicativo, ou o gesto apenas, parece ser um esboço primordial da *significância* sem ser uma *significação*. É sem dúvida esta propriedade da prática gestual de ser o próprio espaço onde *germina* a significação que faz do gesto o domínio privilegiado da religião, da dança sagrada, do rito. Evoquemos aqui o exemplo das tradições secretas do teatro japonês nô, ou do teatro indiano kathakali, ou do teatro da ilha de Bali a partir de cujo exemplo Artaud propôs uma transformação radical da concepção teatral do Ocidente (*Le Théâtre et son double*)...

Ao descrever esta prática gestual que abre uma zona de actividade simbólica desconhecida pelas línguas naturais tais como a gramática as estuda, Artaud (*Lette sur le langage*, 1931) escrevia: «... Ao lado da cultura por palavras existe a cultura por gestos. Há outras linguagens no mundo diferentes da nossa linguagem ocidental, que optou pelo despojamento, pela secura das ideias e em que as ideias nos são apresentadas no estado inerte sem abalarem de passagem todo um sistema de analogias naturais conhecidas nas línguas orientais».

Quando no século XVIII a filosofia procurava o mecanismo do signo, o *gesto* tornou-se um objecto importante da sua reflexão. De Condillac a Diderot, do gesto original até à linguagem gestual dos surdos-mudos, os problemas da gestualidade foram um dos mais importantes terrenos sobre os quais os enciclopedistas esboçaram a teoria materialista da significação.

Para Condillac, a linguagem gestual é a linguagem original: «Os gestos, os movimentos do rosto e os acentos inarticulados, estes foram os primeiros meios que os homens tiveram para comunicar os seus pensamentos. A linguagem que se forma com estes signos chama-se *linguagem de acção*». (*Principes généraux de grammaire*, 1775). Ao estudar a evolução da linguagem, Condillac (*Essai sur l'origine des connaissances humanies*, 1746) insiste no facto de que a primeira linguagem humana, no seguimento da constituição dos gritos-signos das paixões, seria essa linguagem de acção, que ele define do seguinte modo: «Parece que essa linguagem foi conservada sobretudo para instruir o povo sobre as coisas que mais o interessavam: como a política e a religião. É que, agindo com mais vivacidade sobre a imaginação, provocava uma impressão mais durável. A sua expressão tinha mesmo qualquer coisa de forte e de grande, de que as línguas, ainda estéreis, se não podiam aproximar. Os Antigos davam a esta linguagem o nome de *dança*: é por isso que se diz que David dançava diante da arca.

«Os homens, aperfeiçoando o seu gosto, deram a esta *dança* mais variedade, mais graça e mais expressão. Não só se subordinaram a regras os movimentos dos braços e as atitudes do corpo, como ainda se traçaram os passos que os pés deviam formar. Assim, a dança dividiu-se naturalmente em duas artes que lhe ficaram subordinadas: uma, permitam-me uma expressão conforme à linguagem da Antiguidade, foi a *dança dos gestos*; foi conservada para ajudar a comunicar os pensamentos dos homens; a outra foi principalmente a *dança dos passos*; serviram-se dela para exprimir certas situações da alma, e particularmente a alegria; utilizaram-na nas ocasições de regozijo, e o seu principal objectivo foi o prazer...»

Ao estudar mais adiante a relação do gesto com o canto, Condillac é levado a analisar a *pantomima* dos Antigos como uma arte, ou antes como um sistema significante, particular.

Estes temas são frequentes nos escritos dos ideólogos e dos materialistas do século XVIII. Embora actualmente possam parecer abruptos ou ingénuos, é importante sublinhar que, por um lado, representam a primeira tentativa de um resumo sistemático das diversas práticas semióticas que a ciência só agora começa a abordar seriamente, e que, por outro, o estudo da gestualidade unido ao da escrita, como investigação da origem da linguagem ou antes de uma simbolicidade pré-verbal, parece constituir nessa época uma zona rebelde ao ensino cartesiano da equivalência entre o sujeito e o seu verbo, e introduzir assim na razão verbal um elemento subversivo, o pré-sentido... Não será a problemática da produção, da mutação e da transformação de sentido que se infiltra assim, através do gesto, no racionalismo dos materialistas...?

Quando o nosso século se ocupou de novo dos problemas do gesto, fê-lo ou no âmbito da constituição de uma doutrina geral das línguas (cf. P. Kleinpaul, *Sprache ohne Worte. Idee einer Allgemeinen Wissenschaft der Sprache*, Leipzig, 1884), ou no âmbito da medicina e da psicologia (como os estudos do comportamento gestual dos surdos-mudos). Mas nos dois casos o gesto era encarado como oposto à linguagem verbal e irredutível a esta. Certos psicólogos mostraram que as categorias gramaticais, sintácticas e lógicas são inaplicáveis à gestualidade porque essas categorias cortam e fragmentam o conjunto significante e, desse modo, não dão conta da especificidade gestual, irredutível a essa fragmentação. Pois «a linguagem mímica», escreve P. Oléron (1952), «não é apenas linguagem, mas ainda acção e participação na acção e mesmo nas coisas». Verificou-se que, comparado com a linguagem verbal, o gesto traduz tão bem como aquela as modalidades do discurso (ordem, dúvida, pedido) mas apenas de um modo imperfeito as categorias gramaticais (substantivo, verbo, adjectivo). Outros observam que o signo gestual é polissémico (dotado de vários sentidos) e que a ordem «sintáctica» habitual (sujeito – predicado – complemento directo) não é respeitada na mensagem gestual. Esta parece-se mais com o discurso infantil e com as línguas «primitivas»: assim acentua o *concreto* e o *presente*, procede por antítese, coloca a negação e a interrogação em posição final, etc. Por fim, voltou-se à intuição do século XVIII, segundo a qual a linguagem gestual é o verdadeiro meio de expressão autêntico e original, no interior do qual a linguagem verbal é uma manifestação tardia e limitada...

Encontramo-nos aqui face ao problema essencial levantado pelo gesto: será este um sistema de comunicação com os outros, ou antes uma *prática* na qual se engendra o sentido que se transmite ao longo da comunicação? Optar pela primeira solução significa que se vai estudar o gesto aplicando-lhe os modelos elaborados pela linguística para a mensagem verbal, e que portanto se vai reduzir o gesto a essa mensagem. Optar pela segunda solução quer dizer que se tenta renovar, a partir do gesto, a visão geral da linguagem: se o gesto é não apenas um sistema de comunicação, mas tambem a produção desse sistema (do seu sujeito e do seu sentido), então talvez se possa conceber qualquer linguagem como algo de diferente daquilo que o esquema agora corrente da comunicação nos revela. Note-se desde já que esta segunda opção por agora é apenas teórica, e que as investigações – aliás muito recentes – que lhe foram consagradas são unicamente de ordem metodológica. A concepção que predomina actualmente no estudo da gestualidade é a da *cinestésica* americana.

Foi definida como uma metodologia que estuda «os aspectos comunicativos do comportamento aprendido e estruturado do corpo em movimento». Nasceu na América em relação com a etnologia que pretendia dar conta do comportamento geral, tanto linguístico como gestual, das sociedades primitivas. Com que sistema gestual é que o homem estrutura o seu espaço corporal no decorrer da comunicação? Quais são os gestos que caracterizam uma tribo ou um grupo social? Qual é o seu sentido? Qual é a sua inserção na complexidade da comunicação social? A antropologia e a sociologia, conscientes da importância da linguagem e da comunicação para o estudo das leis da sociedade, foram as primeiras a esboçar um estudo do gesto.

Ora, desde então, a cinestésica especificou-se como ciência, e considera agora de um modo mais directo o problema de saber em que medida é que o gesto é uma linguagem.

A cinestésica admite em primeiro lugar que o comportamento gestual é um «estrato» particular e autónomo no canal da comunicação. Vai aplicar-se a esse estrato uma análise que se inspira, sem os imitar à letra, nos processos fonológicos, na medida em que a fonética é reconhecida como a ciência humana mais avançada na sistematização do seu objecto. Portanto isola-se o elemento *mínimo* da posição ou do movimento, encontram-se os eixos de *oposição* e sobre estes estabelecem-se as relações dos elementos mínimos numa estrutura com vários níveis. Quais serão esses níveis? Podemos concebê-los como análogos aos níveis linguísticos: fonemático e morfemático. Outros investigadores, mais reticentes em relação à analogia absoluta entre a linguagem verbal e a linguagem gestual, propõem uma análise autónoma do código gestual em *quiné* (o menor elemento perceptível dos movimentos corporais, por exemplo o facto de erguer e baixar as sobrancelhas) e *quinema* (o mesmo movimento repetido num único sinal antes de voltar à posição inicial); estes combinam-se como prefixos, sufixos e infixos e formam assim unidades de ordem superior: *quinemorfes* e *quinemorfemas*. Assim, o quiné «movimento de sobrancelha» pode ser *aloquínico* com quinés «aceno de cabeça», «movimento de mãos», etc., ou com acentos e formar assim quinemorfes. A combinação dos quinemorfes produz construções quinemórficas complexas. É bem visível a analogia desta análise com a do discurso verbal em sons, palavras, proposições, etc.

Uma parte especializada da cinestésica, a *paracinestésica*, estuda os fenómenos individuais e acessórios de gesticulação, que se juntam ao código gestual corrente para caracterizar um comportamento social ou individual. Mais uma vez, a analogia com a linguística é evidente: do mesmo modo, a *paralinguística* definida por Sapir estuda os fenómenos acessórios da vocalização e da articulação do discurso em geral.

Estes estudos, embora estejam ainda longe de captar toda a complexidade da gestualidade quotidiana, e ainda menos o universo complexo da gestualidade ritual ou da dança, são apenas os primeiros passos para uma ciência das práticas complexas, uma ciência para a qual o nome «linguagem dos gestos» não será uma expressão metafórica.

A linguagem musical

São muito raros e muito recentes os estudos da linguagem musical que não se limitam a reproduzir o impressionismo habitual da teoria da música. E mesmo esses estudos limitam-se principalmente a demarcar-se do discurso subjectivo e vago que submerge os tratados de música, tal como os estudos rigorosos, mas puramente técnicos (acústica, avaliação quantitativa das durações, das frequências, etc.), e a estabelecer de uma maneira teórica a relação da música com a linguagem: em que medida é que a música é uma linguagem, e o que a distingue radicalmente da linguagem verbal?

Entre os primeiros a terem abordado a música como uma linguagem, cite-se Pierre Boulez, *Relevés d'apprenti* (1966), que fala de «linguagem musical», de «semântica», de «morfologia» e de «sintaxe» da música... A semiótica da música, que é a herdeira destes trabalhos, esforça-se por precisar o sentido desses termos, incluindo-os no sistema específico que será para ela o sistema significante da música.

Com efeito, as semelhanças entre os dois sistemas são consideráveis. A linguagem verbal e a música realizam-se ambas no tempo utilizando o mesmo material (o som) e actuando sobre os mesmos órgãos receptivos. Os dois sistemas têm respectivamente sistemas de *escrita* que marcam as suas entidades e as relações entre estas. Mas embora os dois sistemas significantes estejam organizados segundo o princípio da *diferença* fónica dos seus componentes, essa diferença não é da mesma ordem na linguagem verbal e na música. As oposições binárias fonemáticas não são pertinentes em música. O código musical organiza-se a partir da diferença *arbitrária* e *cultural* (imposta no contexto de determinada civilização) entre os diversos valores vocais: *as notas*.

Esta diferença é apenas a consequência de uma diferença capital: enquanto a função fundamental da linguagem é a função *comunicativa* e enquanto a linguagem transmite um *sentido*, a música infringe este princípio de comunicação. Transmite uma «mensagem» entre um sujeito e um destinatário, mas é difícil dizer que *comunique* um *sentido* preciso. É uma combinatória de elementos diferenciais, e evoca mais um sistema algébrico do que um discurso. Se o destinatário entender essa combinatória como uma mensagem sentimental, emotiva, patriótica, etc., trata-se de uma interpretação subjectiva dada no âmbito de um sistema cultural, mais do que um «sentido» implícito na «mensagem». Pois embora seja um sistema de *diferença*, a música não é um sistema de *signos*. Os seus elementos constitutivos não têm significado. Referente-significado-significante parecem estar fundidos numa só marca, que se combina com outras numa linguagem que não quer dizer nada. Stravinsky escreve neste sentido: «Considero a música, pela sua essência, como incapaz de *exprimir* seja o que for: um sentimento, uma atitude, um estado psicológico, um fenómeno da natureza, etc. A *expressão* nunca foi a propriedade imanente da música... O fenómeno da música só nos é dado com o fim de instituir uma ordem nas coisas. Realizada a construção, atingida a ordem, tudo fica dito. Seria inútil procurar ou entender aí qualquer outra coisa».

Portanto a música leva-nos até ao limite do sistema de signo. Eis um sistema de diferenças que não é um sistema que *quer dizer*, como é o caso da maior parte das estruturas em linguagem verbal. Já observámos a mesma particularidade na linguagem gestual quando indicámos o estatuto específico do sentido no gesto, sendo este uma *produção* de sentido que não chega a fixar-se no produto significado. Mas na prática gestual, o despojamento do código produtor, que não está encarregado do significado produzido, é menos visível que na música, porque o gesto acompanha a comunicação verbal e ainda não está estudado na sua autonomia (rito, dança, etc.). A música torna evidente esta problemática que detém a semiótica e repõe em questão a omnivalência do signo e do sentido. Pois a música é efectivamente um sistema diferencial sem semântica, um formalismo que não significa...

Estabelecido isto, o que poderá a semiótica dizer do sistema musical?

Por um lado, poderá estabelecer o «código» comum, a «língua» musical comum a uma época ou a uma cultura. O grau de comunicabilidade de um texto musical particular (isto é, a sua probabilidade de atingir o destinatário) dependerá da sua semelhança ou da sua diferença com o código musical da época. Nas sociedades monolíticas, como nas sociedades primitivas, a «criação» musical exigia uma estrita obediência às regras do código musical considerado como dado e sagrado. Inversamente, o período dito *clássico* da música testemunha uma tendência para a variação, de tal modo que cada texto musical inventa as suas próprias leis e não obedece às da «língua» comum. É a famosa perda da «universalidade» que a história da música atribui principalmente a Beethoven. Para que um certo texto musical, que fuja à língua musical comum, seja comunicável, é necessário que se organize interiormente como um sistema regulamentado: assim, a repetição exacta de certas partes da melodia, que traçam as coordenadas de uma obra musical como sistema particular em si, difere por exemplo em Bach e nos compositores seguintes... «Desde o princípio do século XIX», escreve Boris de Schloezer (*Introduction à Jean-Sébastien Bach*), «que o estilo está morto», sendo o estilo «o produto de certo modo colectivo em que se cristalizam certas formas de pensar, de sentir, de agir de um século, de uma nação, ou até de um grupo, se ele conseguir impor o seu espírito a uma sociedade».

Na época moderna, a obra de Schönberg é, no dizer de Boulez, «o próprio exemplo da procura de uma linguagem. Aparecendo num período de desagregação, levou essa desagregação até à sua extrema consequência: a 'suspensão' da linguagem tonal... Descoberta importante, se é que o foi, na história da evolução morfológica da música. Pois talvez não seja o facto de ter realizado por meio da série de doze sons uma organização racional do cromatismo que dê a verdadeira medida do fenómeno Schönberg, mas antes, segundo nos parece, a instituição do próprio princípio serial; princípio que – estamos inclinados a pensá-lo – poderá reger um mundo sonoro com intervalos mais complexos do que o meio-tom. Pois, tal como os modos ou as tonalidades produzem não apenas as morfologias musicais, mas, a partir destas, a sintaxe e as formas, assim o princípio serial contém novas morfologias, tal como – igualmente a partir dessa nova repetição do espaço sonoro, em que a noção de som em si acaba por ocupar o lugar preponderante – uma sintaxe renovada e novas formas específicas...

«Em contrapartida, com Webern, a *evidência sonora* é atingida pelo engendramento da estrutura a partir do material. Estamos a falar do facto de a arquitectura da obra resultar directamente da disposição da série. Por outras palavras – e de um modo esquemático – enquanto Berg e Schönberg limitam, de certa maneira, o papel da escrita serial ao plano semântico da linguagem – a invenção de elementos que serão combinados por uma retórica não serial – em Webern, o papel desta escrita estende-se até ao plano da própria retórica...»

Finalmente, a semiótica musical pode estabelecer as leis concretas de organização de um texto musical numa época precisa, para as comparar com as leis respectivas dos textos literários ou da linguagem pictural do mesmo período, e estabelecer as diferenças, as divergências, os atrasos e os avanços dos sistemas significantes uns em relação aos outros.

A linguagem visível : a pintura

Numa concepção clássica da arte, a pintura é considerada como uma *representação* do real, face ao qual se encontraria na posição de espelho. Ela *conta* ou *traduz* um facto, uma narrativa realmente existente. Para essa tradução, utiliza uma linguagem particular de formas e de cores que, em cada quadro, se organiza num sistema baseado no *signo* pictórico.

É evidente que a partir de uma tal concepção o quadro pode ser analisado como uma estrutura com entidades próprias e com regras segundo as quais aquelas se articulam. Entre as investigações, aliás muito recentes, efectuadas neste domínio, é necessário citar as de Meyer Schapiro: ocupam-se em definir primeiro o signo pictural, chamado *signo icónico*, na medida em que ele é uma imagem («*ícone*») de um referente existente no exterior do sistema do quadro. Nesta óptica levantam-se vários problemas diferentes, e até agora não resolvidos: quais são os componentes do signo icónico? Chamar-se-á signo icónico ao objecto pintado em relação ao objecto real? Mas não se destruirá a especificidade da linguagem pictural reduzindo os seus componentes aos componentes de um espectáculo no exterior do quadro, enquanto a linguagem própria do quadro é uma linguagem de linhas, de formas, de cores?...

Assim, apercebemo-nos que antes de resolver estes problemas que nos levariam a definir o signo pictórico, é o próprio conceito de *representação*, no qual se baseia a pintura representativa, que temos de pôr em questão.

Com efeito, se considerarmos um quadro clássico, isto é, um quadro cujos signos icónicos sejam análogos aos elementos reais representados (por exemplo os *Jogadores de Xadrez* de Paris Bordone, como o fez J.-C. Schefer em *Scénographie d'un tableau*, 1969), podemos observar que a leitura da linguagem desse quadro passa por três pólos: 1.º) a organização interna dos elementos em número finito do quadro numa estrutura fechada (a combinação dos elementos em oposições correlativas: as figuras humanas, os objectos, as formas, as perspectivas, etc.): é o *código figurativo*; 2.º) o *real* para o qual esse modo remete; 3.º) o discurso no qual se enunciam o código figurativo e o real. É o terceiro elemento, o discurso enunciante, que reúne todos os componentes do quadro; por outras palavras, o quadro não é mais do que o *texto que o analisa*. Esse texto torna-se uma encruzilhada de significantes, e as suas unidades sintácticas e semânticas remetem para outros textos diferentes que formam o espaço cultural da leitura. *Decifra-se* o código do quadro atribuindo a cada um dos seus elementos (as figuras, as formas, as posições) um ou vários sentidos que lhes poderiam ter sido dados pelos textos (tratados filosóficos, romances, poesias, etc.) evocados no processo da leitura. O código do quadro articula-se sobre a história que o rodeia e produz assim o texto que o quadro constitui.

Nesse «tornar-se-texto» do quadro, compreendemos que o quadro (e por conseguinte o signo icónico) não representa um real, mas um «simulacro-entre-o-mundo-e-a-linguagem», no qual se baseia toda uma constelação de textos que se recortam e se associam numa leitura do dito quadro, leitura que nunca está terminada. Aquilo que se julgou ser uma simples representação revela-se uma destruição da estrutura representada no jogo infinito das correlações da linguagem.

Uma tal concepção da linguagem pictórica provoca duas consequências:

Em primeiro lugar, o código propriamente pictural está em estreita relação com a linguagem que o constitui, e portanto a representação pictórica refere-se à rede da língua, que emana do simulacro representado pelo código pictural, mas dissolve-a ultrapassando-a.

Em seguida, o conceito de estrutura parece efectivamente só ser aplicável ao próprio código pictórico, mas está descentrado no texto em que o quadro se transforma através da leitura. O quadro, mesmo clássico e representativo, não é mais do que um código estruturado: esse código desencadeia um processo significante que o ordena. E o próprio processo em questão é apenas a história de uma cultura que se representa passando pelo filtro de um dado código pictural.

Vemos em que medida é que esta acepção do signo icónico e do seu sistema nos conduz a explorar as leis da simbolização, em que as do signo linguístico aparecem cada vez mais como um caso particular.

Segundo uma judiciosa observação de M. Pleynet, a intervenção de Cézanne (1839-1906) na pintura europeia modificou as condições da linguagem pictórica. Com efeito, na obra de Cézanne e em muitas das que se lhe seguiram, o processo que «descentra» a estrutura do quadro e ultrapassa o próprio código pictural – processo que, na pintura clássica, se refugia no «texto» do quadro (ou no do sujeito que o observa) – penetra no próprio objecto. O objecto deixa então de ser um objecto pintado para se tornar um processo infinito que toma em consideração o conjunto das forças que o produzem e o transformam, em toda a sua diversidade. Recorde-se em apoio desta tese a quantidade de telas inacabadas e não assinadas que Cézanne deixou, a repetição das mesmas formas, a utilização de diversos tipos de perspectivas, e a sua célebre frase: «Não deixarei que me ponham a manápula em cima». Recorde-se também a passagem de uma visão em perspectiva monocular para a fragmentação em profundidade de uma visão de tipo binocular, etc. Depois de Cézanne, nota Pleynet, a sua revolução pode ser interpretada de dois modos: quer como uma pura investigação formal (os cubistas), quer como uma modificação das relações objecto/processo pictural, e é esta última interpretação que permanece mais fiel à transformação cezaniana do objecto em processo que retraça a sua história (Duchamp, dada, antiarte).

Donde resulta que o quadro já não é um objecto: substitui-se a representação de um quadro pelo processo da sua produção. Portanto, podemos opor ao *quadro* – estrutura fechada atravessada pela língua –, a *pintura* – processo que atravessa o objecto (o signo, a estrutura) por ele produzido.

Com Matisse, Pollock, Rothko, para só citarmos estes nomes, a pintura e a escultura modernas ilustram «a articulação produtivo-transformadora de uma prática sobre a sua história». Por outras palavras, a pintura tornou-se um processo de produção que não representa nenhum signo nem nenhum sentido, mas apenas a possibilidade, a partir de um código limitado (poucas formas, algumas oposições de cores, as relações de uma certa forma com uma certa cor), de elaborar um processo significante que analise os componentes daquilo que foi apresentado originalmente como os fundamentos da representação. É assim que a *pintura* (moderna) faz calar a linguagem verbal, que habitualmente se acrescentava ao *quadro* (clássico) que se pretendia *representação*. Diante de uma pintura, os fantasmas desaparecem, a fala cala-se.

A linguagem visível: a fotografia e o cinema

Embora se tenha estudado muitas vezes a natureza da fotografia e do cinema, sobretudo de um ponto de vista fenomenológico, a tentativa que consiste em encará-los como *linguagens* é muito recente.

A este respeito, observou-se a diferença entre a estrutura fotográfica e a do cinema, no que se refere ao seu modo de captar a realidade. Assim, Roland Barthes viu na temporalidade da fotografia uma nova categoria espaço-tempo: «local imediata e temporalmente anterior», «conjunção ilógica do *aqui* e do *outrora*». A fotografia mostra-nos uma realidade anterior, e mesmo que dê uma impressão de idealidade nunca é sentida como puramente ilusória: é o *documento* de uma «realidade de que estamos protegidos».

O cinema, pelo contrário, provoca a projecção do sujeito naquilo que vê, e apresenta-se não como a evocação de uma realidade passada, mas como uma ficção que o sujeito está a viver. Conseguiu encontrar-se a razão desta impressão de realidade imaginária que o cinema provoca, na possibilidade de representar o *movimento*, o *tempo*, a *narrativa*, etc.

Por outro lado, independentemente da crítica fenomenológica, os próprios realizadores debruçaram-se sobre as características do cinema, desde os seus primórdios, e foram os primeiros a destacar as suas leis. Fazemos aqui alusão a teóricos como Eisenstein, Vertov. É a Eisenstein, por exemplo, que devemos os primeiros tratados magistrais sobre a forma e a significação no cinema nos quais demonstra a importância da *montagem* na produção cinematográfica e, consequentemente, em qualquer produção significante. O cinema não copia de um modo «objectivo», naturalista ou contínuo uma realidade que lhe é proposta: corta sequências, isola planos, e recombina-os através de uma nova montagem. O cinema não reproduz coisas: manipula-as, organiza-as, estrutura-as. E só na nova estrutura obtida pela montagem dos elementos é que estes ganham um sentido. Este princípio da montagem, ou melhor da junção de elementos isolados, semelhantes ou contraditórios, e cujo choque provoca uma significação que eles não têm em si mesmos, foi Eisenstein encontrá-lo na escrita hieroglífica. Conhece-se o seu interesse pela arte oriental, sabe-se que tinha aprendido japonês... Segundo ele, o filme deve ser um texto hieroglífico em que cada elemento isolado só tem sentido na combinatória contextual e em função do seu lugar na estrutura. Evoquemos o exemplo das três diferentes estátuas de leão que Eisenstein filma no *Couraçado Potemkine*: isoladas em planos independentes e dispostas umas a seguir às outras, formam um «enunciado fílmico» cujo sentido seria identificar a força do leão com a revolução bolchevique.

Assim, desde os seus princípios, o cinema considera-se como uma linguagem e procura a sua sintaxe, e podemos mesmo dizer que essa procura das leis da enunciação fílmica foi mais acentuada na época em que o cinema se construía independentemente da fala: mudo, o cinema procurava uma língua com uma estrutura diferente da da fala.

Uma outra tendência, que se opõe à da montagem, orienta-se para a narratividade cinematográfica em que os planos não são cortados e depois organizados, mas em que o plano é uma sequência, um movimento livre da máquina de filmar (o «plano-*travelling*»); como se o filme renunciasse a mostrar a *sintaxe da sua língua* (*travelling* para a frente, *travelling* para trás, panorâmica horizontal, panorâmica vertical, etc.), e se contentasse em falar uma *linguagem*. É este o caso de Antonioni, de Visconti; nalguns outros (Orson Welles, Godard), os dois processos parecem ser igualmente admitidos.

Estas breves observações indicam que o cinema pode não apenas ser considerado como uma linguagem, com as suas entidades e a sua sintaxe próprias, mas também que ele o é já. Conseguimos mesmo descobrir uma diferença entre a concepção do cinema como língua e a concepção do cinema como linguagem. Actualmente há vários estudos que são consagrados às regras internas da linguagem cinematográfica. Ultrapassa-se até o âmbito do filme propriamente dito e estuda-se a linguagem das bandas desenhadas, essa sucessão de desenhos que imita, sem dúvida, a disposição das imagens cinematográficas, e supera assim o estatismo da fotografia e do desenho para introduzir o tempo e o movimento na narrativa. A imagem (ou a fotografia) isolada é um enunciado; disposta com outras produz uma narração. Vemos abrir-se aqui um interessante campo de exploração: a relação entre a linguagem cinematográfica e a das bandas desenhadas por um lado, e, por outro, o texto linguístico (a fala, o verbo) que corresponde a essa linguagem, a traduz e lhe serve de suporte.

Mas depressa nos apercebemos de que o termo «linguagem» utilizado aqui não é entendido no seu sentido linguístico. Trata-se de um emprego analógico: visto que o cinema é um sistema de diferenças que transmite uma mensagem, pode ser baptizado de linguagem. Levanta-se o problema de saber se, depois dos numerosos estudos psicológicos que foram feitos sobre o fenómeno cinematográfico, a concepção linguística da linguagem pode ser útil na análise do filme, para dar lugar a uma semiótica do cinema.

No seu *Essai sur la signification du cinéma* (1968), Christian Metz verifica que, no sistema cinematográfico, não há nada que possa ser comparado com o nível fonológico da linguagem: o cinema não tem unidades da ordem do fonema. Mas também não tem «palavras»: muitas vezes considera-se a imagem como uma palavra, e a sequência como uma frase, mas para Metz a imagem equivale a uma ou a várias frases, e a sequência é um segmento complexo do *discurso*. Isto quer dizer que a imagem é «sempre fala, nunca unidade de língua». Por conseguinte, se há uma sintaxe do cinema, ela deve ser feita a partir de bases sintácticas e não morfológicas.

A semiótica do cinema pode ser concebida quer como uma semiótica de conotação, quer como uma semiótica de denotação. No segundo caso estuda-se o enquadramento, os movimentos de câmara, os efeitos de luz do cinema, etc. No primeiro caso trata-se de descobrir as diferentes significações, «atmosferas», etc., provocadas por um segmento denotado. Por outro lado, é evidente que a semiótica cinematográfica se organizará como uma semiótica *sintagmática* – estudo da organização dos elementos no interior de um conjunto sincrónico – mais do que como uma semiótica paradigmática: a lista das unidades susceptíveis de aparecerem num ponto preciso do encadeamento fílmico nem sempre é limitada.

É possível encarar o modo como esta semiótica do cinema se pode apresentar como estudo da sua sintaxe, da lógica da disposição das suas unidades. Um exemplo dessa lógica é o *sintagma alternante*: imagem de uma estátua egípcia, imagem de um alto-forno, imagem de uma estátua egípcia, imagem de um alto-forno, etc. O choque repetido destas imagens, vistas sob diversos ângulos e trazidas de diversos lados, pode reconstruir na linguagem do cinema toda uma narrativa que a literatura teria introduzido entre os dois sintagmas polares (estátua-forno) para explicar a razão da sua disposição. Numa tal narrativa, o sintagma alternante delimita uma história que, neste caso específico, é a da civilização mediterrânica *(Méditerranée,* de Jean Daniel Pollet).

O problema da análise sintagmática do filme, para captar o modo de significação próprio do cinema, é, como se vê, complexo: qual será a unidade mínima e a unidade superior do exemplo filmado? Como é que se podem articular os componentes imagem-som-fala numa só unidade ou em várias unidades que se combinem entre si, etc.? É evidente que a transposição dos princípios linguísticos para a análise cinematográfica só dá resultado à força de ser totalmente reinterpretada e adaptada ao sistema específico do filme. Trata-se menos de um emprego de *noções linguísticas* do que de *métodos* linguísticos: distinção significante/significado, corte, comutação, pertinência, etc. Aqui como nos outros sistemas significantes, a importância do estudo semiótico consiste no facto de ele revelar leis de organização dos sistemas significantes que não puderam ser observadas no estudo da língua verbal; com essas leis, poder-se-á provavelmente um dia reconsiderar a linguagem para nela se encontrarem zonas de significância censuradas ou recalcadas no estado actual da ciência linguística: zonas de que aquilo a que chamámos a «arte» se apropria para nelas se desenvolver e para as explorar.

A zoo-semiótica

A observação do comportamento dos animais fornece dados interessantes que provam a existência de um sistema de comunicação, muitas vezes altamente desenvolvido, no mundo animal. Com efeito a variedade das «expressões» do corpo animal, denotando um estado ou uma função precisa (ver ilustração), os diversos gritos dos animais e os cantos dos pássaros, a diferentes níveis, parecem indicar que os animais manejam um código específico de sinalização. Foram empreendidas investigações nesse sentido por biólogos e zoólogos, que forneceram efectivamente um material abundante, que vai desde a comunicação dos insectos até às comunicações dos primatas. Estes dados acabam de ser publicados por Thomas A. Sebeok na antologia *Animal Communication*, publicada em 1968.

Vamos deter-nos em dois exemplos: a comunicação «gestual» das abelhas, e a comunicação «vocal» dos golfinhos.

Os textos de Athanasius Kircher em *Misurgia Universalis* (1771) estão entre os mais antigos que tratam do problema da linguagem animal. Mas é sobretudo a partir dos anos 30 que a ciência dispõe de meios de investigação precisos para o estudo do código animal.

Karl von Frisch, professor em Munique, observou em 1923 a dança das abelhas; uma abelha exploradora, depois de regressar à sua colmeia, executa diante das outras habitantes da colmeia uma dança em que se descobrem dois componentes essenciais: círculos horizontais e imitações da figura do número 8. Estas danças parecem indicar às outras abelhas a localização exacta da flor descoberta pela exploradora: com efeito, pouco tempo depois, encontram-se as abelhas da sua colmeia na mesma flor. Karl von Frisch supõe que elas são guiadas pela linguagem dançante da exploradora, cujos círculos horizontais indicariam a existência de néctar, e a figura em forma de 8 o pólen. Entre 1948 e 1950, Frisch precisou os resultados das suas observações; as danças indicam a distância máxima de 100 metros, enquanto a dança em 8 pode anunciar uma distância que vai até 6 quilómetros. O número de figuras num determinado tempo designa a distância, enquanto o eixo do 8 revela a direcção em relação ao sol.

Encontramos aqui um *código subtil* que se assemelha muito à linguagem humana. As abelhas podem transmitir mensagens que comportam vários dados: existência de alimento, posição, distância; possuem uma memória, visto que são capazes de reter a informação para a transmitirem; por fim, as abelhas *simbolizam*, pois uma sequência gestual indica aqui uma coisa diferente de si própria: um alimento, a sua posição, a sua distância... No entanto, Émile Benveniste observa que seria difícil assimilar este sistema de comunicação, apesar de altamente elaborado, à linguagem humana. Com efeito, a comunicação das abelhas é gestual, e não vocal; não supõe uma resposta da parte do destinatário mas apenas uma reacção: por outras palavras, não há *diálogo* entre as abelhas; a abelha que recebe a mensagem não a pode transmitir a uma terceira (portanto não se constrói nenhuma mensagem a partir de uma mensagem); finalmente, a comunicação só parece dizer respeito à alimentação. Benveniste conclui que a comunicação das abelhas não é uma linguagem, mas um *código de sinais* que, para se desenvolver e para se exercer, tem necessidade de uma *sociedade:* o grupo das abelhas e a sua vida comum.

Observando, por outro lado, a comunicação dos golfinhos, conseguiu-se revelar factos suplementares sobre a linguagem animal. Alguns golfinhos emitem sinais vocais que podem difundir-se quer debaixo de água, quer no ar. Podem receber uma resposta da parte do destinatário que permite ao grupo encontrar-se. Estes sinais não se destinam unicamente a indicar a localização dos alimentos ou a reunir os membros de um grupo. Vários desses sinais parecem ser um verdadeiro canto que se executa pelo prazer de o ouvir: é o caso de certos golfinhos sob o gelo árctico. Estes sinais começam à frequência de 7kHz e comportam várias pulsações, como saltos de algumas centenas de Hz, seguidos de um rápido decrescimento inferior à frequência precedente ao salto. Certos sinais podem durar um minuto e chegar a uma frequência de menos de 100 Hz. A mudança de frequência de um sinal divide-o em sequências que têm um valor distintivo na comunicação. Por fim, os sinais dos animais submarinos servem muitas vezes para localizar a alimentação ou o inimigo: o envio e o retorno de um sinal reflectido por um obstáculo ajuda a orientação do animal.

A comunicação animal mostra-nos um sistema de informação que, embora seja uma linguagem, não parece estar baseado no signo e no sentido. O signo e o sentido aparecem cada vez mais como fenómenos específicos de um certo tipo de comunicação humana, e não são de modo nenhum os universais de qualquer sinalização. Torna-se assim necessária uma tipologia dos sinais e dos signos, que coloque no seu justo lugar o fenómeno da comunicação verbal.

O que a zoo-semiótica permite descobrir é a existência de *códigos de informação* em todos os organismos vivos. «É por os organismos terrestres, desde os protozoários até ao homem, serem tão semelhantes nos seus pormenores bioquímicos», escreve Thomas A. Sebeok, «que estamos virtualmente certos de que provêm todos de uma mesma e única vez em que a vida teve origem. A variedade das observações vem apoiar a hipótese de que todo o mundo orgânico descende de um modo linear da vida primordial, sendo o facto mais importante a ubiquidade da molécula de ADN. O material genético de todos os organismos conhecidos da terra é geralmente composto pelos ácidos nucleicos ADN e ARN que contêm na sua estrutura uma informação transmitida e reproduzida de geração para geração, e

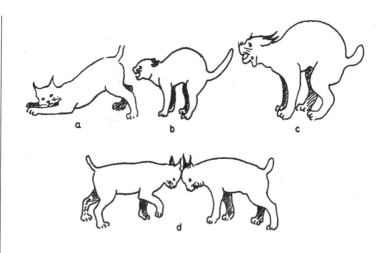

Linguagem dos animais: diversas posturas do lince (em cima) e da raposa (em baixo), correspondendo à agressividade ou à sociabilidade. Na página ao lado: tentativas de notação musical de diversos gritos de animais, por Athanasius Kircher, *Misurgia Universalis*. Extraído de *Animal Communication*, Th. Sebeok. Ed. Mouton La Haye. © Indiana University Press, Bloomington, Indiana, U.S.A., 1968.

possui, além disso, uma capacidade de auto-resposta e de mutação. Em resumo, o código genético é «universal» ou «quase...»

Por outro lado, o matemático soviético Lapunov (1963) sublinha que todos os sistemas vivos transmitem, através de canais estritamente definidos e constantes, pequenas quantidades de energia material que contêm uma quantidade importante de informações e que controlam depois toda uma série de organismos. Sebeok conclui por seu lado que os fenómenos biológicos tal como os fenómenos culturais podem ser encarados como aspectos do processo de informação; e mesmo a reprodução pode ser considerada como uma informação-resposta ou como um tipo de controlo que parece ser uma propriedade universal da vida terrestre, independentemente da sua forma e da sua substância.

Por agora, atendendo ao número relativamente pequeno das investigações que se fizeram neste domínio, qualquer conclusão é prematura, e a visão cibernética da vida pode revelar-se um pressuposto metafísico que fundamenta um conhecimento, mas que o limita ao mesmo tempo. Em certos sábios persiste a convicção de que o esforço comum da genética, da teoria da informação, da linguística, da semiótica, pode contribuir para a compreensão da *semiosis* que, segundo Sebeok, pode ser considerada como a definição da vida. Eis-nos frente a um postulado fenomenológico que se apresenta aqui como demonstrado empiricamente: a ordem da linguagem une a da vida e a da idealidade; o elemento da significação, a substância da expressão que é a fala reúne num paralelismo o sentido (transcendental) e a vida.

CONCLUSÃO

As representações e as teorias da linguagem que acabámos de estudar sumariamente abordam sob o nome de linguagem um objecto sensivelmente diferente de cada vez; esclarecendo--o sob diversos pontos de vista, dando-o a conhecer de maneiras diferentes, estas teorias dão testemunho sobretudo do tipo de conhecimento particular próprio de uma sociedade ou de um período histórico. Através da história dos conhecimentos linguísticos não é tanto a evolução ascendente de um conhecimento da linguagem que aparece: o que se destaca é a história do pensamento ocupando-se desse desconhecido que a constitui.

Naquilo a que se convencionou chamar a pré-história, a reflexão sobre a linguagem confundia-se com uma cosmogonia natural e sexual da qual era inseparável e que ela ordenava ordenando-se, agente, actriz, espectadora. A escrita frasográfica – base da logografia e da morfografia – anuncia este tipo de funcionamento em que a mensagem se ausenta das palavras e se transmite numa articulação transverbal, que o sonho, ou a poesia moderna, ou o hieróglifo de qualquer sistema estético, comemora.

O atomismo indiano e o atomismo grego tentam conciliar o acto de significar, agora apreendido na sua diferença, com o que ele significa, procurando uma atomização, uma pulverização das duas séries fundidas uma na outra ou reflectidas uma pela outra; antes da Ideia grega – esse «significado transcendental» (cf. Jacques Derrida, *De la Grammatologie*) – ter aparecido, para constituir o acto de nascimento da *filosofia,* e conjuntamente da *gramática* como suporte empírico e reflexo subordinado de uma teoria filosófica ou lógica. A gramática é, desde os seus princípios até hoje, didáctica e pedagógica, instrumento primeiro que *ensina* a arte de bem pensar decretada pela filosofia.

O *objecto linguagem* – substância sonora portadora de um sentido – destaca-se do cosmos para ser *estudado* em si mesmo. Este facto de extrair a linguagem daquilo que ela não é, mas que é por ela nomeado e ordenado, é sem dúvida o primeiro salto importante na corrente que leva à constituição de uma *ciência* da linguagem. Aparece, realizado, na filosofia e na gramática gregas. O Sentido torna-se então essa região enorme e desconhecida que a gramática, a lógica e qualquer outra abordagem da língua vão procurar através das transformações da epistemologia.

Em primeiro lugar, a linguagem, isolada e delimitada como objecto particular, é considerada como um conjunto de elementos de que se procura a relação com o sentido e com as coisas: a representação da linguagem é *atomística*. Mais tarde intervém uma *classificação* que distingue as categorias linguísticas: é a morfologia, anterior em dois séculos à sintaxe (pelo menos no que diz respeito à Grécia e à Europa), que dá testemunho de um pensamento *relacional*.

A Idade Média vai entender a linguagem como o eco de um sentido transcendental, e vai aprofundar o estudo da *significação*. Nessa época, a linguagem é menos um conjunto de regras morfológicas e sintácticas do que a réplica de uma ontologia; é *signo*: *significans* e *significatum*.

Com o Renascimento e com o século XVII, o conhecimento classificador de línguas recentemente descobertas não elimina todavia os objectos metafísicos: as línguas concretas são representadas sobre o fundo universal de uma lógica comum, cujas leis serão fixadas por Port-Royal. O Renascimento *estruturalista* vai dar lugar à *ciência do raciocínio*: a *Grammaire générale*.

O século XVIII tentará libertar-se do fundo lógico, sem no entanto o esquecer; tentará organizar a superfície, a língua, numa sintaxe propriamente linguística; mas não abandonará por isso a investigação destinada a explicar, por intermédio dos signos, a ligação da língua com a ordem perdida do real, do cosmos.

Com o comparativismo, esta procura do lugar original da língua dirige-se já não para um *real*, cujo modo de ser significado se procurava anteriormente encontrar, mas para uma língua-mãe de que as línguas presentes seriam as descendentes históricas. O problema língua-realidade é substituído pelo problema de uma história ideal das línguas. Essas línguas já são sistemas formais com subsistemas: fonético, gramatical, flexional, de declinações, sintáctico. Com os neogramáticos, o estudo da língua vai ser um estudo operacional das transformações: a história ideal é sistematizada, se não estruturada.

O estruturalismo do século XX abandonará esse eixo vertical que orientava a linguística precedente, quer para o real extralinguístico, quer para a história, e aplicará o método de composição relacional no interior de uma mesma língua. Assim, cortada e limitada em si mesma, a língua tornar-se-á sistema em Saussure, estrutura no Círculo de Praga e em Hjelmslev. Estratificada em camadas cada vez mais formais e autónomas, apresentar--se-á nas investigações mais recentes como um sistema de relações matemáticas entre termos sem nomes (sem sentido). Chegada a esta extrema formalização, em que a própria noção de *signo* se desvanece depois das de *real* e de *história,* e em que a língua já não é nem sistema de comunicação nem produção-expressão de um sentido, a linguística parece ter atingido o cume desse caminho que ela abriu quando se constituiu como ciência de um objecto, de um sistema em si. A partir de agora, nesta via, só poderá multiplicar a aplicação dos formalismos lógico-matemáticos sobre o sistema da língua, para demonstrar apenas a sua própria habilidade em unir um sistema rigorosamente formal (a matemática) a um outro sistema (a língua) que precisa de ser formalizado para concordar com o primeiro. Podemos dizer que esta formalização, esta ordenação do significante isento de significado, recalca as bases metafísicas em que o estudo da língua se apoiou no seu começo: a separação e a ligação com o real, o signo, o sentido, a comunicação. Podemos perguntar se este recalcamento, embora consolidando essas bases, não facilitará – por um jogo dialéctico – a tentativa que já se inicia e que consiste em *criticar* os fundamentos metafísicos de uma fenomenologia que a linguística suporta e quer ignorar.

Pois, no exterior da linguística, o estudo psicanalítico da relação do sujeito com o seu discurso indicou que não se pode tratar da linguagem – por mais sistemática que a língua possa parecer – sem se ter em conta o seu sujeito. A língua-sistema formal não existe fora da fala, a língua é antes de tudo o mais *discurso*.

Por outro lado, a expansão do método linguístico para outros campos de práticas significantes, isto é, a semiótica, tem a vantagem de confrontar este método com objectos resistentes, para mostrar cada vez mais que os modelos encontrados pela linguística formal não são omnivalentes, e que os diversos modos de significação se devem estudar independentemente desse cume-limite que a linguística atingiu.

Estes dois domínios, psicanálise e semiótica, que à partida se baseavam na linguística, demonstram que a expansão desta – resultado de um gesto totalizador que quis arquitecturar o universo num sistema ideal – a confrontou com os seus limites, e obrigam-na a transformar-se para dar uma visão mais completa do funcionamento linguístico e, em geral, do funcionamento significante. A linguística conservará sem dúvida a recordação de uma sistematização e de uma estruturação que o nosso século lhe impôs. Mas terá em conta o sujeito, a diversidade dos modos de significação, as transformações históricas desses modos, para se refundir numa *teoria geral da significação*.

Pois não se pode atribuir um lugar à linguística, e ainda menos fazer uma ciência da significação, sem uma teoria da história social como interacção de várias práticas significantes. Só então é que se poderá apreciar o justo valor desse pensamento que vê qualquer domínio organizar-se como uma linguagem; só então é que o lugar da linguagem, tal como o do sentido e do signo, poderá encontrar coordenadas exactas. E é precisamente para esse fim que pode tender uma semiótica compreendida não como uma simples extensão do modelo linguístico a qualquer objecto que possa ser considerado como tendo um sentido, mas como uma crítica do próprio conceito da *semiosis*, com base num estado aprofundado das práticas históricas concretas.

O reinado da linguagem nas ciências e na ideologia moderna tem como efeito uma sistematização geral do domínio social. Mas, sob esta aparência, podemos observar um sintoma mais profundo, o de uma completa mutação das ciências e da ideologia da sociedade tecnocrática. O Ocidente, fortalecido pelo domínio que adquiriu sobre as estruturas da linguagem, pode agora confrontar essas estruturas com uma realidade complexa e em constante transformação, para se encontrar face a todos os esquecimentos e a todas as censuras que lhe tinham permitido edificar esse sistema: sistema que era apenas um refúgio, língua sem real, signo, ou até mesmo simplesmente significante. Remetida para esses próprios conceitos, a nossa cultura é obrigada a repor em questão a sua própria matriz filosófica.

Assim, o predomínio dos estudos linguísticos e, mais ainda, a diversidade babilónica das doutrinas linguísticas – essa diversidade que foi baptizada com o nome de «crise» – indicam que a sociedade e a ideologia modernas atravessam uma fase de autocrítica. O seu fermento terá sido esse objecto sempre desconhecido – a linguagem.

BILIOGRAFIA

A natureza enciclopédica desta obra obrigou-nos a seguir muito de perto certos trabalhos sobre a história da linguística, ou até mesmo a segui-los quase literalmente, sem termos sempre a possibilidade de evocar as suas referências. Damos aqui a lista dos mais importantes:
1. John B. Carroll, *The Study at Language, a Survey of Linguistics and Related Disciplines in America*, Harvard University Press, 1959.
2. *L'écriture et la psychologie des peuples*, Ed. Armand Colin.
3. J.-G. Février, *Histoire de l'écriture*, Paris, Payot, 1958.
4. G.-C. Lepschy, *La linguistique structurale*, Paris, Payot, 1968.
5. L. Kukenheim, *Esquisse historique de la linguistique française*, Leyde, 1966.
6. M. Leroy, *Les grands courants de la linguistique moderne*, P. U. F., 1963.
7. G. Mounin, *Histoire de la linguistique des origines au XXe siècle*, P. U. F., 1967.
8. Holger Pedersen, *The Discovery of Language, Linguistic Science in the XIXth Century*, Indiana University, 1962 (1.ª ed. inglesa 1931; ed. original 1924).
9. R. M. Robins, *Ancient and Medieval Grammatical Theory in Europe*, Londres, 1951.
10. V. A. Zvegintsev, *Istoriya Iazikoznaniya XIX-XX vekov*, Moscovo, 1960.

ÍNDICE

PRÓLOGO | 9

PRIMEIRA PARTE
Introdução à linguística | 13
I. A linguagem, a língua, a fala, o discurso | 16
II. O signo linguístico | 22
III. A materialidade da linguagem | 29

SEGUNDA PARTE
A linguagem na história | 55
I. Antropologia e linguística. Conhecimento da linguagem nas sociedades ditas primitivas | 60
II. Os Egípcios: a sua escrita | 74
III. A civilização mesopotâmica: Sumérios e Acádios | 79
IV. A China: a escrita como ciência | 83
V. A linguística indiana | 92
VI. O «alfabeto» fenício | 102
VII. Os Hebreus: a Bíblia e a Cabala | 106
VIII. A Grécia lógica | 111
IX. Roma: transmissão da gramática grega | 124
X. A gramática árabe | 136
XI. As especulações medievais | 141
XII. Humanistas e gramáticos do Renascimento | 149
XIII. A gramática de Port-Royal | 163
XIV. A Enciclopédia: a língua e a natureza | 176
XV. A linguagem como história | 197
XVI. A linguística estrutural | 221

265	**TERCEIRA PARTE: Linguagem e linguagens**
267	I. Psicanálise e linguagem
280	II. A prática da linguagem
296	III. A semiótica
325	CONCLUSÃO
331	BIBLIOGRAFIA

ARTE E COMUNICAÇÃO

1. *Design e Comunicação Visual*, Bruno Munari
2. *A Realização Cinematográfica*, Terence Marner
3. *Modos de Ver*, John Berger
4. *Projecto de Semiótica*, Emilio Garroni
5. *Arte e Técnica*, Lewis Mumford
6. *Novos Ritos, Novos Mitos*, Gillo Dorfles
7. *História da Arte e Movimentos Sociais*, Nicos Hadjinicolau
8. *Os Meios Audiovisuais*, Marcello Giacomantonio
9. *Para uma Crítica da Economia Política do Signo*, Jean Baudrillard
10. *A Comunicação Social*, Olivier Burgelin
11. *A Dimensão Estética*, Herbert Marcuse
12. *A Câmara Clara*, Roland Barthes
13. *A Definição da Arte*, Umberto Eco
14. *A Teoria Estética*, Theodor W. Adorno
15. *A Imagem da Cidade*, Kevin Lynch
16. *Das Coisas Nascem Coisas*, Bruno Munari
17. *Convite à Música*, Roland de Candé
18. *Educação Pela Arte*, Herbert Read
19. *Depois da Arquitetura Moderna*, Paolo Portoghesi
20. *Teorias Sobre a Cidade*, Marcella delle Donne
21. *Arte e Conhecimento*, Jacob Bronowski
22. *A Música*, Roland de Candé
23. *A Cidade e o Arquiteto*, Leonardo Benevolo
24. *História da Crítica de Arte*, Lionello Venturi
25. *A Ideia de Arquitetura*, Renato de Fusco
26. *Os Músicos*, Roland de Candé
27. *Teorias do Cinema*, Andrew Tudor
28. *O Último Capítulo da Arquitetura Moderna*, Leonardo Benevolo
29. *O Poder da Imagem*, René Huyghe
30. *A Arquitetura Moderna*, Gillo Dorfles
31. *Sentido e Destino da Arte I*, René Huyghe
32. *Sentido e Destino da Arte II*, René Huygue
33. *A Arte Abstrata*, Dora Vallier
34. *Ponto, Linha, Plano*, Wassily Kandinsky
35. *O Cinema Espetáculo*, Eduardo Geada
36. *Curso da Bauhaus*, Wassily Kandinsky
37. *Imagem, Visão e Imaginação*, Pierre Francastel
38. *A Vida das Formas*, Henri Focillon
39. *Elogio da Desarmonia*, Gillo Dorfles
40. *A Moda da Moda*, Gillo Dorfles
41. *O Impressionismo*, Pierre Francastel
42. *A Idade Neobarroca*, Omar Calabrese
43. *A Arte do Cinema*, Rudolf Arnheim
44. *Enfeitada de Sonhos*, Elizabeth Wilson
45. *A Coquetterie, ou a Paixão do Pormenor*, Catherine N'Diaye
46. *Uma Teoria da Paródia*, Linda Hutcheon
47. *Emotion Pictures*, Wim Wenders
48. *O Boxe*, Joyce Carol Oates
49. *Introdução ao Desenho Industrial*, Gillo Dorfles
50. *A Lógica das Imagens*, Wim Wenders
51. *O Novo Mundo das Imagens Eletrónicas*, Guido e Teresa Aristarco
52. *O Poder do Centro*, Rudolf Arnheim
53. *Scorsese por Scorsese*, David Thompson e Ian Christie
54. *A Sociedade de Consumo*, Jean Baudrillard
55. *Introdução à Arquitetura*, Leonardo Benevolo
56. *A Arte Gótica*, Wilhelm Worringer
57. *A Perspetiva como Forma Simbólica*, Erwin Panofsky
58. *Do Belo Musical*, Eduard Hanslick
59. *A Palavra*, Georges Gusdorf
60. *Modos & Modas*, Gillo Dorfles
61. *A Troca Simbólica e a Morte – I*, Jean Baudrillard
62. *A Estética*, Denis Huisman
63. *A Troca Simbólica e a Morte – II*, Jean Baudrillard
64. *Como se lê uma Obra de Arte*, Omar Calabrese
65. *Ética do Construir*, Mário Botta
66. *Gramática da Criação*, Wassily Kandisnky
67. *O Futuro da Pintura*, Wassily Kandinsky
68. *Introdução à Análise da Imagem*, Martine Joly
69. *Design Industrial*, Tomas Maldonado
70. *O Museu Imaginário*, André Malraux
71. *A Alegoria do Património*, Françoise Choay
72. *A Fotografia*, Gabriel Bauret
73. *Os Filmes na Gaveta*, Antonioni
74. *A Antropologia da Arte*, Robert Layton
75. *Filosofia das Artes*, Gordon Graham
76. *História da Fotografia*, Pierre-Jean Amar
77. *Minima Moralia*, Theodor W. Adorno

78. *Uma Introdução à Estética*, Dabney Townsend
79. *História da Arte*, Xavier Barral I Altet
80. *A Imagem e a sua Interpretação*, Martine Joly
81. *Experiência e Criação Artística*, Theodor W. Adorno
82. *As Origens da Arquitetura*, L. Benevolo e B. Albrecht
83. *Artista e Designer*, Bruno Munari
84. *Semiótica da Publicidade*, Ugo Volli
85. *Vocabulário de Cinema*, Marie-Thérèse Journot
86. *As Origens da Pós-Modernidade*, Perry Anderson
87. *A Imagem e os Signos*, Martine Joly
88. *A Invenção da Moda*, Massimo Baldini
89. *Ver, Compreender e Analisar as Imagens*, Laurent Gervereau
90. *Fantasia*, Bruno Munari
91. *História da Linguagem*, Júlia Kristeva
92. *Breviário de Estética*, Benedetto Croce
93. *A invenção da Paisagem*, Anne Cauquelin
94. *História do Teatro*, Cesare Molinari
95. *O Ecrã Global*, Gilles Lipovetsky e Jean Serroy
96. *As Questões do Património*, Françoise Choay
97. *Literacia Visual – Estudos Sobre a Inquietude das Imagens*, Isabel Capeloa Gil
98. *Património Cultural Imaterial. Convenção da Unesco e seus Contextos*, Clara Bertrand Cabral
99. *Homo Aestheticus – A Invenção do Gosto na Era Democrática*, Luc Ferry
100. *O culto Moderno dos Monumentos*, Alois Riegl